Stb

GÜNTHER CHERUBINI ist Astrologe und Vater zweier Töchter. Seit 1972 beschäftigt er sich mit Grenzgebieten, und seit 1983 betreibt er systematische Lilith-Forschungen. Er verbindet klassische Astrologie mit Homöopathie, Träumen, Tarot, Kabbalah und Naturmagie. Günther Cherubini lebt im Schwarzwald und ist überregional bekannt durch Vorträge, Workshops und als Leiter von Ausbildungsgruppen.

HEIDI WOLFART-ZUNDEL hat drei erwachsene Kinder und arbeitet als Lehrerin und Astrologin. Seit vielen Jahren beschäftigt sie sich intensiv mit feministischen und esoterischen Themen, mit Tarot, indianischem Schamanismus, Frauenritualen und keltischer Hexentradition. Zusammen mit Günther Cherubini arbeitete sie fünf Jahre an diesem Buch.

Lilith – ein Schleier des Geheimnisvollen umgibt diesen Planeten, der bisher immer nur als Schatten gesichtet wurde und daher offiziell nicht anerkannt ist. Aus astrologischer Sicht hat der Planet allerdings eine große Bedeutung, die bisher jedoch nie tiefer erforscht wurde.

Dem vorliegenden Buch liegt eine langjährige Forschungsarbeit zugrunde, in der die Autoren erstmals die Bedeutung Liliths im Horoskop ermittelt haben.

Günther Cherubini

Heidi Wolfart-Zundel

Lilith
Der geheimnisvolle Planet

ISBN 978-3-89767-567-4

© 2007 Schirner Verlag, Darmstadt

1. Auflage 2007

Umschlaggestaltung: Murat Karaçay
Satz: Heike Wietelmann
Herstellung: Reyhani Druck und Verlag, Darmstadt

www.schirner.com

Inhalt

Teil III
Lilith-Begegnungen

Anhang

Vorwort

Was gibt es Faszinierenderes als einen geheimnisvollen Himmelskörper, der nur als Schatten vor der Sonne (oder in der Opposition zu ihr) wahrgenommen werden kann, von dem niemand weiß, ob er wirklich existiert, und der für intuitive Weisheit ebenso steht wie für blinde Verführbarkeit? Einen Himmelskörper, der die ursprüngliche weibliche Schöpferinnenkraft symbolisiert, der den Weg zur Befreiung von patriarchalen Zwängen zu weisen vermag und der schließlich Freiheit, Autonomie und Evolution verheißt? Aber hier bin ich schon mitten im Thema: In meinem Horoskop steht die Lilith im Wassermann, und genau durch die Aussicht auf Freiheit, Autonomie und Evolution lässt sich eine Lilith im Wassermann am leichtesten verführen!

Günther Cherubini, der Astrologe, der mir diese Herausforderung bot, hat seine Lilith an meinem Deszendenten, und meine steht an seinem. So haben wir uns gegenseitig zur Arbeit an diesem Buch verführt! Als wir vor fünf Jahren damit begannen, hatte ich lediglich vorgehabt, die Mitschriften mehrerer Lilith-Seminare von Günther auszuarbeiten. Was zuerst wie eine »kleine Schreibarbeit« aussah, entwickelte sich für mich jedoch zu einer mehr als fünfjährigen astrologischen Ausbildungs- und Forschungsarbeit. Günther lieferte die Erfahrungen aus seiner astrologischen Beratungspraxis und eine Fülle von Ideen, während es meine Aufgabe war, dieses Material zu sortieren, zu überprüfen, infrage zu stellen, zu ergänzen, zu strukturieren und schließlich in eine Form zu bringen. Das Buch, das wir nun der Öffentlichkeit vorstellen, ist also das Ergebnis einer intensiven Zusammenarbeit sowie eines persönlichen Reifungsprozesses.

Der überwiegende Teil unserer astrologischen Aussagen ist aus der praktischen Arbeit mit vielen Menschen und ihren Horoskopen hervorgegangen und wurde an zahlreichen Horoskopen prominenter Personen überprüft. Wir sind jedoch das Wagnis eingegangen und haben auch manche unserer Spekulationen und Träumereien miteinbezogen. Wir hoffen, dass es aus dem Text immer deutlich hervorgeht, wenn wir uns auf der spekulativen Ebene befinden.

In einem Buch, das durch die Wiedererweckung von Liliths uralter weiblicher Schöpferinnenkraft Autonomie und Evolution verheißt, scheint es mir besonders wichtig, das Weibliche auch in der Sprache erscheinen zu lassen. Gleichzeitig möchte ich betonen, dass sich (fast) alle Themen auch auf Männer beziehen. So werde ich das Problem der weiblichen und männlichen Sprachformen dadurch zu lösen versuchen, dass ich die Formen abwechselnd gebrauche. Das umständliche »Künstlerinnen und Künstler« und das für meinen Geschmack etwas holprige »KünstlerInnen« oder gar »Künstler/innen« werde ich weitgehend vermeiden und spreche lieber abwechselnd von »Künstlerinnen« und von »Künstlern«; ich bitte die Leserinnen und auch die Leser, das jeweils andere Geschlecht miteinzubeziehen!

Heidi Wolfart-Zundel

Es ist soweit, dass eine lange Beschäftigung mit einem der für mich spannendsten Kapitel astrologischer Forschung eine äußere Form bekommt. Manchmal vom Thema Lilith fast besessen, habe ich einerseits durch die intensive Erfahrung mit mir und dem Prinzip Lilith und andererseits durch die große Nähe, die viele Menschen bei den Besprechungen ihrer Geburtsbilder zuließen, wichtige Erfahrungen machen können. Diese Erfahrungen haben einen wesentlichen Anteil an diesem Buch, das ohne die Ausdauer und den gelegentlichen sanften Druck meiner Mitautorin Heidi allerdings nicht entstanden wäre. Ich glaube, dass ein intensives Er-Leben des Prinzips Lilith unserer Spezies einen wesentlichen Evolutionsschritt ermöglichen wird. Ich wünsche allen, die dieses Buch lesen, genauso viel Freude, Entdeckungslust und Spannung, wie wir sie hatten.

Günther Cherubini

Teil I
Wer ist Lilith?

1. Immer Ärger mit Lilith?
Die astronomische und die
astrologische Situation

Die Beschäftigung mit Lilith ist ein abenteuerliches, ja ein paradoxes Thema. Wir beschäftigen uns hier mit einem Himmelskörper, den es in der modernen Astronomie »offiziell« gar nicht gibt, sondern der nur als Geheimnis, nur als etwas nahezu Unsichtbares existiert: als unerklärlicher Schatten nämlich, der vor der Sonne vorüberzieht.

Erste Sichtungen wurden am 2. September 1618 von dem italienischen Astronomen Riccioli und 82 Jahre später, am 7. November 1700, in Frankreich von den Astronomen Maraldi und Cassini berichtet. Es folgten verschiedene Sichtungen in den Jahren 1719 bis 1898, dem Jahr, in dem dieser geheimnisvolle Himmelskörper am 4. Februar von den deutschen Astronomen Waltemath in Wiesbaden und Ziegler in Greifswald beobachtet wurde.*

Es wird berichtet, dass Lilith nur in Konjunktion mit der Sonne oder in Opposition zu ihr sichtbar wird: Bei der Konjunktion wird sie meist als runder schwarzer oder dunkler Körper beschrieben und bei der Oppo-

*Quelle: Delphine Jay: *The Lilith Ephemeris 1900–2000 AD und Interpreting Lilith.* (Die ausführlichen bibliographischen Angaben zu allen genannten Titeln finden Sie im Literaturverzeichnis im Anhang dieses Buches.)

sition als rötliche oder feurige Kugel. Anscheinend handelt es sich um einen Himmelskörper von bisher unbekannter Beschaffenheit, der etwa dreimal so weit von der Erde entfernt ist wie der Mond. Mit einer Umlaufzeit von etwa 4 Monaten umkreist er die Erde und legt dabei täglich 3 Grad und 2 Minuten auf dem Tierkreis zurück.

Den Namen »Lilith« bekam dieser geheimnisvolle Himmelskörper im Jahr 1918 von dem Astrologen Sepharial*, der auch die ersten Lilith-Ephemeriden (für die Jahre 1854–1901) erstellte, während die neuesten Berechnungen von der amerikanischen Astrologin Delphine Jay stammen.

Unter der Überschrift: »Weitere, noch zu entdeckende, ›okkulte‹ Planeten«, schreibt der Schweizer Astrologe A. Frankhauser u. a. folgendes:

Lilith, der schwarze Mond

Eine Mutter des Mondes, »Großmutter der Erde«, Adams erste Frau in der Symbolik des Goetheschen Faust, Trägerin atavistischer Kräfte, Verursacherin perversester Neigungen, auf jeden Fall alles andere als ein »neues Prinzip«, soll um unsere Erde kreisen und immer nur gesehen werden, wenn sie die helle Sonnenscheibe quere. Die Zunft-Astronomen schütteln die Köpfe, aber es sind Leute *ihrer* Profession, die diese üble Ruine des Himmels gesichtet haben wollen.

---

* Sepharial: *The Science of Foreknowledge.*

Frankhauser bezieht sich auf 23 Beobachtungen des schwarzen Mondes. *

Im Jahr 1966 berichtet der russische Physiker, Mathematiker und Astronom Yuri Psovsky in den »Moscow News« über zwei natürliche Wolken- oder Staub-Erdsatelliten, die zusätzlich zum Mond die Erde umkreisen und von dem polnischen Astronomen K. Kordylewski in den Jahren 1961–1962 entdeckt worden seien:

> Es ist außerordentlich schwierig, sie mit einem konventionellen Teleskop zu beobachten. Sie können nur in mondlosen Nächten beobachtet werden, und dann nur, wenn sie in einer Position genau in Opposition zur Sonne stehen und nicht in der Nähe der Milchstraße. Natürlich gibt es diese günstigen Bedingungen nicht oft (genug).

Das Phänomen Lilith irritiert die Astronomen insofern, als sie nicht sagen können: »Es gibt sie nicht«, aber andererseits scheint sie sich nicht wirklich finden zu lassen.

Unabhängig von ihrer astronomischen Sichtbarkeit oder Unsichtbarkeit sorgt Lilith aber auch in der Astrologie für Verwirrung: Seit einigen Jahren wird nämlich der Name Lilith für nicht weniger als drei verschiedene Phänomene verwendet:

Zunächst also, wie bereits oben erwähnt, seit 1918 für den geheimnisvollen Himmelskörper Lilith, dem

---

* A. Frankhauser: *Das wahre Gesicht der Astrologie,* S. 79.

unsere Untersuchung gewidmet ist. Daneben wird seit einigen Jahren der Begriff »Lilith, der Schwarze Mond« für den zweiten Brennpunkt der Mondbahnellipse um die Erde gebraucht. Es handelt sich dabei also um einen errechneten Punkt und nicht um einen Himmelskörper. Die Unterscheidung ist wichtig. Joëlle de Gravelaine beschreibt in ihrem 1990 erschienenen Buch *Lilith – Der Schwarze Mond* den zweiten Brennpunkt der Mondbahn. Und dieser hat astronomisch nichts mit dem geheimnisvollen Himmelskörper Lilith zu tun, den wir hier beschreiben, und er hat auch völlig andere Umlaufzeiten.

Wenn nun allerdings wegen der aufgetretenen Probleme behauptet wird, der Himmelskörper Lilith sei als Schatten vor dem *Mond* (anstatt vor der Sonne) beobachtet worden, und daraus gefolgert wird, die Lilith-Umlaufbahn sei physikalisch unmöglich und die Ephemeriden könne man »getrost wegwerfen«, so tut uns das sehr leid. * – Wir sind aber zuversichtlich, dass niemand seine Lilith-Ephemeriden wegwerfen wird.

Interessanterweise ergeben sich jedoch einige Ähnlichkeiten in der inhaltlichen Beschreibung des errechneten »Schwarzen Mondes Lilith« und des »Himmelskörpers Lilith«. Offenbar haben die beiden teilweise ähnliche Wirkungen – womit sich wohl die Verwendung des gleichen mythologischen Namens für verschiedene Prinzipien erklären lässt. Offenbar

---

* Vergl. Dieter Koch: »*Was ist Lilith und welche Ephemeride ist richtig?*« Meridian Jan./Feb. 1995.

liebt es Lilith auch hier, sich dem eindeutigen Zugriff zu entziehen. Eine Untersuchung über die Wirkungen der Aspekte zwischen dem errechneten Punkt »Schwarzer Mond Lilith« und dem »Himmelskörper Lilith« dürfte außerordentlich interessant sein. Leider liegt uns jedoch noch nicht genügend Material dafür vor.*

Bei der »dritten« Lilith schließlich handelt es sich um einen kleinen Asteroiden mit einer Umlaufbahn zwischen Mars und Jupiter. Nach Demetra George** hat diese Lilith die Problematik von persönlicher Sexualkraft, sexueller Manipulation und unterdrückter Wut zum Thema – der mythologischen Lilith durchaus angemessen!

Wir wollen uns hier jedoch weder mit dem Asteroiden noch mit dem errechneten Punkt beschäf-

---

* Ein erster Hinweis möge dies aber unterstreichen: 1995 wurde in den USA ein spektakulärer Mordprozess geführt, mit der Frage, ob der farbige Footballstar O. J. Simpson der Mörder seiner geschiedenen weißen Frau Nicole Brown Simpson war. Laut »Astrologie Heute« Nr. 54 weisen beide Radixhoroskope jeweils einen Aspekt zwischen der Sonne und dem errechneten »Schwarzen Mond« auf: bei O. J. Simpson eine Opposition, bei Nicole Brown Simpson eine Konjunktion. Und interessanterweise wiederholt sich diese Konstellation unter umgekehrten Vorzeichen mit Lilith – trotz völlig verschiedener Umlaufzeiten: Bei O. J. Simpson steht Lilith in Konjunktion mit der Sonne in Opposition zum errechneten »Schwarzen Mond«, bei Nicole bildet sie die Opposition zur Sonne-Schwarzer-Mond-Konjunktion. Jedes Mal finden wir also die Lilith in Opposition zum Schwarzen Mond. – Zufall?

** Demetra George: *Das Buch der Asteroiden.*

tigen, sondern mit dem von Sepharial »Lilith« benannten Himmelskörper, diesem Mysterium von kaum sichtbarer, geheimnisvoller, nur schattenhaft wahrnehmbarer Beschaffenheit. Erste astrologische Informationen über Lilith entnahmen wir den Büchern von zwei amerikanischen Astrologinnen: Ivy Goldstein-Jacobsen und Mae Wilson-Ludlum (siehe Literaturverzeichnis). Von ihnen haben wir auch das astrologische Symbol für Lilith übernommen: Einen Kreis mit einer horizontalen oder diagonalen Trennungslinie.

Der Kreis stellt als astrologisches Symbol immer den Geist dar. Beim Mond haben wir nur eine Hälfte, einen Halbkreis. Die Sonne hat einen Punkt in der Mitte, damit ist der Geist »da«, er ist manifest. Bei Lilith führt eine Linie mitten durch den Kreis, was bedeutet: Der Geist manifestiert sich nicht an einem Punkt, sondern entlang eines Weges. Durch diese Linie wird dargestellt, dass die Manifestation nicht »auf den Punkt« gebracht wird wie bei der Sonne, sondern dass sie eine Zeitmöglichkeit, eine Entwicklung oder einen Weg darstellt.

Gleichzeitig teilt diese Linie den Kreis in zwei Teile. Da Lilith in ihrer eigentlichen Aussage etwas sehr Ganzheitliches darstellt, weist die Trennungslinie auf die polaren inneren Anteile hin: Tag und Nacht, hell und dunkel, Yin und Yang, weiblich und männlich, oben und unten, Einatmen und Ausatmen, gut und böse... In den oben genannten Büchern wird Lilith, ähnlich wie bei Frankhauser, absolut negativ interpretiert und steht für alles Böse und Üble, was man sich nur vorstellen kann. Schlüsselbegriffe für Lilith in dem Buch von Goldstein-Jacobsen sind »dunkel, sinister, malevolent, übel-wollend, Übeltäterin im schlimmsten Sinne, verweigernd, frustrierend, katatrophenhaft, kriminelle Handlungen, Fehler, Versuchungen, Verführung, Verrat, demoralisierend, abnormal, Vergiftung, Fehlgeburten, Totgeburten«.

Wir halten nichts davon, in der Astrologie (oder anderswo) die immanente Polarität zu verleugnen und mit ausschließlich negativen Vorstellungen und Begriffen zu arbeiten. Im Gegenteil betrachten wir die Astrologie als etwas grundsätzlich Konstruktives und Aufbauendes. So lag die Frage nahe: Welche anderen Möglichkeiten gibt es, Lilith zu interpretieren? Und auf der mythologischen Ebene: Wer ist oder war Lilith? Welche Prinzipien verkörpert sie?

2. Wer war Lilith?

Mythologische Ursprünge

How do you imagine God? –
First of all, She's black!

Unbekannte Spray-Künstlerin

Wir wollen uns auf die Suche begeben, um herauszufinden, wer Lilith ist, wer sie war und wer sie vielleicht wieder sein wird... Fangen wir doch ganz am Anfang an, und betrachten wir zwei Schöpfungsmythen:

Am Anfang waren Raum und Dunkelheit und Stille, älter als die Zeit und von den Göttern vergessen. Bewegung entstand im Raum: Das war der Anbeginn.

Das Meer des unendlichen Raumes war der Ursprung allen Seins: Einer Woge gleich erhob sich das Leben in der dunklen, lautlosen See.

In Sie wird alles zurückkehren, wenn die Götterdämmerung naht. Sie ist die Große See, Marah, die Bittere, die Große Mutter. Und in der Trägheit des Raumes entstand ihre Bewegung: Emporsteigend und niedersinkend wie Ebbe und Flut. Wissende nennen Sie das passive Prinzip, die kosmischen Wasser oder den fließenden

Raum. Von vielen Menschen und mit vielerlei
Namen wird Sie gerufen; aber für alle ist Sie die
Große Göttin, ist Sie Raum und Erde und Was-
ser. Sie ist älter als die Zeit: Sie ist die Mutter
der ältesten Götter, die Matrix der Materie, die
Wurzel allen Seins, in sich vollkommen, ungeteilt
und makellos. Sie ist auch Binah, die höchste
Mutter, die Chockmah empfängt, den höchsten
Vater. Sie ist es, die seiner formlosen Kraft eine
Form gibt, sodass die Schöpfung entstehen kann.
Aber Sie bringt auch den Tod, denn was eine
Form hat, muss sich erschöpfen und sterben, auf
dass es zu einem volleren Leben wiedergeboren
werde. So muss alles, was geboren ist, sterben,
aber was stirbt, wird wiedergeboren werden…
Was auch immer aus der Leere emporsteigt, das
gibt Sie; was auch immer in die Leere zurück-
sinkt, das empfängt Sie. Sie ist die Große See, aus
der das Leben emporsteigt und in die es zurückkehren wird am Ende der Zeiten.*

Und nun ein anderer Mythos:

Als Gott Adam erschuf, sagte er: Es ist nicht gut,
dass der Mensch allein sei. Daher erschuf er für
ihn eine Gehilfin, ebenfalls aus Erde und nannte
sie Lilith. Sobald sie geschaffen war, begann sie
einen Streit und sagte: Weshalb sollte ich unten

---

* Dion Fortune: *The Sea Priestess,* Kap. 25, frei übersetzt durch die Autoren.

liegen? Ich bin ebensoviel (wert) wie du, wir sind beide aus Erde geschaffen. Als aber Lilith sah, dass sie Adam nicht überwältigen konnte, sprach sie den unaussprechlichen Gottesnamen aus und flog in die Luft.

Adam betete und sagte: Herr der Welt. Die Frau, die du mir gegeben hast, ist von mir weggegangen. Darauf sandte Gott drei Engel, die sie zurückbringen sollten. Diese sagten zu ihr: Gott hat beschlossen: Wenn du zurückkehren willst, ist es gut. Wenn nicht, dann musst du als Strafe es auf dich nehmen, dass jeden Tag hundert Kinder von dir sterben. Die Engel suchten Lilith und fanden sie im reißenden Wasser, in demselben Wasser, in dem später die Ägypter ertrinken sollten. Sie meldeten ihr den göttlichen Befehl. Aber sie weigerte sich, zurückzukehren. Da sagten sie zu ihr: Wir müssen dich in diesem Wasser ertränken. Aber sie flehte sie an und sagte: Lasst mich, denn ich bin dazu geschaffen worden, kleine Kinder zu verderben. Wenn es ein Knabe ist, werde ich acht Tage, wenn es ein Mädchen ist, werde ich zwanzig Tage Gewalt über das Kind haben.

Als sie ihre Worte hörten, drängten sie sie noch mehr, dass sie ihnen gehorche. Da sagt sie: Ich schwöre euch im Namen des lebendigen und großen Gottes: Wenn ich eure Namen auf einem Amulett geschrieben sehen werde, dann werde ich das Kind nicht schädigen. Sie nahm es auch auf sich, dass jeden Tag hundert ihrer Kinder starben. Wenn wir jetzt diese (Engel-) Namen auf ein Amulett schreiben, dann erinnert sie sich dieses Schwures, und das Kind ist gerettet. Die Namen der Engel sind: Sanvai, Sansanvai und Semangloph.*

In diesen beiden unterschiedlichen Schöpfungsgeschichten erkennen wir sehr deutlich einmal eine matriarchalischische und das andere Mal eine patriarchalischisch Weltsicht.** Es entspricht einem matriarchalischichen Weltbild, dass im weiblichen, dunklen, »passiven« Prinzip des Meeres oder Raumes das »aktive« Prinzip in Form einer Bewegung entsteht und durch die formgebende weibliche Kraft geboren wird. Aus dem Zusammenwirken der aktiven und der passiven oder formgebenden Kraft (Chockmah, der höchste Vater, und Binah, die höchste Mutter***)

---

* Aus dem »*Alphabet des ben Sira*«, zitiert nach Sigmund Hurwitz: *Lilith, die erste Eva*, S. 93.

** Der Begriff »Matriarchat« wird häufig als Mutterherrschaft« über setzt und entspricht damit der patriarchalisch geprägten Sichtweise, die Herrschaftsstrukturen als offenbar notwendig voraussetzt Ebenso gut ist es aber möglich, »Matriarchat« mit »Im Anfang war die Mutter« zu übersetzen, was unserer Sichtweise viel eher entspricht. Wir verwenden den Begriff also in diesem Sinne.

*** Diese Namen beziehen sich auf die jüdische Geheimlehre der Qabalah oder Kabbalah (vom hebräischen QBL). Dieses überaus komplexe System stellt im Symbol des Lebensbaumes das Universum als göttliche »Emanationen« anhand von zehn Sephiroth (oder Stationen) dar: Interessierten empfehlen wir die im Literaturverzeichnis genannten Bücher von Z'ev ben Shimon Halevi, Dion Fortune, Christa Mulack und Katja Wolff.

kann dann das Leben entstehen. So erscheinen die beiden Prinzipien »Raum« und »Bewegung« (oder auch »Dunkelheit« und »Licht«) als notwendig aufeinander bezogen, damit Leben entstehen kann. Es ist ein Bild für die »Heilige Hochzeit«, die schöpferische und fruchtbare Verbindung des weiblichen mit dem männlichen Prinzip. Alles was entstanden oder geboren ist, wird aber auch zurückkehren in den mütterlichen Schoß (das Meer des unendlichen Raumes), um von dort wieder zu neuem Leben erweckt zu werden. So ist das weibliche Prinzip dreifach wirksam: Es ist der Raum der Geburt, der Raum der Vereinigung und ebenso der Raum des Todes mit der Vorbereitung zur Wiedergeburt.

Moderne Forschungsarbeiten über die menschliche Frühgeschichte zeigen eindrucksvoll, dass matriarchalischische Vorstellungen und Lebensformen unsere Geschichte viele Jahrtausende lang geprägt haben. Diese matriarchalischischen Vorstellungen werden mit dem Vordringen und dem Vorherrschen« der patriarchalischischen Weltsicht vollkommen verdreht: Die Frau wird nun als »Gehilfin« erschaffen und soll sich unterwerfen. Und weil sie dazu nicht freiwillig bereit ist, sondern nach altem Recht darauf besteht, *gleichwertig* (nicht überlegen!) zu sein, und sich schließlich der Unterwerfung durch Flucht zu entziehen versucht (der friedfertigsten Art des Widerstands!), wird sie verfolgt und bedroht.

Mit den Fragen, wie, wann und warum patriarchalischische Herrschaftsstrukturen die matriarchalischischen Lebenszusammenhänge verdrängen (und innerhalb weniger tausend Jahre unsere Erde an den Rand der Katastrophe führen) konnten, beschäftigen sich in den letzten Jahren immer mehr Forscherinnen. Insbesondere im Rahmen der feministischen Geschichts-, Kultur- und Religionswissenschaften arbeiten viele Frauen zu diesem Thema und suchen nach konstruktiven Zukunftsmodellen.*

Uns scheint es, als habe Goethe bereits lange vor der modernen Matriarchatsforschung das Aufeinanderprallen der patriarchalischen Weltsicht auf die matriarchalische im Blick gehabt, wenn er im »Faust« Mephisto sagen lässt:

> ... Ich bin ein Teil des Teils, der anfangs alles war,
> Ein Teil der Finsternis, die sich das Licht gebar,
> das stolze Licht, das nun der Mutter Nacht
> den alten Rang, den Raum ihr streitig macht...

Die »Mutter Nacht«, die Große Göttin von Leben, Tod und Wiedergeburt, wurde jahrtausendelang unter unzähligen Namen verehrt, war letztendlich jedoch immer die Eine. Sie erschien im wesentlichen in ihrem dreifachen Aspekt:

- als weiße Jungfrau-Göttin: strahlend in Lust, Jugend, Schönheit und Verführung, nur sich selbst gehörend, wild und frei;

---

* Hier seien insbesondere genannt: Carola Meier-Seethaler, Marija Gimbutas, Gerda Weiler, Jutta Voss, Riane Eisler, Richard Fester/Marie König, Heide Göttner-Abendroth, Christa Mulack, Cillie Rentmeister (siehe Literaturverzeichnis).

- als rote Mutter-Göttin: in ihrer vollen Kraft sich erfüllend in der Heiligen Hochzeit, Leben spendend und Leben erhaltend;
- als schwarze Alte Göttin: als Todesgöttin, die alles Leben wieder in ihren Mutterschoß zurücknimmt, verschlingend und weise, vorbereitend für Transformation und Wiedergeburt.

Während des Übergangs von matriarchalischer zu patriarchalischer Gesellschaft und Götterwelt wurde die weibliche Gottheit in einzelne Göttinnen oder Teilaspekte aufgespalten und konnte so leichter bekämpft werden. Das Schicksal dieser einzelnen Göttinnen war unterschiedlich – im Endeffekt jedoch ähnlich: Sie wurden entmachtet, als Töchter (z. B. Pallas Athene, Zeus' Kopf- oder Kniegeburt!) oder als Gefährtinnen und Ehefrauen männlichen Göttern untergeordnet. Ja, sie wurden sogar als *Mutter unter*geordnet, eine dem Lebensprinzip eigentlich vollkommen widersprechende Vorstellung, die dem patriarchalischen Denken jedoch schon »normal« erscheint. Denken wir nur an »unser« Christentum: Die heilige »Jungfrau« Maria wird als »Mutter« Gottes (beileibe nicht selbst als göttlich) und schließlich – ihrer Kraft als Todesgöttin vollkommen beraubt – als trauernde Pietá verehrt. Wieder andere Göttinnen wurden bekämpft, verfemt und verfolgt. Die Herrschaftsübernahme der männlich-patriarchalischen Götter war nahezu vollkommen, aber Lilith akzeptierte dies niemals.

Sehen wir uns also an, was wir noch über Lilith herausfinden können! Wer war Lilith?

Bis vor wenigen Jahren war Lilith ein Name, der im allgemeinen höchstens verwundertes Kopfschütteln hervorrief. Seit der Wende zum 20. Jahrhundert hatte die Kunst sie wiederentdeckt, und sie wurde als »Lulu«, als »Femme fatale«, »Sünde« oder »Verführung« dargestellt.* Inzwischen ist sie jedoch wieder aus dem mythologischen Dunkel emporgestiegen und insbesondere für viele Frauen zu neuem Leben erwacht. In feministischen und in esoterischen Kreisen ebenso wie in der Astrologie hat der Name Lilith eine geheimnisvolle dunkle Bedeutung erlangt. Lilith: ein Klang voller Drohung, Verheißung und Geheimnis, ein Klang, der Gefühle zwischen Faszination und Schrecken weckt. Wer ist Lilith? Offenbar verkörpert sie vor allem die dunklen Aspekte der Göttin. Wollen wir sie Nuit, Gaia, Medea, Medusa, Sophia, Ereshkigal, Nephtis, Persephone oder Hel nennen? Oder Isis, Astarte, Diana, Hekate, Demeter, Kali, Inanna, wie sie heute wieder von den Frauen besungen und verehrt wird?

Die ersten schriftlichen Zeugnisse über Lilith stammen aus den sumerisch-babylonischen Kulturen Mesopotamiens. Der Name »Lil-la« oder »Lil-lû« bezog sich auf einen Sturm- oder Windgeist. Von der ursprünglich babylonischen Göttin Lilitû heißt es, dass sie sich in der jüdischen Tradition von einer Göttin allmählich zu einer nächtlichen Wüstendämonin gewandelt habe. Häufig wird Lilith mit der dämonischen, geflügelten, kindermordenden Hexe

---

* Frank Wedekind, Alban Berg, Franz von Stuck u. a.

Die Sünde,
Franz von Stuck, 1893

Lamashtû in Verbindung gebracht oder gleichgesetzt, die ursprünglich ebenfalls eine babylonische Göttin war. Es braucht nicht allzu viel Fantasie, um aus der Verwandlung einer Göttin in eine Hexe oder eine Dämonin auf tiefgreifende religiöse und gesellschaftliche Umwälzungen zu schließen – oder auch umgekehrt!

Von einer anscheinend sexuell recht eigenwilligen Ardat-Lili wird berichtet.

> Ihn, auf den Ardat-Lili ihre Augen geworfen hatte,
> der Mann, den Ardat-Lili zu Boden geworfen hatte…
> Die Ardatû, auf die sich der Mann nicht wie auf eine Frau
> stürzte,
> Die Ardatû, die gegenüber dem Mann sich nicht geöffnet
> hatte,
> Die Ardatû, die vor ihrem Mann ihr Kleid nicht öffnete.[*]

Die »Tempeldirnen« (warum nennt man sie nicht einfach Priesterinnen?) im Heiligtum der Ischtar wurden als »ardatûs« (vergl. »Ardat«-Lilli) bezeichnet Ihre Aufgabe waren heilige Liebesdienste. Dann wieder wird berichtet Lilith habe die Männer zu den sexuellen Riten in den Tempel der Göttin Inanna geführt.

---

[*] Zitiert nach Siegmund Hurwitz: *Lilith, die erste Eva*, S. 37.

Lilith als Herrin der wilden Tiere,
Terrakottarelief, Sumer, ca. 2000 v. d. Z.

Für den etymologischen Ursprung des Namens Lilith gibt es mehrere mögliche Erklärungen: Im Assyrisch-Babylonischen bedeutet Lilith anscheinend soviel wie Teufelin, Dämonin oder Windgeist. Im Hebräischen heißt »lajela« oder auch »lajil« die Nacht, die Dunkelheit, und im Arabischen heißt »layla« die Nacht, die Dunkle oder die Schwarze. Unsere Namen »Lilly« und »Lulu« sind mit Sicherheit Ableitungen von Lilith, vielleicht auch Luisa und Elisabeth? Und im Finnischen gibt es »Leila« mit der Bedeutung »die Weise«.

In der hebräischen Tradition gilt Lilith als die erste Frau Adams, von Gott aus der gleichen Erde geschaffen wie Adam. Sie bestand auf ihrer Gleichwertigkeit, war nicht bereit, sich Adam unterzuordnen, ja, sie weigerte sich sogar, »unter ihm zu liegen«. Anscheinend wurde von Adam und »seinem« Gott Gewalt gegen sie angewendet oder angedroht, denn Lilith floh lieber in die Wüste (nach anderen Quellen ans »Rote Meer«), als die bezwungene Gefährtin Adams zu bleiben. Dort in der Wüste oder auch am Roten Meer paarte sie sich angeblich mit Dämonen, gebar ihrerseits Dämonen (die Lilim) und war schließlich sogar bereit, lieber den täglichen Tod von hundert ihrer Kinder zu akzeptieren, als zu diesem herrschsüchtigen Ehemann zurückzukehren.

Die Metapher vom Roten Meer erscheint sehr aufschlussreich, wenn wir bedenken, dass Rot als die Farbe der Muttergöttin in ihrem sexuellen und fruchtbaren Aspekt gilt. Und das Meer erinnert uns wieder an den Schöpfungsmythos der Dion Fortune.

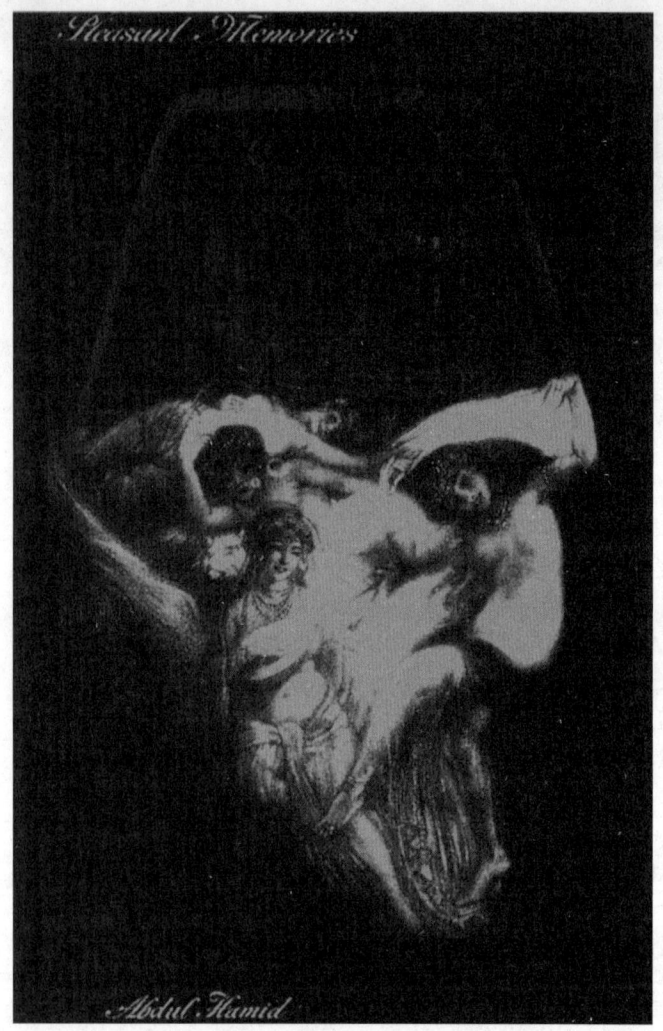

Abdul Hamid – Pleasant Memories
Crazy Card (Neuseeland)
Jegliche Wahrnehmung ist subjektiv!

So schließt sich der Kreis, und wir sind wieder bei Binah (oder Marah), der bitteren See angekommen: Im System der alten jüdischen Geheimlehre der Qabalah (auch Kabbalah) ist dies der Ort der weiblichen, formgebenden Kraft: der ursprüngliche Mutterschoß, aus dem alles, was ist, geboren wurde.

Seit der Zeit patriarchalischer Geschichtsschreibung wird Lilith eine erotische, verführerische und – damit offenbar identisch – eine negative und verderbliche Rolle zugewiesen. Die meisten Zeugnisse finden sich im *Talmud*, einer jüdischen Schriftensammlung, und im *Sohar*, dem Hauptwerk der Qabalah.

Lilith überfällt die Männer im Schlaf, sorgt durch ihre Verführungskraft und ihre hemmungslose Sexualität für erotische Träume, nächtlichen Samenerguss und Besessenheit der Männer. Manchmal als Wesen ohne Arme und Beine dargestellt, dafür aber mit langen Haaren und Flügeln ausgestattet, stürzt sie sich auf alleine schlafende Männer und verrichtet ihr verderbliches Werk:

> Sie kommt hervor und vertreibt sich die Zeit
> mit Männern und empfängt von ihnen in deren
> lustvollen Träumen. Aus dieser Lust wird sie
> schwanger und bringt noch weitere Arten auf die
> Welt Die Söhne, die sie von menschlichen Wesen
> bekommt, zeigen sich den Weibern der Menschen,
> die von ihnen schwanger werden und Geister
> gebären, und diese alle gehen zur alten Lilith, die
> sie aufzieht... Denn Lilith gibt sie niemals auf,
> sondern sie macht sich bei jedem Neumond auf

Eva und Lilith, Holzschnitt,
Lukas Cranach, ca. 1522

und besucht all jene, die sie aufgezogen hat, und vergnügt sich mit ihnen: Daher bekommen diese Männer zu jener Zeit einen Schandfleck.*

Wir können über Liliths Verhältnis zu Eva, ihrer Nachfolgerin als Adams Gefährtin oder »Gehilfin«, nur spekulieren. Mindestens einmal sind sich die beiden Frauen begegnet Lilith wagte sich in ihren (angestammten matriarchalischen) Paradiesgarten zurück, um Eva auf den Baum der Erkenntnis aufmerksam zu machen. Ob sie Eva daran erinnerte, dass alles Leben aus dem Weiblichen geboren ist? Der Fluch des patriarchalischen Gottes traf Eva hart, die sich zwar Adam (willig?) unterordnete, die aber trotzdem nicht ganz auf Erkenntnis verzichten wollte und auch Adam zum Genuss des »weiblichen Paradiesapfels« verführt hatte. (Manche behaupten, Eva, Lilith und die Schlange seien gar nur ein einziges Wesen gewesen…) **

Lilith, die Entflohene und Heimatlose, treibt seitdem ihr Unwesen. Als Rache für das ihr angetane Unrecht und den Fluch über ihre Kinder wird sie selbst zur Kindermörderin an den patriarchalischen menschlichen Nachkommen von Adam und Eva. Jahrhundertlang (laut Hurwitz bis heute!) wurden

---

* Sohar III 76b–77a, zitiert nach Barbara Black-Koltuv: *Das Geheimnis Lilith*.

** Eva, Lilith und die Schlange entsprechen Jungfrau, Waage und Skorpion… Zu Beginn der griechischen Astrologie galten diese drei Zeichen als ein einziges Tierkreiszeichen, und sie wurden erst relativ spät in drei Zeichen unterteilt.

Amulette, Schutzsiegel und Beschwörungen benötigt, um Lilith von den Wöchnerinnen und ihren Neugeborenen fernzuhalten.

Sanvai. Sansanvai. Semangloph. Adam und Eva. Hinaus mit Lilith.*

Ich beschwöre dich, Lilith Haldas, und dich Lilith-Taklath, Enkelin der Lilith-Zarnai, die im Hause und auf der Schwelle des Hormiz, des Sohnes der Mahlapata, wohnt und der Ahata, der Tochter der Dade, welche schlägt und tötet und verzaubert und welche Knaben und Mädchen erwürgt… O Lilith-Haldas, entfliehe, gehe weg, weiche vom Hause, der Schwelle, dem Palast und dem Gebäude, von Bett und Kissen des Hormiz… Und zeige dich ihnen nicht, weder in ihren Träumen noch in ihren Visionen am Tage.**

Interessant erscheint uns in diesem Zusammenhang, dass noch deutliche Reste der matrilinearen Gesellschaftsform, also der mutterrechtlichen Erbfolge, übriggeblieben sind: So wird »Hormiz«, dessen Haus geschützt werden soll, als der Sohn seiner *Mutter* Mahlapata bezeichnet und Ahata (seine Frau?) ebenfalls als die Tochter ihre *Mutter* Dade (und nicht ihres

* Zitiert nach Hurwitz, a. a. O., S. 98.

** Zitiert nach Hurwitz, a. a. O., S. 90.

Vaters). Offenbar genügt es manchmal nicht, Lilith nur fernzuhalten, man (Mann) muss sie anscheinend mit schweren Ketten binden:

> Gebunden ist die verzaubernde Lilith, die das Haus des Zako verzaubert. Gebunden ist die verzaubernde Lilith mit einem Gürtel aus Eisen auf ihrem Schädel, gebunden ist die verzaubernde Lilith mit Klammern aus Eisen in ihrem Munde. Gebunden ist die verzaubernde Lilith, die das Haus des Zako heimsucht, mit einer ehernen Kette in ihrem Nacken, mit Fesseln aus Eisen an ihren Händen und Stücken aus Stein an ihren Füßen.*

(Mir drängen sich hier die grauenvollen Bilder der Hexenverfolgung in unserem eigenen Religions- und Kulturraum auf…)

Wie sollen wir heute alle diese Geschichten und Beschwörungen interpretieren? Ob nicht die Verfemung als Kindermörderin das wirksamste Mittel war, um die unbotmäßige und wissende Lilith von den Frauen fernzuhalten? Lilith, die Ahnfrau der Weisen Frauen, der Geburtshelferinnen und natürlich auch Abtreibungskundigen! Lilith, die Widerspenstige, die nicht bereit war, sich der patriarchalischen Vorherrschaft zu unterwerfen! Was konnte nicht alles geschehen, wenn sie die Frauen wieder an die alten weiblichen Geheimnisse, an die weibliche

---

* Zitiert nach Hurewitz, a. a. O., S. 90.

Lebenskraft erinnert hätte! Das sicherste Mittel war, sie zu dämonisieren, sie mit angsterregenden und mörderischen Eigenschaften auszustatten.

So galt und gilt Lilith als die »dunkle« Erscheinungsform der weiblichen Gottheit, als rachsüchtig und als Feindin der Kindsgeburt, begierig auf Blut und Menschenopfer. Vermutlich hat sie auch mit Menstruationsblut zu tun – dem »dunkelsten« und dem am meisten tabuisierten Aspekt der weiblichen Sexualität und Magie.*

Eine der typischen und häufig erwähnten Rollen Liliths in den mythologischen Texten ist es, nachts die Männer mit eindeutig erotischen und sexuellen Attacken zu überfallen. In vielen Schilderungen aus dem semitischen Raum besitzt sie keine Arme und Beine, sondern besteht nur aus einem weiblichen Torso mit langen Haaren, die im Winde flattern, und sie gilt als extrem verführerisch und gefährlich. Es heißt, dass sie, die niemals unten liegen wollte,

---

* »Zu den Geheimnissen, die die Ur-Frau und ihre Schlange teilten, gehörte das Geheimnis der Menstruation. Die Perserinnen gin-gen davon aus, dass die Menstruation von der ersten Mutter, die bei ihnen Jahi, die Hure, hieß, in die Welt gebracht worden sei. Diese Jahi war eine der Lilith ähnelnde Herausforderin des himmlischen Vaters. Sie bekam zum ersten Mal ihre Menstruation, nachdem sie sich mit Ahriman, der Großen Schlange, vereinigt hatte. Danach verführte sie ›den rechtschaffenen ersten Mann‹, der vorher allein, nur mit dem göttlichen Opferstier als Gesellschaft, im Paradiesgarten gelebt hatte. Er wusste nichts von Sexualität, bis Jahi ihn belehrte.« *Larousse Encyclopedia of Mythologie*, London 1968, zitiert nach B. Walker: *Das geheime Wissen der Frauen*, S. 706.

schamlos auf ihren Opfern reite... So zieht sie die Projektionen männlicher (und weiblicher) Wunsch- und Angstvorstellungen auf sich.

Im Laufe der Jahrhunderte wird Lilith als Nachtgespenst und Schreieule bezeichnet, als Herrin der Tiere, Dämonin der Nacht, Königin der Dämonen, Phantom des Bösen und der Dunkelheit, als Succubus und als Königin der Hexen.

Barbara Black-Koltuv sammelte folgende Bezeichnungen für Lilith: Frau Eselsbein, Teufelsdrachen, Blutsauger, Hurenweib, fremde Frau, unreines Weib, Ende allen Fleisches, Ende des Tages, Bruha, Strega, böse Alte, Hexe, Kindsräuberin und Zauberin. Und weiter geht es: Schlange, Hündin, Affe, Eule, kreischende Nachtschwalbe, Schleiereule, die Seele jeder lebenden Kreatur, die kriecht; Adams erste Frau, Weib des Leviathan, Gattin des Teufels Samael und des Königs Ashmodai, Königin von Saba und Zamargad, ja sogar Gemahlin Gottes, während die Schekina abwesend ist.*

Roberto Sicuteri nennt eine Reihe der »negativen Mütter«: Hekate, Persephone, Empusa, Lamia, Lilith, und er ist beeindruckt von Liliths »schwarzer« Erotik.

Lilith als hemmungslose Sexualität ist die andere Seite des sanften und schützenden Weibes, ebenso wie sie laut biblischem Mythos die andere Seite Gottes ist. Sie ist die dramatische Verkörpe-

* Barbara Black-Koltuv, a. a. O., S. 13.

rung des Geschöpfes, das gegen den patriarchalischen Gott rebelliert und ihn aus einer ebenbür-
tigen Position bekämpft.*

Als wiederentdeckte schwarze Göttin und Hexe stellte Lilith ein kämpferisches Symbol in der Frauenbewegung dar, als die Frauen darangingen, die Nacht
für sich zurückzuerobern. Wir erinnern uns an den
Kampfruf der italienischen Feministinnen:

> Tremate, tremate, le Streghe son tornate!
> (Zittert, zittert, die Hexen sind zurückgekehrt!)

In der Tradition des magischen Ordens des »Golden Dawn« ist sie die »Königin der Nacht und der
Dämonen« und gilt im kabbalistischen Lebensbaum
als eine der Qlipoth, eine Negativform der Sephirah
Malkuth (Reich, Erde), was sich für »kabbalistische
Laien« vielleicht am ehesten als »negative Existenz
der Materie« erklären lässt. Eine moderne wissenschaftliche Entsprechung oder Assoziation zur »negativen Existenz«, diesem »Geist, der stets verneint«,
könnten (neben dem geheimnisvollen Himmelskörper Lilith) vielleicht die »Schwarzen Löcher« sein,
die kosmischen Verdichtungen/Vernichtungen der
Materie.

Wir wollten herausfinden, wer Lilith ist, wer sie
war und wer sie vielleicht wieder sein wird. Wissen
wir es nun?

*Roberto Sicuteri: *Astrologie und Mythos*, S. 160–166.

Lilith, eine geflügelte Dämonin der Nacht, die schwarze Jungfrau-Göttin, die schwarze Madonna, Isis aus der Unterwelt, der dunkle Aspekt der Göttin?

Ach, Lilith ist vieldeutig und geheimnisvoll wie eh und je!

Verlockend erotisch, autonom, widerspenstig, höhnisch, weise und bedrohlich – und noch immer hasst sie es, unterworfen oder auch eindeutig festgelegt zu werden! Lilith liebt die Freiheit.

Vielleicht sollten wir also unsere Frage anders stellen: Vielleicht sollten wir nicht fragen, wer sie ist oder sein wird, sondern wer wir selbst sind und wer wir sein könnten, wenn wir bereit sind, auf ihren Ruf in der Dunkelheit zu hören und von ihr zu lernen!

3. Welche Rolle spielt Lilith im astrologischen Kosmos oder Welttheater?

Lilith – Gaias verborgene Schwester

Wir gehen davon aus, dass die »unwirkliche«, schatten- oder nebelhafte Erscheinungsform des Himmelskörpers Lilith nicht »zufällig« ist, sondern dass diese verschleierte und verborgene Art, sich zu zeigen, vollkommen Liliths Wesen und ihrer Bedeutung entspricht.

Von modernen Physikern und Philosophen (Lovelock, Rudhyar) wird in der sog. »Gaia-Theorie« im Rückgriff auf griechische Mythen von unserer Erde als »Gaia«, einem mit Bewusstsein begabten Wesen, gesprochen. Zu diesem Bild Gaias, der Erdgöttin, gehört nach unserer Ansicht auch das Bild Liliths, der dunklen Göttin, die als Gaias Schatten oder auch als ihre dunkle, verborgene Schwester hinter ihr zurücktritt.

Aus den alten Mythen erfahren wir ebenso wie aus der modernen Psychologie, dass in den Schattenbereichen, den unbewussten, verdrängten, schwer zugänglichen Bereichen des Menschen, nicht nur seine »schlechten und bösen« Anteile verborgen liegen, sondern dass dort ebenso sein Potential an Kraft und

Kreativität schlummert. Das Finden des »Schattens« (auch des Doppelgängers oder Zwillings) und das Durchwandern der verborgenen seelischen Täler, sei es nun in der Mythologie oder in einer modernen Selbsterfahrungstherapie, können die Lebenskraft und Kreativität eines Menschen aus dem Schattendasein befreien. Denken wir nur an einige aus einer Vielzahl von Mythen, die den Aufenthalt im Reich der Schatten und seine Verbindung mit der kreativen Kraft zum Thema haben: Persephone, die Göttin der Fruchtbarkeit der Felder, verbringt ein Drittel des Jahres in der Unterwelt; Orpheus durchwandert den Hades auf der Suche nach seiner »Anima« Eurydike; Isis holt Osiris, ihren Zwillings(!)bruder, aus dem Reich der Toten zurück.

Auch in der modernen Literatur finden wir das Thema in vielen Variationen. Sehr schön beschrieben ist es beispielsweise in der *Erdsee-Trilogie* von LeGuin, wo der Magier seinen Schatten-Doppelgänger suchen und bekämpfen muss und schließlich erst durch die Verschmelzung mit ihm »ganz« wird.

Diesem Wissen um die ungeheure Kraft des Schattens, sowohl im negativ-destruktiven wie auch im positiv-konstruktiven und kreativen Bereich, entspricht das mythologische Bild, das Lilith auf der einen Seite als Kindermörderin darstellt, aber andererseits auch als die ursprüngliche Schöpferin allen Lebens.

Lilith – der blinde Fleck

Die astrologische Interpretation Liliths ist eng mit diesen Bildern verknüpft. Ihrem geheimnisvoll verschleierten Erscheinen, ihrer »Unsichtbarkeit« am Himmel entspricht es vollkommen, dass sie im Horoskop zunächst fast ebenso unsichtbar ist. In der Regel finden wir Lilith in einem Bereich des Horoskops, der von dem betreffenden Menschen zunächst gar nicht wahrgenommen, ja häufig sogar ge- oder verleugnet wird. Dieser Persönlichkeitsanteil verbirgt sich im »Schatten« und wird oft erst im Laufe des Lebens in einem Prozess der Entwicklung und Bewusstwerdung erweckt und erfahren. Wir nennen die Position Liliths im Horoskop deshalb zunächst oft den »blinden Fleck« einer Person. Dieser »blinde Fleck« kann zwar durchaus wirksam sein, nur nimmt die Person selbst ihn nicht deutlich wahr: Sie ist gewissermaßen »auf diesem Auge blind«. Normalerweise geht sie hier völlig unbewusst den Weg des geringsten Widerstandes.

Nach Gurdjieffs Ansicht schlafen die meisten Menschen zeit ihres Lebens. In Anlehnung an diese Auffassung können wir sagen: Solange die Menschen schlafen, schläft auch Lilith und wirkt nur im Verborgenen. Dort allerdings kann sie so intensiv wirken und bestimmte Probleme derart anhäufen und verstärken, dass schließlich ein »Erwachen« und Bewusstwerden nicht mehr zu vermeiden ist. Ihre Stellung im Horoskop gibt Hinweise darauf, wann, wie und wo Lilith geweckt werden oder erwachen kann. In dem Augenblick, in dem dies geschieht, verschwindet die vorherige Blindheit und öffnet den Raum für die Entwicklung zu mehr Bewusstsein und Autonomie.

Beispielsweise kann Lilith in den Fischen einen Menschen dazu bringen, anderen Menschen helfen zu wollen. Dagegen ist sicherlich nichts einzuwenden. Wenn dieses Helfenwollen aber jedes vernünftige Maß übersteigt und in eine Sucht, gebraucht zu werden, mündet, um schließlich den betroffenen Menschen selbst zum hilflosen Spielball eines anderen zu machen, dann wird vielleicht einmal der Zeitpunkt kommen, an dem diesem Menschen bewusst wird, dass er seinen eigenen Wert und seine eigene Entwicklung missachtet. Dies ist der Augenblick, in dem Lilith von ihrer Blindheit zur Bewusstheit erwachen und ihre eigene Kraft und Autonomie entdekken kann.

Lilith in den Fischen bietet dann die Chance, durch den bewussten Umgang mit dieser besonderen Fähigkeit des Mitfühlens und Mitleidens Hilfe oder Therapie zu leisten bei gleichzeitiger Abgrenzung und Unabhängigkeit. Die Abhängigkeit des Hilfsbedürftigen wird nicht mehr gebraucht, Helferin oder Helfer sind unabhängig geworden und bieten damit auch dem Hilfsbedürftigen seinerseits endlich die Möglichkeit zur Unabhängigkeit.

Lilith – die Verführerin

Lilith verkörpert die uralte weibliche Schöpferinnen-kraft in allen ihren Aspekten. Sie verkörpert all das, was in Zeiten des Patriarchats gefürchtet, bekämpft und unterdrückt wurde und wird. Lilith ist erotisch und verführerisch, erdverbunden und magisch, weise und intuitiv, frei und unbezähmbar. Sie ist die kreative, formgebende Energie, die autonome Göttin des Lebens und des Todes. So ist sie angst- und lusterregend zugleich, abschreckend und anziehend in einem.

Liliths liebstes Spiel ist die Verführung. Sie verführt, und sie lässt sich verführen. Je nach ihrer Position im Horoskop zeigen sich verschiedene Ebenen und Wirkungsweisen dieser meist unbewusst wirkenden Anziehungskraft. So kann es sich um erotische und sexuelle Themen ebenso handeln wie um die Verführung durch Geheimnisse, durch Abenteuer, Genuss, Drogen, mystische Erlebnisse, Besitz usw.

Lilith merkt oft überhaupt nicht, wie sie in etwas hineingelockt wird. In ihrer Blindheit ist sie unfähig, die Verlockung als solche zu erkennen, und erliegt ihr deshalb immer wieder. So zeigt ihre Stellung im Horoskop, wo ein Mensch am anfälligsten für Manipulation ist und wie er am leichtesten manipuliert werden kann. Sie verrät, wie er beispielsweise durch Werbung »gepackt« werden kann, aber sie gibt auch Hinweise, wie man am leichtesten sein Interesse weckt, um erzieherisch oder therapeutisch Einfluss zu nehmen. Ein ganz einfaches Beispiel: Um zu einer Lilith im Stier Kontakt zu bekommen, bringt man ihr am besten Blumen oder Süßigkeiten mit, während man einer Skorpion-Lilith lieber eine tiefgründige und geheimnisvolle Geschichte erzählt.

Eigentlich ist dies ein sehr gefährliches Thema, denn Lilith bietet sehr wirksame Techniken und Ansatzmöglichkeiten zur Manipulation anderer Menschen. Letztendlich erscheint uns aber das Offenlegen solcher Gefahren eine größere Hilfe zu sein als das Verschweigen.

Lilith zeigt aber nicht nur die Verführbarkeit, sondern auch die besonderen Interessen und die Begabungen eines Menschen an und ebenso seine Fähigkeit, andere mitzureißen, sie für seine Interessen zu begeistern und in diesem Sinne zu »verführen«. Und wie immer gilt auch hier: Je bewusster Lilith wahrgenommen und angenommen wird, desto bewusster kann man mit ihrer Energie umgehen.

Was aber wäre Verführung ohne die Themen Erotik und Sexualität? Liliths sexuelle Lust gehört ihr selbst. Anders als Eva, die sich dem Mann unterordnet und vor allem seine Bedürfnisse befriedigt, unterwirft Lilith sich und ihre Sexualität nicht. Sie weigert sich, »unten zu liegen«, und besteht auf Selbstbestimmung und auf ihrer eigenen Lust. Wenn Lilith, insbesondere im Horoskop von Frauen, stark betont ist, dann wird diese Selbstbestimmtheit sehr deutlich sichtbar. Solche Frauen sind niemals angepasste und bequeme Partnerinnen oder Gehilfinnen der Männer, sondern sie bestehen auf ihren eigenen

Interessen – übrigens weit über die Bereiche von Erotik und Sexualität hinaus.

Bei Männern ist dieser Bereich von Liliths Wirkung im Horoskop schwerer zu fassen und zu verstehen. Vielleicht hilft uns hier C. G. Jungs Begriff der »Anima« weiter. Mit »Anima« bezeichnet Jung das Seelenbild der Frau im Unbewussten des Mannes. Dieses archetypische innere Frauenbild eines Mannes kann im Horoskop durch Lilith verkörpert werden.

Ein Mann kann nun dieses innere Seelenbild nach außen projizieren und als Begegnung mit realen Lilith-Frauen erfahren oder auch erleiden. Er kann es jedoch auch als Möglichkeit für sein persönliches Wachstum begreifen und diesen »anderen Teil der Polarität« in die eigene Persönlichkeit integrieren. Dies wird zu einem vertieften Verständnis des Mannes für das weibliche Prinzip führen und zu größerer Achtung vor ihm. Auf diese Weise wird er einerseits Frauen und ihre Lebenszusammenhänge deutlicher wahrnehmen und andererseits seine eigenen weiblich-rezeptiven Anteile selbstverständlicher und selbstbewusster leben können.

Liliths formgebende, kreative Kraft geht jedoch weit über die übliche sinnlich-erotische Ebene hinaus. Ihre Haus- und Zeichenstellung im Horoskop gibt Auskunft darüber, wo unsere Verwundbarkeit am größten ist, wo unsere Schmerzen am tiefsten sind und wo, damit verbunden, unsere höchsten kreativen Möglichkeiten liegen.

Grundsätzlich, und das ist sehr wichtig, wirkt

Lilith immer als verstärkender Faktor für den Horoskopbereich, in dem sie steht, wobei sie insbesondere das jeweilige Element im Horoskop betont. So bringt beispielsweise eine Lilith, die im Element Erde steht, die Erdbetonung deutlicher zum Vorschein, als dies vom übrigen Horoskop her zu erwarten wäre.

Lilith – die weise Alte

Lilith, die Königin der Hexen, die Herrin des Schattens, der Dunkelheit und der Nacht, ist eng mit den Tieren der Dunkelheit und der Nacht verbunden. Ihr Symboltier ist die Eule, die lautlose Jägerin in der Dunkelheit, der Vogel der Weisheit und der Magie. Aber auch die Katze, die Fledermaus und die Schlange können Lilith repräsentieren. All diesen Tieren haftet in unserem Kulturkreis etwas Unheimliches an. Seit alters sind sie jedoch eng mit dem Weiblichen verbunden und erinnern an längst vergangene matriarchalische Zeiten. Sie verfügen über geheimnisvolle und teilweise »übersinnliche« Fähigkeiten, sie gelten als furchterregende und magische Tiere und in unserer Kultur oft als Unheilbringer. Spätestens seit dem Mittelalter wurden sie als die Begleiterinnen und Helferinnen der Hexen mit Misstrauen betrachtet, und es ging das Gerücht, dass Hexen sich in diese Tiere verwandeln könnten.

Auch die Hexen galten als geheimnisvolle und unheimliche Wesen, und auch ihnen traute man »übersinnliche« und magische Fähigkeiten zu. Die enge Verbindung der Hexen, der Weisen Frauen, der Hebammen und Heilerinnen mit altem weiblichem Wissen, mit der Natur und mit der Nacht, mit dem Leben und mit dem Tod und nicht zuletzt auch ihre Unabhängigkeit machten sie dem männlich-patriarchalen Denken unheimlich.

Gesellschaft und Kirche reagierten heftig auf das Unheimliche: mit Ablehnung, Unterdrückung und tödlicher Verfolgung. Lilith, die Königin der Hexen, kann im Horoskop all die verborgenen, machtvollen und oft furchterregenden »hexischen« und magischen Anteile einer Person repräsentieren: altes matriarchalisches Wissen, geheimnisvolle und teilweise »übersinnliche« Fähigkeiten, die Verbindung mit der Natur und dem Dunklen, die Nähe zu Leben, Tod und Wiedergeburt und, vor allen Dingen, Unabhängigkeit und Autonomie.

Liliths Weisheit ist, wie das matriarchalische Wissen der Hexen und der Weisen Frauen, eine intuitive, naturverbundene und im Körper gespeicherte Weisheit. Ihre wesentlichen Anteile werden nicht erworben und nicht gelernt, sondern sie sind auf geheimnisvolle Weise im Inneren vorhanden und können zu gegebener Zeit aus der Tiefe auftauchen.

Lilith ist der Archetyp der Weisen Frau, und sie stellt damit astrologisch die weibliche Entsprechung zum »weisen Alten«, Saturn, dar, die im bisherigen astrologischen System fehlte. So ermöglicht die Einbeziehung Liliths die Herstellung eines Gleichgewichts zwischen den weiblichen und den männlichen Planetenkräften, zwischen Yin und Yang, und wir erhalten drei Paare sich ergänzender Energien:

Mond (Mutter)	—	Sonne (Vater)
Venus (Frau)	—	Mars (Mann)
Lilith (weise Alte)	—	Saturn (weiser Alter)

Wie der Mond die Anima der Sonne verkörpert und Venus die Anima des Mars, so könnte Lilith die Anima des Saturns sein. Und umgekehrt könnte Saturn der Animus der Lilith sein, ebenso wie die Sonne den Animus des Mondes und Mars den der Venus repräsentiert.

Wir könnten auch versuchen, Liliths uraltes Wissen, ihre im Körper gespeicherte Weisheit, mit der Theorie der Reklamation, der Lehre der Wiedergeburt, zu erklären. Wenn wir Reinkarnation als eine Folge von Wiedergeburten verstehen, mit der Aufgabe und dem Ziel der Weiterentwicklung der Seele bis zur Erleuchtung oder Vollendung, dann können wir die innere Weisheit der Seele – Lilith – als etwas von früher Mitgebrachtes verstehen. Und tatsächlich tritt Lilith nach unserer Erfahrung immer wieder im Zusammenhang mit Themen der Reinkarnation in Erscheinung: in Form von besonderen Träumen bei Lilith-Transiten, von »unerklärlichen« Erinnerungen, von besonders starken Bindungen zwischen zwei Menschen, von »Déjà-vu-Erlebnissen« und Ähnlichem. (Hier bietet sich noch ein weites Feld für Untersuchungen, Forschungen und Spekulationen!)

Schlangengöttin, Palast von Knossos,
Kreta, ca. 1600–1500 v. d. Z.

Ein anderer Gedanke sei ebenfalls erwähnt, der eng mit der oben genannten »Gaia-Theorie« verbunden ist. Nach Lovelock und Rudhyar können wir die Erde als einen lebenden Organismus ansehen. Dieser Organismus lässt zu einer bestimmten Zeit an einem bestimmten Ort ein bestimmtes Wesen zur Welt kommen, weil er es für sein Wohlergehen braucht, ähnlich wie der Körper bestimmte Zellen und Hormone zu einer bestimmten Zeit und an einem bestimmten Ort braucht und sie deshalb hervorbringt. Und wie der Körper weiße Blutzellen hervorbringt, um eine Infektion zu bekämpfen, so bringt die Erde bestimmte Wesen hervor, um bestimmte Aufgaben zu erfüllen.*

Auch jedes menschliche Wesen hat offenbar solche Aufgaben für die Erde zu erfüllen. Lilith können wir dann als Symbol für die Weisheit betrachten, die uns die Erde mitgegeben hat, damit wir diese Aufgaben erfüllen können. Und es scheint sehr stimmig zu sein, dass Lilith, die Repräsentantin der inneren Weisheit und des intuitiven Wissens, heute immer deutlicher in den Vordergrund rückt, weil sie von

---

* In einem Artikel der *Badischen Zeitung* vom 17.5.1993 unter dem Titel: »*Selbsthilfeprojekt Meer, Wissenschaftler entdeckten ölfressende Mikroben*«, wird berichtet, dass Wissenschaftler angenehm überrascht seien, weil die Ölverschmutzung des Wassers im Persischen Golf nach dem Golfkrieg nicht so stark sei wie befürchtet. Es heißt in diesem Artikel: »Man hatte vergessen, dass die Natur kein passives Etwas ist, sondern dass sie ein riesiges aktives Potential besitzt.« Erstmals wurden jetzt Mikrobenarten entdeckt, die in der Lage sind, Rohöl abzubauen.

der Erde – und auch von uns Menschen – angesichts unseres Zerstörungspotenzials wirklich dringend gebraucht wird. Und ist es nicht ein schönes Bild, wie eine weiße Blutzelle durch den Organismus der Erde zu kreisen und Dinge in Ordnung zu bringen, die sonst für tödliche Krankheiten und Infektionen sorgen würden?*

Weil die Natur sehr vorsichtig und sehr fruchtbar ist, werden nach Rudhyar mehrere Menschen mit ähnlichen Horoskopen geboren, damit alle Ebenen abgedeckt und alle Aufgaben erfüllt werden können, selbst dann, wenn der eine oder andere Mensch bei seiner Aufgabe »versagt«. Dieses Bild von der Erde als einem lebenden Organismus, der hervorbringt, was er braucht, könnte die Idee einer persönlichen Reinkarnation »unnötig« machen. In diesem Bild sind wir Menschen Teil der Erde, und wir werden wieder zu Erde und sind so im unendlichen Kreislauf eingeschlossen.

* Gleichzeitig scheint uns das aber ein sehr gefährlicher Gedanke zu sein: Wer beurteilt die »Krankheit« oder »Infektion« der Erde oder der Gesellschaft, und wer bestimmt, was bekämpft und vernichtet (!) werden soll? Manchmal erweisen sich Idealismus und damit verbundener Fanatismus als die schlimmsten »Krankheiten!«

Lilith – die Göttin der Autonomie

Lilith, die autonome Göttin des Lebens und des Todes, ermöglicht uns die Entwicklung unserer eigenen Autonomie. Als Teil des ewigen Kreislaufs des Lebens, sei es nun im Sinne der Wiedergeburtslehre oder sei es in Übereinstimmung mit dem Bild, dass wir ein Teil der Erde sind und zu ihr zurückkehren, können wir die Relativität des Lebens und des Todes erkennen, und damit letztendlich unsere Freiheit. (Hier wird der Widerspruch der Göttin der Autonomie zu den monotheistischen Religionen deutlich.)

Ein Mensch, der seine Lilith lebt, ist autonom. Es gibt für ihn keine wirkliche Abhängigkeit mehr von der äußeren »Realität«. In seinem Buch *Neuropolitik* nennt Timothy Leary die persönliche, perspektivische Wahrnehmung der Realität einen »Realitätstunnel«. Natürlich können wir durch einen Tunnel die Welt oder »Realität« nur bruchstückhaft und einseitig verzerrt wahrnehmen. Erziehung, Erfahrung und Anpassung führen dazu, dass wir normalerweise die Welt durch allgemeingültige und das heißt fremdbestimmte Realitätstunnel wahrnehmen. Wenn Lilith erwacht, und damit unser Wunsch nach Selbstbestimmung, wird es passieren, dass wir zu unserer Überraschung und unserem Schrecken feststellen, dass wir uns in einem fremden Realitätstunnel befinden.

Lilith bietet die Chance, uns aus fremden Realitätstunneln, aus fremden Träumen und Weltsichten und schließlich aus der Abhängigkeit von dem Urteil

anderer Menschen zu befreien und unsere Autonomie zu verwirklichen. Wir können mit ihrer Hilfe unsere Sicht der Dinge und, damit einhergehend, unsere Realität verändern. Wir selbst bestimmen dann
unsere Realität. Das Herausarbeiten und Entwickeln
des Lilith-Potentials, je nach ihrer Stellung im Horoskop, ermöglicht es, die vollkommene Freiheit und,
in letzter Konsequenz, die eigene Göttlichkeit zu erfahren. Und so könnten wir tatsächlich zum Eben-
bild der Schöpferin oder des Schöpfers werden.

Oft haben Menschen, in deren Horoskop Lilith an
wichtiger Stelle steht (beispielsweise in Konjunktion
mit persönlichen Planeten, in Eckenbindung oder in
deutlich betonten Zeichen oder Häusern), eine starke,
manchmal sogar charismatische Ausstrahlung. Erinnern wir uns an den Schattenaspekt Liliths und an
die kreative Kraft, die im Schattenbereich des Menschen liegt, so verstehen wir einen der Gründe dafür:
Menschen, die ihre Schattenseiten kraftvoll leben –
sei es nun unbewusst und im dunklen, unerweckten,
eventuell »bösen« Zustand, oder sei es, dass sie ihren
Schattenbereich bewusst als Lebenskraft integrieren
und verarbeiten –, solche Menschen üben naturge-
mäß eine starke Wirkung auf andere Menschen aus.
Ihre Kraft wird von den anderen Menschen wahrgenommen und als faszinierend im positiven oder negativen Sinn empfunden.

Eine weitere Erklärung für die starke Ausstrahlung dieser Menschen können wir mit Hilfe der bereits erwähnte Theorie der »Realitätstunnel« finden.
Eine starke und autonome Lilith kann sehr selbstsi-

cher von sich sagen: »Ich lebe in meiner eigenen Realität. Und ich selbst bin es, die diese Realität (meinen Realitätstunnel) hier gestaltet.« Dies wirkt faszinierend auf unsichere Menschen, und sie versuchen, ebenfalls in diesen »überzeugenden« Realitätstunnel einzutreten. So scheint die besondere Macht einer betonten Lilith eigentlich die Überlagerung der Realität anderer zu sein. Dies kann das Charisma eines Menschen kennzeichnen und gleichzeitig die Macht der Verführung. Je autonomer und autarker ein Mensch zu sein scheint, um so stärker ist oft seine Wirkung auf andere.

Lilith scheint ein Prinzip in der Astrologie zu sein, das nicht auf die Ebene von »normaler« Horoskopinterpretation mit »normalen« Planeten, wie Merkur oder Venus, gehört. Das Eigentliche und Besondere, das sie bietet, wird sonst nicht erkannt. Lilith beinhaltet etwas »mehr«. Sie befindet sich nicht auf einer greifbaren, sondern auf einer transzendenten Ebene und entspricht damit eher dem uranischen, neptunischen oder plutonischen Prinzip, einem Prinzip also, das nicht von alleine wach ist sondern das geweckt werden muss. Um zum Beispiel mit Pluto gut umgehen zu können, muss man ihn verstehen, begreifen, sich seiner bewusst werden. Kurz, er muss wach werden. Pluto hat nun die Eigenschaft, sich immer wieder gewaltsam ins Bewusstsein vorzudrängen, Lilith dagegen ist eine freiwillige Entscheidung. Da sie der Himmelskörper der Autonomie, der Unabhängigkeit ist verlangt sie auch die freie Entscheidung für sich. Lilith kann eigentlich nur da ganz wach werden, wo

Menschen sich entschieden haben, autonom werden zu wollen. (Und um Autonomie anzustreben, brauchen wir Lilith...)

Die Teilnehmerin eines Workshops beschrieb es so: »Es war für mich in der Meditation sehr klar. Ich sah eine weibliche Gestalt. Sie war verhüllt und ich musste ihr ins Gesicht schauen, um sie zu sehen. Ich hätte sie vorbeiziehen lassen können, dann hätte ich sie nicht erkannt und nicht gewusst dass sie Lilith ist.« Das Beispiel zeigt: Ich muss mich dafür entscheiden, Lilith ansehen zu wollen, sonst zieht sie unerkannt vorbei. Zwar ist sie auch ohne diese Entscheidung durchaus wirksam, aber um wirklich sinnvoll mit ihr umgehen zu können und mit ihrer Energie konstruktiv arbeiten zu können, müssen wir uns bewusst entscheiden. Dann allerdings bietet sie enorme Möglichkeiten zu einem konstruktiven Persönlichkeitsaufbau.

Das Prinzip Lilith scheint nach unserer Beobachtung zunehmend nicht nur auf der individuellen, sondern auch auf der kollektiven Ebene aktiviert zu werden und sich zu entfalten. Die Weiterentwicklung jedes einzelnen Menschen beeinflusst das »morphogenetische Feld«* und unterstützt dadurch auch die Weiterentwicklung des Kollektivs. Die »Götter« scheinen offenbar von den Menschen ebenso abhän-

---

* Mit diesem Begriff bezeichnet Rupert Sheldrake (*Das Gedächtnis der Natur*) die noch weitgehend unerforschten Einflüsse kollektiver Erfahrung auf die evolutionäre Entwicklung. Sehr vereinfacht ausgedrückt: »Alles ist mit allem verbunden.«

gig zu sein wie die Menschen von den »Göttern«. Kosmische Prinzipien, Wesen oder Ideen werden vom Menschen mit Inhalt und Energie »geladen« und haben dann ihrerseits eine Rückwirkung auf die Erde. So ist die Macht und die Wirkung einer Gottheit, eines Symbols oder einer Religion abhängig von der Intensität und der Energie ihrer Anhängerinnen und Anhänger. Und es scheint so, als würden sich immer mehr Menschen mit dem »Prinzip Lilith«, dem Prinzip der Autonomie und der Selbstbestimmung, beschäftigen.

Denken wir nur an die Frauenbewegung, an die Entwicklung einer feministischen Theologie (»*Thea*logie«) oder auch an die Entwicklung des Esoterisch-Okkulten und das Näherrücken des Wassermann-Zeitalters: Das »Prinzip Lilith« wird immer mehr zum Leben erweckt, mit Energie gefüllt und dadurch auch immer stärker, zunächst auf der feinstofflichen, dann aber ebenso auf der grobstofflich-materiellen Ebene wirksam. So bietet Lilith die Möglichkeit, das religiös-feinstoffliche und das wissenschaftlich-materielle Konzept wirklich miteinander zu verbinden.

Für die Weiterentwicklung und Evolution des Menschen könnten Lilith und ihr Prinzip der Autonomie eine ganz zentrale Funktion übernehmen. Wir Menschen könnten die Fähigkeit entwickeln, Liliths Weisheit und ihre Autonomie tatsächlich zu leben, sie real umzusetzen und unserem Leben damit eine neue Richtung und Qualität zu geben. (Und die Autoren wollen natürlich auch ihren Beitrag dazu leisten!)

Um eventuellen Missverständnissen vorzubeugen, möchten wir betonen, dass wir unter »Autonomie« die Autonomie des einzelnen Menschen verstehen, seine Unabhängigkeit von inneren und äußeren Zwängen und seine Eigenverantwortung. Wir meinen damit *nicht* politische oder religiöse Autonomiebewegungen von Nationalitäten oder anderen Gruppen, wie sie sich in Slogans wie »Tirol den Tirolern« (und leider vielen anderen) zeigen und die in Separationskriegen gerade heute wieder verheerende Auswirkungen zeigen.

Liliths Rolle im planetaren System

Um anzudeuten, welche Rolle Lilith im astrologischen Weltbild spielen könnte, wollen wir uns zunächst kurz den Aufbau des astrologischen Systems ansehen. Wir können die Kette der Planeten von zwei Seiten her betrachten: vom Zentrum unseres Systems, der Sonne, ausgehend bis hin zu Pluto, dem fernsten Planeten, oder über Pluto von außen uns annähernd über alle Planeten bis hin zur Sonne im Zentrum.

Beginnen wir zunächst mit der Sonne. Sie symbolisiert das Zentrum, unseren Wesenskern, das Prinzip des Lebensfunkens und das Ziel, das wir im Leben verwirklichen wollen. Der Mond steht für all die Verhaltensmuster, die wir entwickeln, um unseren Kern zu schützen und um uns im Alltag heimisch zu fühlen. Merkur symbolisiert unsere Kommunikation mit anderen Menschen durch Sprache, Anpassung und Informationsverarbeitung. Venus zeigt unsere Bedürfnisse nach Gefühlsbeziehungen und unsere Fähigkeit, uns wohl zu fühlen, Schönheit wahrzunehmen und zu erschaffen, während Mars zeigt, wie wir unseren Raum erobern und aktiv an die Dinge herangehen. Dann kommen die großen Planeten: Jupiter, der für das ideelle, religiöse, weltanschauliche Prinzip steht, und Saturn, der die realen Sachzwänge und Bindungen an die Wirklichkeit repräsentiert. Die drei äußeren Planeten vervollständigen das Bild: Uranus als das Prinzip der geistigen Freiheit und Wahrheit, genauer gesagt, als das Prinzip des Glaubens an eine bestimmte geistige Freiheit und Wahrheit, Neptun als Symbol für die allumfassende Liebe und schließlich Pluto als Prinzip der Chaosenergie.

Um die Planetenkette von der anderen Seite her aufzurollen, erinnern wir uns an die Theogonie des Hesiod. Am Anfang war das Chaos (Pluto), und es kam hinzu Eros (Neptun) und bewegte Chaos dazu, Uranus zu gebären, und Uranus verband sich mit Gaia, der Erde, und sie zeugten Saturn usw. So kam die ganze Planetenkette zustande.

Und wo ist Lilith? Welche Rolle spielt sie im kosmischen Theater?

Eine spannende Frage! Ist sie die Regisseurin? Der Bühnenraum? Das intuitive Wissen, was gespielt wird? Oder ist sie der Vorhang? – Der Vorhang, der zerreißt?

Wenn wir erkennen, dass das bisherige Planetensystem keine wirkliche persönliche Freiheit beinhaltet, können wir beginnen, Liliths Rolle zu erahnen.

Denn selbst Uranus, der Planet, der in diesem System die Freiheit und die Wahrheit repräsentiert, steht immer noch für den Glauben an eine ganz bestimmte Wahrheit, Religion oder Philosophie und kann deshalb nicht wirklich autonom sein. Vielleicht ist Lilith das Symbol für den Augenblick, in dem wir uns von allen äußeren Gedankengebäuden lösen können, die vorher unsere partielle Freiheit ermöglichten, und in dem wir plötzlich um unsere eigene absolute Autonomie »wissen«. Vielleicht ist sie das Symbol für den Augenblick, in dem der Vorhang des Tempels in zwei Teile zerreißt und den Weg freigibt ins Allerheiligste.

Auch im alten Ägypten finden wir ein entsprechendes Bild. Der Tempel der Isis wurde für einen bestimmten Glauben gestaltet (Jupiter), hatte gewisse festgelegte Strukturen (Saturn), zugrunde lagen bestimmte Ideen und Lehren (Uranus), die Verbindung zu allem wurde hergestellt (Neptun), und dahinter stand ein enormes Energiepotential (Pluto).

Im Innersten des Tempels, im Allerheiligsten, war jedoch »nichts« enthalten, der Schrein war »leer«. Das Göttliche ist nicht fassbar. Im Schrein ist »Nichts«, ist »Schwärze«. Und dieses »Nichts«, in dem zugleich doch »alles« enthalten ist, entspricht nach unserer Auffassung dem Prinzip Lilith.

So sehen wir Lilith also nicht als Symbol für Göttin oder Gott im üblichen Sinne, sondern für die Fähigkeit, unsere Gottinnen und Götter selbst zu gestalten und zu bestimmen. Anders ausgedrückt: Lilith im Horoskop zeigt, wo und wie wir unsere eigene

Schöpferin, unser eigener Schöpfer werden können.
Und wenn wir Lilith richtig verstehen, kann das mit
viel Weisheit, aber auch mit viel Lust an der Schöpfung verbunden sein!

Das Erscheinen Liliths kann das ganze planetare
System unseres Horoskops autonom machen. Da sie
das Prinzip der Autonomie und der Autarkie verkörpert, erhalten wir mit ihrer Hilfe ein Planetensystem,
das in sich unabhängig ist. Und das bedeutet letztlich,
dass der Makrokosmos des Planetensystems durch
Lilith in den Mikrokosmos unseres Selbst integriert
werden kann. Wir können so das gesamte Universum in uns selbst integrieren, wir »sind« das Universum, entsprechend der Botschaft der Smaragdtafel
des Hermes Trismegistos: »Wie oben so unten.«

Lilith zeigt das Potential des einzelnen Menschen,
das planetare Gesamtsystem autonom zu machen
und zu integrieren. Sie stellt nach unserer Auffassung ein übergreifendes, allumfassendes Prinzip
und Potential dar.*

Dies erscheint uns als die umfassendste Sichtweise, unter der wir Lilith betrachten können, das
größtmögliche Prinzip. Lilith entspricht nach dieser
Vorstellung etwas, das zwar nicht richtig greifbar,
im Hintergrund aber durchaus vorhanden ist. Etwas, das nicht in unserer, sondern in einer anderen
Dimension existiert und das dennoch seine Auswir-
kung als Wissen, als Weisheit, als Möglichkeit der

---

* Ausgedrückt durch die »Meta-Ebene« bei Ronald Laing und durch den
»Meta-Programmierer« bei Robert Anton Wilson.

Integration besitzt. So verkörpert Lilith ein ganz anderes Prinzip als alle anderen Planeten.

Im System der jüdischen Qabalah könnte Lilith »Daath« entsprechen, dem unsichtbaren Abgrund (»Abyssos«) zwischen den Welten, in den es zu springen gilt, um in die göttliche Welt vorzudringen. Und gleichzeitig könnte sie den Versuch und die Fähigkeit darstellen, den Sprung in den Abgrund tatsächlich zu wagen und daraus wieder emporzutauchen. Nach der Vorstellung der Qabalah wären wir dann nicht mehr rein »menschlich«, denn das Eintauchen in den Abyssos wird dort verbunden mit der Vernichtung des Menschen und der Entstehung des »Gottes«.

Eine ähnliche Vorstellung finden wir auch bei Carlos Castaneda, wo die Initiation der Zauberer darin besteht, den Sprung in den Abgrund zu wagen – und zu meistern.

So kann uns Lilith dazu veranlassen, die Ebenen zu wechseln und von einem energetischen Zustand in einen anderen zu springen. Diese transformativen Sprünge sind nicht logisch oder kalkulierbar. Lilith hat mit logischer Weisheit überhaupt nichts zu tun, sie steht vielmehr für intuitive Weisheit (»Quanten-Weisheit«?).

Das Prinzip Lilith unterscheidet sich von allen anderen Planetenprinzipien auch dadurch, dass sie einen »Quanten«-Zustand darstellen kann, in dem unvorhersehbare Sprunge von einem in einen anderen Energiezustand möglich sind. Wir sollten Lilith also nicht nur als einen bestimmten Zustand interpretieren, sondern immer auch als potentielle Energiebewegung. Die Tierkreiszeichen und die Häuserprinzipien zeigen uns, welche Energien benutzt werden können, um diesen Sprung von einem Energiezustand in den nächsten zu realisieren. Wenn Lilith im Widder steht, wird der Sprung aufgrund von Widderenergie geschehen, und wenn sie im Stier ist, kann es aufgrund von Stierenergie zu dem Sprung kommen.

Wenn wir in Bildern denken, stellen wir uns vor, Lilith wäre »das Sprungbrett des Universums«. Man springt los und taucht irgendwo wieder auf, die Frage ist nur, wo...

Natürlich beeinflussen Planeten, die mit Lilith eine Konjunktion bilden, diesen Energietransfer sehr stark. Sie »springen« dann gewissermaßen zusammen mit ihr. Und da die Gefahr besteht, dass der Ort der Landung völlig im Ungewissen liegt, kann es sehr schwierig sein, wenn bestimmte persönliche Planeten gemeinsam mit Lilith den Sprung machen. Sie landen eventuell in Situationen, wo die üblichen Regeln energetisch keine Gültigkeit mehr haben. Dadurch lässt sich vielleicht erklären, warum insbesondere Lilith-Sonne-Verbindungen so gefährlich sein können. Offenbar geht es dabei um den Sprung in neue Räume – oder auch in uralte Räume, in Räume zwischen Licht und Dunkelheit.

Hier schließt sich nun der Kreis, und wir sind wieder bei Lilith, der dunklen Göttin, angekommen, Gaias schattiger Schwester, der »unsichtbaren« Herrscherin über die Weisheit und die Nacht.

Es mag vielleicht verwegen oder gar sinnlos erscheinen, all diese Themen und die vielen verschiedenen Ebenen für eine Horoskopinterpretation zu benutzen. Denn: Welcher Mensch ist autonom? Und: Wie weit dürfen wir uns von der »Realität« entfernen? Um uns aber dem umfassenden Prinzip Liliths anzunähern, scheint es uns wichtig, sie in all ihren Aspekten, Facetten und Oktaven darzustellen, soweit es uns mit unserem bisherigen Forschungs-, Wissens- und Spekulationsstand möglich ist.

Nun können und sollen in der astrologischen Beratungspraxis ganz sicher nicht alle Themen und schon gar nicht alle Ebenen angesprochen werden. Da Lilith aber dieses umfassende Prinzip verkörpert, kann sie im praktischen Umgang mit dem Horoskop den entscheidenden Ansatzpunkt bieten, der über die »normale Interpretation« hinausführt und es uns ermöglicht, uns tatsächlich unseren potentiellen Entwicklungsmöglichkeiten zu nähern. Mit ihrer Hilfe können wir die Ebene und den Weg finden, um das planetare System in unser Inneres zu integrieren.

Teil II

Lilith im Horoskop

4. Lilith in Verbindung

mit den 12 astrologischen Prinzipien

D ie 12 astrologischen Prinzipien ergeben sich
bekanntlich aus den Bestandteilen der Zwei-,
Drei- und Vierteilung des Tierkreises. Diese Bestand-
teile sind:

- die Polarität: aktiv/empfangend (männlich/
  weiblich, Yang/Yin, +/−, Tag/Nacht etc.);
- die drei Qualitäten: kardinal – fest – beweglich
  (Geburt – Leben – Tod etc.);
- die vier Elemente Feuer, Erde, Luft und Wasser
  (die Prinzipien der vier Jahreszeiten, der vier
  Himmelsrichtungen, der vier Tageszeiten etc.),
  die ihrerseits das Prinzip der Polarität bereits
  enthalten, insofern als Feuer und Luft als aktive,
  Wasser und Erde als empfangende Elemente
  bezeichnet werden.

Jedes Prinzip des Tierkreises umfasst ein Tierkreiszeichen, seinen Herrscher und ein dazugehörendes
Haus, und diese werden durch die Zugehörigkeit
zu Element und Qualität definiert. So können wir
beispielsweise das 1. Prinzip als »kardinales Feuer«
bezeichnen, und es entspricht dem Tierkreiszeichen
Widder, seinem Herrscher Mars und dem 1. Haus.
Damit sind bereits wesentliche Aussagen über den
»Charakter« eines Prinzips gemacht. Wenn wir in

Bildern denken, dann könnten die 12 Prinzipien etwa so aussehen:

kardinales Feuer: Zündfunke, aufloderndes Feuer, Feuerwerk
festes Feuer: gleichmäßiges Brennen, Steppenbrand
bewegliches Feuer: Lagerfeuer, züngelnde Flammen, Meteoritenschauer

kardinale Erde: Steinlawine, Erdrutsch, Hochgebirge
feste Erde: sanfte Hügellandschaft
bewegliche Erde: Wanderdünen, Treibsand

kardinale Luft: Windstoß
feste Luft: stetiger Wind, aber auch Windstille
bewegliche Luft: wechselnde Winde aus verschiedenen Richtungen

kardinales Wasser: Quelle, Bach
festes Wasser: See, Moor
bewegliches Wasser: Meer, Ozean

Um Liliths Einfluss und Wirkungsweise im Horoskop zu zeigen, werden wir uns nun folgendermaßen auf die 12 astrologischen Prinzipien beziehen: Zunächst werden wir Liliths Wirkung in einem Element darstellen, beispielsweise im Feuer. Dann werden wir sie in der kardinalen Erscheinungsform dieses Elements, in diesem Fall dem 1. Prinzip, ansehen: Tierkreiszeichen Widder, 1. Haus, Aspekte mit Mars. Daran anschließend folgt die feste Erscheinungsform des Feuers, das 5. Prinzip: Tierkreiszeichen Löwe, 5. Haus und Sonneverbindungen, und schließlich das bewegliche Feuer, das 9. Prinzip, mit Schütze, 9. Haus und Jupiter-Aspekten. Daran anschließen wird sich Lilith in der Erde, in der Luft und im Wasser, ebenfalls in der kardinalen, festen und beweglichen Form. Wir hoffen, auf diese Weise Ähnlichkeiten und Unterschiede der Deutung Liliths in den jeweiligen Zeichen, Häusern und Planetenverbindungen am besten zeigen zu können. Um die Zusammenhänge überschaubarer zu machen, sind sie im Folgenden noch einmal tabellarisch dargestellt:

	Feuer (+)	Erde (–)	Luft (+)	Wasser (–)
kardinal	Widder (1) Mars	Steinbock (10) Saturn	Waage (7) Venus (Lilith)	Krebs (4) Mond
fest	Löwe (5) Sonne	Stier (2) Venus	Wasser-mann (11) Uranus	Skorpion (8) Pluto
beweglich	Schütze (9) Jupiter	Jung-frau (6) Merkur	Zwillinge (3) Merkur	Fische (12) Neptun

Ganz allgemein können wir sagen, dass das *Element* die *Ebene* angibt, auf der ein Planet wirkt, das *Tierkreiszeichen* die *Form*, das *Haus* den *Bereich* des täglichen Lebens und die *Aspekte* die *Verknüpfungen* mit anderen Planeten und die Möglichkeit des Zugangs.

Es würde den Rahmen dieses Buches sprengen, in »Kochbuchmanier« alle möglichen Lilith-Verbindungen aufzuschlüsseln und im Einzelnen auszuführen. Wenn es uns jedoch gelingt, die Grundprinzipien deutlich zu machen, so hoffen wir, dass astrologisch interessierte Leserinnen und Leser ihre eigenen Schlüsse ziehen und mit Hilfe ihrer eigenen Erfahrungen und Beobachtungen die jeweilige Interpretation finden können. Als Beispiel für diese Vorgehensweise wollen wir Lilith in ihrer Bedeutung als »Entscheidung zu persönlicher Freiheit« herausgreifen und durchspielen, wie dieser Entscheidungsprozess in den verschiedenen Elementen, Zeichen und Häusern aussehen könnte.

Das *Element* zeigt uns die *Entscheidungsebene*, auf der unsere Freiheit erreichbar ist (*Feuer* – ideell, *Erde* – physisch, *Luft* – geistig, *Wasser* – emotional). Das *Tierkreiszeichen* gibt uns die *Form* an, in der diese Entscheidung gefällt werden sollte (ganz banal ausgedrückt »Eine Lilith im Widder kann sich frei trommeln.«), das *Haus* gibt uns den *Bereich* des täglichen Lebens an, in dem wir diese Freiheit erreichen können (»Sollte sie zu Hause trommeln oder mit Freunden?«), und die *Aspekte* geben an, inwieweit diese Freiheit für uns in unsere Persönlichkeit *integrierbar* ist (»Wer stört oder unterstützt sie dabei?«). – Das ist im Grunde genommen die ganze Hexerei der Astrologie!

Wenn Lilith im *Feuer* steht, fällt die Entscheidung auf der Feuerebene. Meine Freiheit besteht zum Beispiel darin, selbst zu entscheiden, was ich glauben möchte. Im Widder, dem kardinalen Feuer, entscheide ich mich spontan aus mir selbst heraus, ohne mich von außen beeinflussen zu lassen. Im Löwen, dem festen Feuer, bin ich nicht ganz frei, sondern muss an mich selbst glauben. Im Schützen, dem beweglichen Feuer, fällt die Entscheidung in einem großen spirituellen Zusammenhang.

Wichtig ist es nun, den Hausbereich zu benutzen, um wirklich an die Lilith heranzukommen. Nehmen wir an, Lilith steht im Schützen im 3. Haus, dann bedeutet der Schütze die Spiritualität und Religiosität, aber das 3. Haus sagt uns: Es geht nur im Alltag. Und da viele Menschen Alltag und Religiosität voneinander trennen, können sie nicht an die Lilith herankommen. Oder Lilith steht im Löwen im 9. Haus: Der Glaube, den ich wähle, muss beinhalten, dass ich an mich glauben darf (Löwe). Und im 9. Haus muss es ein Idealzustand sein, an den ich glaube, ein Traum von mir selbst.

Lilith in der *Erde*: Die Entscheidung für oder gegen die Freiheit fällt auf der materiellen, praktischen Ebene, dargestellt durch Arbeit, Beruf, Besitz, durch die Beschäftigung mit Pflanzen, mit dem Körper oder Ähnlichem. Die Entscheidung muss auf dieser Ebene fallen. Ich möchte frei sein von der Einschränkung durch irgendwelche materiellen Bedürfnisse.

Es gibt nach dieser Entscheidung keine materiellen Bedingungen, die mir meine Freiheit wirklich nehmen können.

Im Steinbock (kardinale Erde) kann ich beschließen, selbst zu gestalten und Form zu geben, im Stier (feste Erde) entscheide ich selbst über mein Wohlbefinden und meine Art des Genießens und in der Jungfrau (bewegliche Erde) über meinen Umgang mit Körper, Krankheit und Krisen. Beispiel: Mit einer Steinbock-Lilith im 8. Haus entsteht meine Freiheit durch das Einlassen auf meine Berufung. Ich kann Autonomie erreichen, wenn ich mich formgebend (Steinbock) in-nerhalb größerer Zusammenhänge einbringe, sei es mit Menschen auf einer rituellen Ebene oder einfach in einem emotionalen Zusammenhang (8. Haus).

Lilith in einem *Luftzeichen* bedeutet: Die Freiheit beginnt damit, dass ich erkenne: Meine Gedanken sind frei und können alle Grenzen überschreiten. Sie eröffnen mir einen Raum, der mir die absolute Freiheit ermöglicht, eben den geistigen Raum, den Bereich des Luftelements. Die drei Luftzeichen zeigen uns die Form an, in der dies geschehen kann: Bei der Waage (kardinale Luft) in Beziehung zu einzelnen, beim Wassermann (feste Luft) durch den Kontakt zu einer Gruppe, die etwas »Ideales« möchte, bei den Zwillingen (bewegliche Luft) in Kommunikation mit vielen und durch die Aufnahme möglichst vieler Informationen. Steht nun beispielsweise Lilith in der Waage im 1. Haus, dann bedeutet das eigentlich einen Widerspruch in sich: Einen selbständigen, erobernden Weg (Lilith im 1. Haus) im Kontakt mit einem anderen Einzelmenschen (Waage). Die Phasen des Neuanfangs sind immer gekennzeichnet durch den Kampf um Autonomie. Oder Lilith in den Zwillingen im 10. Haus: Das wäre die Verbindung von Lilith mit Kommunikation und Information (Zwillinge) einerseits und mit gesellschaftlicher Aufgabe und Erfahrungswissen (Steinbockhaus, kardinale Erde) andererseits. Hier könnte es sich um intuitives Wissen aufgrund von Erfahrung handeln, das weitergegeben werden kann. Das wäre vielleicht die Rolle der weisen (alten) Frau.

Oder Lilith steht im *Wasser*. Die Entscheidung für oder gegen Freiheit fällt im Gefühlsbereich, »aus dem Bauch heraus«. Die Entscheidung kann nur über den emotionalen Kontakt gefällt werden. Wenn Lilith sich im Wasser befindet, das Element ansonsten aber sehr schwach ist, bedeutet das oft, dass ich dem Wasser auszuweichen versuche und Lilith den »blinden Fleck« darstellt. Dann ist sie nur sehr schwer zugänglich. Sie braucht möglichst Unterstützung von Planeten im gleichen Element.

Betrachten wir nun die drei Erscheinungsformen: Im Krebs (kardinales Wasser) muss ich die Entscheidung in der Auseinandersetzung mit der Familie oder meinen kulturellen Wurzeln treffen, im Skorpion (festes Wasser) wird sie im Zusammenhang mit meiner Einstellung zu Leben, Tod und Transformation stehen, und in den Fischen (bewegliches Wasser) muss sie in Liebe und aus Liebe getroffen werden: Ich kann frei werden, weil ich die Welt liebe – alle

Welt. Und beispielsweise im 9. Haus: Die Entscheidung muss in einem spirituellen Zusammenhang stehen.

An den *Aspekten* zu anderen Planeten können wir jeweils erkennen, wie leicht oder wie schwer es uns fallen wird, diese Freiheit zu integrieren. Welche Kräfte und Energien werden die Entscheidung zur Freiheit unterstützen, und welche werden sie behindern?

Wir wollen uns die wichtigsten Aspekte kurz ansehen, und die jeweilige Beziehung zwischen Lilith und einem (oder auch mehreren) Planeten durch das Bild eines tanzenden Paares veranschaulichen. Wir werden uns vorstellen, wie sie miteinander tanzen.

Eine *Konjunktion* zwischen Lilith und einem Planeten bedeutet grundsätzlich eine intensive Verschmelzung der beteiligten Energien, wobei das Resultat mehr oder etwas anderes ist als die Summe der Teile. Jeder der Partner wird intensiv vom anderen beeinflusst und verändert. Das tanzende Paar wirkt wie ein einziges Wesen.

Die *Konjunktion* mit einem Planeten wirkt sich übrigens stärker aus als die Stellung Liliths im jeweiligen Planetenzeichen. Steht sie also beispielsweise in Konjunktion mit Saturn, wird ihre »Steinbocknatur« deutlicher zum Vorschein kommen, als wenn sie einfach im Steinbock steht.

Das *Sextil* ist im allgemeinen sehr schwach. Als ein Potentialwinkel, der nicht ganz bewusst ist, scheint es im Zusammenhang mit Lilith im Radixhoroskop kaum eine Rolle zu spielen. Die Tänzer haben ihren

Der Tanz,
Theodor Hosemann, 1839

gemeinsamen Tanz fast ganz vergessen. Eigentlich tanzt jeder für sich alleine. Es erfordert eine bewusste Anstrengung, die Harmonie wieder herzustellen, sie ist aber potentiell wieder erreichbar, wenn die Erinnerung kommt.

Auf die Darstellung des *Quintils* werden wir im Rahmen unserer Untersuchung zwar verzichten, es scheint aber die Harmonie zwischen Lilith und dem beteiligten Planeten sehr zu unterstützen. Die Eigenständigkeit der beiden Partner ist deutlich zu erkennen, und in dieser Eigenständigkeit geben sie sich gegenseitig Raum und Unterstützung. Das Quintil ist offenbar immer »positiv« und der einzige Winkel, bei dem Lilith nie als blinder Fleck wirkt!

Das *Quadrat* bedeutet eine Entscheidungssituation zwischen Lilith und dem Planeten, zu dem sie das Quadrat bildet. Ein Quadrat stellt uns immer vor Entscheidungssituationen. Der ständige Konflikt wird aber lösbar, wenn wir eine Entwicklungsstufe erreichen, bei der wir ihn von einer anderen Ebene, quasi von außen her, betrachten können. Wenn es uns gelingt, tatsächlich aus der gewohnten Ebene herauszuspringen und das Problem von einer ganz überraschenden Seite anzusehen und anzugehen, können wir das energetische Potential des Quadrats als Energielieferanten nutzen.* Um im Bild der Tänzer zu bleiben: Die Tänzer behindern sich gegenseitig, zerren sich in verschiedene Richtungen

---

* Diesen Vorgang der »unerwarteten Lösung« beschreibt Paul Watzlawick u.a. in: *Lösungen.*

und treten sich andauernd auf die Füße. Sie können ihr Problem nur lösen, wenn sie erkennen, dass sie vielleicht statt Walzer zu tanzen, auf Rock 'n' Roll umstellen sollten oder dass sie etwas ganz anderes machen müssen, als miteinander zu tanzen, um ihre Energie zu nutzen. Vielleicht sollten sie lieber Ski fahren oder Schach spielen. Sie brauchen eine andere Ebene, um ihre Energie auszudrücken, sonst bleiben sie immer im »Entweder-Oder« stecken und unterdrücken sich gegenseitig.

Das *Trigon* bringt oft eine Leichtigkeit im Umgang mit der Lilith-Energie, einen gewissen Fluss. Liliths innere Wahrheit fließt harmonisch mit der Energie des anderen Planeten zusammen. Im Tanz kann man deutlich die beiden unterschiedlichen Persönlichkeiten sehen, die sich wechselweise führen, aber doch sehr harmonisch tanzen. Unter Umständen kann Lilith ihren Partner jedoch zu Tänzen verführen, die ihn in Schwierigkeiten bringen. Ähnlich wie bei den äußeren Planeten können bei Lilith manchmal auch Trigone problematisch sein.

Der *Quincunx* zeigt im allgemeinen Fremdheit oder auch Zwanghaftigkeit zwischen den beteiligten Planetenenergien an. Lilith wird hier am besten immer zunächst als »blinder Fleck« interpretiert, als ein verdrängter Bereich. Ein Quincunx gilt aber als Bewusstmachungswinkel, das heißt, wir können uns mit einer gewissen Anstrengung die verschiedenen Energien bewusst machen und dann aufhören, Dinge miteinander verknüpfen zu wollen, die eigentlich nichts miteinander zu tun haben. So kann uns auch

Lilith bewusst werden, und wir können die zwanghafte Bindung der unstimmigen Partner auflösen. Bei unseren Tänzern wird zunächst einer vom anderen mitgeschleppt. Es gibt keinerlei Harmonie zwischen ihnen, und sie passen überhaupt nicht zusammen. Sie wechseln auch in der Führung nicht ab, sondern normalerweise führt der Stärkere. Wenn nun die beiden endlich, und meist unter Schmerzen, begreifen, dass sie einfach nicht zueinander passen und sich voneinander lösen, kann jeder allein oder mit einem anderen Partner tanzen. Jetzt können sie ihr eigenes Potential entfalten.

Bei der *Opposition* sind die beteiligten Planeten am weitesten voneinander entfernt. Sie wirken gegensätzlich, sind aber gleichzeitig doch wie die beiden Seiten einer Münze oder wie die beiden Enden eines Seiles miteinander verbunden und lähmen sich gegenseitig. Am einen Ende zieht Lilith, am anderen Ende zieht der andere Planet. Die beiden können sich nicht einigen, streben immer auseinander und bewirken so einen gewissen Schaukeleffekt. Wichtig ist es dann, nach Möglichkeit einen dritten Punkt zu finden, der die beiden über Trigon und Sextil harmonisch miteinander verbindet und ihnen die Chance gibt, die Spannung kreativ zu lösen.

Die beiden Tänzer würden gerne zusammen tanzen, aber sie können nicht direkt miteinander sprechen und sich deshalb nicht einigen. Die Lösung des Problems kann durch die Vermittlung eines Freundes gefunden werden, der ihnen, je nach seinem eigenen Charakter, die Möglichkeit zu kommunizieren eröffnet: Vielleicht kann er als Übersetzer wirken, hat einen Vorschlag für einen passenden Tanz, oder er fordert sie auf, sich während des Tanzes auf die Musik zu konzentrieren.

Für alle Aspekte (mit Ausnahme des Quintils) gilt, dass Lilith sehr oft den »blinden Fleck« darstellt. Und zwar nicht nur in dem Sinne, dass sie selbst »unsichtbar« scheint, sondern dass sie versucht, auch den Planeten, zu dem sie einen Aspekt bildet, »blind« und unsichtbar zu machen. Bei einer Konjunktion stülpt sie sich oft wie eine Glocke oder wie eine Tarnkappe über ihren Partner und versteckt ihn. Bei Quadrat, Quincunx und Opposition versucht sie zwar ebenfalls, den anderen Teil zuzudecken, aber dieser wehrt sich erfolgreicher dagegen, als dies bei der Konjunktion der Fall ist.

5. Lilith im Feuer

Das Feuerelement umfasst insbesondere Menschen, die ein Ideal haben, an das sie glauben und das sie mit Hilfe ihres eigenen Egos, ihres Ichs, zu verwirklichen suchen. Alle Feuermenschen brauchen ihr Ego, um ihre Überzeugung zu verwirklichen. Dabei ist im Grunde kein Feuermensch ein Egoist im negativen Sinne, sondern eher sind sie alle überzeugt, etwas Ideales erreichen zu können.

Wenn Lilith im Feuer steht, bedeutet dies, dass ihre Prinzipien, wie Kreativität, Eros, Autonomie, Selbständigkeit und Weisheit, sich mit den Idealvorstellungen, Überzeugungen und Weltanschauungen des Feuers verbinden. So kann sich bei der Feuer-Lilith eine ausgeprägte Form von Autonomie des Denkens, des Glaubens, der Idealvorstellungen und ein besonders kreativer Umgang mit Philosophie oder Entdeckungen zeigen. Lilith im Feuer kann kreative Visionen entwickeln und in spiritueller Autonomie leben. Diese kreativen, autonomen Ideale und Vorstellungen führen häufig zu charismatischer Ausstrahlung, zu etwas Verführerischem für die Umgebung, wobei diese Ausstrahlung oft sehr stark auf ebendiese Ideale und Vorstellungen bezogen ist. Das Charisma entsteht also nicht so sehr in der Person selbst, sondern durch die Verknüpfung der Person mit der Überzeugung. Nicht die Person als solche erscheint als wichtig, sondern die Idee, für die sie steht.

Die andere Seite ist der blinde Fleck der Lilith im Feuer: Sehr häufig finden wir hier einen auffallenden Mangel an Selbstvertrauen, der dazu führen kann, dass die Menschen, anstatt feurig und tatkräftig zu sein, gerade nicht den Mut haben, ihre Pläne und Vorstellungen zu verwirklichen, und im Nicht-Tun, in der Nicht-Realisierung stecken bleiben. Oder aber wir finden Menschen, die sich in irgendeine Idee verrennen, diese absolute Überzeugung, dann unter gar keinen Umständen mehr in Frage stellen können und, eingepresst in ihr eigenes Glaubenssystem, wie mit Scheuklappen durchs Leben gehen.

Wenn Lilith wach wird, scheint sie immer etwas Herausragendes oder Verstärkendes mit sich zu bringen. Entweder indem sie sich selbst zeigt, ihrem Haus und Element entsprechend, oder indem sie denjenigen Bereich in ihrem Sinne verstärkt, der im übrigen Horoskop besonders stark besetzt ist. Die Feuer-Lilith bringt in die ganze Persönlichkeit, auch wenn sie ansonsten eher erd-, luft-, oder wasserbetont ist, ihren Feueranteil mit hinein.

Eigentlich ist Lilith ein Katalysator oder ein Extremfaktor. Sie kann das Extremste aus einem Zeichen hervorbringen. So kann eine starke und erwachte Feuer-Lilith zum Beispiel aus einem »normalen« Steinbock einen »extremen« Steinbock machen, aber immer mit dem Feueransatz der Ideale oder des Persönlichen dabei. Die Feuer-Lilith organisiert die Autonomie der Persönlichkeit immer auf der Feuerebene.

6. Der Tanz der Energie

Lilith im kardinalen Feuer:
Widder, 1. Haus, Mars-Aspekte
Lilith am Aszendenten

Erreiche eine Grenze und geh darüber hinaus; erreiche eine weitere Grenze und geh darüber hinaus. Unsere einzige Sicherheit ist unsere Fähigkeit zur Veränderung.

John Lilly

Im kardinalen Feuerzeichen besteht der Drang, etwas Ideales zu erobern oder zu erschaffen. So hat Lilith hier einen kreativen, innovativen Aspekt, sie schafft Neues im energetischen Bereich und hat das intuitive Wissen, wie etwas Neues geboren wird. Sie verkörpert ein schöpferisches Prinzip, das Altes durch Neues ersetzt und im Idealfall »neue Welten erschafft«. Durch die Autonomie ihres Glaubenssystems, das häufig alle bestehenden Normen durchbricht oder überwindet, ist sie zu absolut eigenständigen Entwicklungen und Handlungen fähig.

Nikolaus Kopernikus, der durch das heliozentrische System die Theorie des Planetensystems und damit zugleich das Weltbild seiner Zeit auf den Kopf stellte, hat in seinem Horoskop Lilith im Widder im 8. Haus. Und *Albert Einstein*, der mit Hilfe seiner Relativitätstheorie und mit der Allgemeinen Feldtheorie nicht nur die Physik, sondern ebenfalls das gesamte Weltbild revolutionierte, hat Lilith (in Konjunktion mit Merkur und Saturn) im 10. Haus, wiederum im Widder. Beide haben Erkenntnisse vorweggenommen und wissenschaftliche Bilder von Raum und Zeit geschaffen, die ihrer Zeit weit voraus waren. Das entspricht der Grundenergie des Widders: der Erschaffung des Neuen und dem Erobern des Raumes.

Während aber die Widder-Sonne als Prinzip die »Tat« hat, das Handeln und Tun, bedeutet die Widder-Lilith das »In-Funktion-Setzen« von etwas Neuem, das von anderen »getan« werden kann. Um vital zu bleiben, muss die Sonne im Widder das Neue selber tun, aber der Lilith im Widder genügt es, das Neue zu erfinden und es in die Wege zu leiten. Sie gibt den schöpferischen Impuls. Im Unterschied zu anderen Planeten im Widder, die oft eine unbewusste Energie verkörpern, ist die Schöpfung durch Lilith immer eine bewusste. Lilith im Widder scheint sehr stark eine gewisse Selbst-Bewusstheit auszudrücken. Schauspieler mit Lilith im Widder spielen immer »sich selbst« (*Marlon Brando*, Widder-Lilith im 4. Haus, und *James Dean*, Widder-Lilith im 7. Haus). Menschen mit Widder-Lilith übernehmen keine fremden Rollen, sondern scheinen absolut in sich zu sein. Und sie können das auch nach außen tragen, bis hin zu Formen von deutlicher Überheb-

Prinzessin der Stäbe,
Deva-Tarot

lichkeit und Arroganz. *Salvador Dali*, zum Beispiel, mit seiner absoluten Form, den »Ego«-Aspekt exzentrisch und öffentlich zu demonstrieren, hat Lilith im Widder im 10. Haus.

Die Autonomie des Glaubens und der Ideale ist bei Lilith im Feuer, insbesondere aber bei Lilith im Widder oder im 1. Haus, sehr stark. Die Fähigkeit, wirklich eigenständige Dinge zu glauben, zu denken und zu tun, zeigt sich hier sehr deutlich und auch das *Vorwegnehmen* von Ideen und Ergebnissen. Lilith im kardinalen Feuer nimmt in ihrem Glauben oder in ihrem Ideal oft etwas vorweg, was »eigentlich« noch gar nicht da ist. Sie weist auf strebende, schnelle und sehr starke Energie hin. Ihre Weisheit erscheint in »Widderform«. So liebt sie den Tanz und überhaupt jede Form von Bewegung. Durch »Energie in Bewegung« kann ihre Weisheit und auch ihre Autonomie entstehen und zum Vorschein kommen. Hier können wir alle Arten von Trance- und Transformationstanz finden oder gezielt einsetzen, bis hin zum Tanz der Derwische.

Bei Carlos Castaneda gibt es ein wunderbares Beispiel für diese Qualität von Lilith im kardinalen Feuer: Don Juan erklärt Carlos, dass Don Vincente, ein Tänzer, »sieht«, wenn er tanzt.* Und genau dies scheint eine besondere Fähigkeit der Lilith im kardinalen Feuer zu sein: zu »sehen«, wenn sie tanzt. Auch durch Abenteuer und Pioniertaten kann bei ihr Weisheit entstehen. In Extremsituationen kann sie

* Carlos Castaneda: *Eine andere Wirklichkeit.*

schnell und intuitiv entscheiden, wie die Situation zu bewältigen ist.

Der blinde Fleck der Lilith im kardinalen Feuer kann sich darin zeigen, dass sie blind ist für ihre eigene Durchsetzungsfähigkeit und für die eigenen aggressiven Fähigkeiten. In der astrologischen Beratungspraxis zeigt sich bei Menschen mit Widder-Lilith sehr häufig und ganz deutlich ein auffallender Mangel an Selbstvertrauen. Zur Beratung kommen üblicherweise ja nicht prominente, sondern »normale« Menschen, und auffallend ist hier: Es gibt viele Beispiele, insbesondere von Frauen mit Lilith im Widder, die mit großer Liebe und Begeisterung tanzen und die von einem starken Bedürfnis nach Selbstausdruck im Tanz erfüllt sind, die es aber nicht wagen, diesen Traum zu verwirklichen, und so eben nur die Idealvorstellung von sich als Tänzerin haben. Manche von ihnen tanzen zwar tatsächlich, aber auch sie würden gerne mehr, intensiver, »größer« tanzen, etwas Besonderes tanzen, und das trauen sie sich einfach nicht zu. Es fehlt an Selbstvertrauen.

Ein weiterer Punkt ist »blinder Glaube«: Der Glaube an ein Ideal kann in seiner Erscheinungsform als blinder Fleck fanatisch und absolut unbeirrbar sein. Wir finden hier sogenannte »Hirnverbrannte«, Leute mit Scheuklappen vor den Augen, Fanatiker, die sich in einem bestimmten Realitätstunnel befinden und denen es nicht bewusst ist, dass sie einen Wahn als Wahrheit ansehen und die Wirklichkeit nur noch entsprechend verzerrt wahrnehmen. *Jim Jones*, Anführer der Sekte »Tempel des Volkes«, veranlasste

1978 einen kollektiven Selbstmord von fast tausend Menschen. In seinem Horoskop steht die Lilith im Steinbock im 1. Haus (und in Konjunktion mit Saturn).

Natürlich lässt man sich mit Lilith im Widder oder im 1. Haus leicht zum Abenteuer verführen. Bei Kindern ist das deutlich zu beobachten, es trifft aber auch auf Erwachsene zu. Sie sind immer bereit, sich auf ein Abenteuer einzulassen. Das gilt für die Bereiche Eros und Sexualität genauso wie für den Alltag. Eigentlich ist das auch verständlich: Diese Menschen suchen das Abenteuer, sie werden autonom über das Abenteuer, sie werden frei durch das Abenteuer, und natürlich ist dann auch das Abenteuer die größte Verführung. Es kann ihnen passieren, dass sie ganz unbewusst in eine Geschichte hineinrutschen und sich plötzlich irgendwo vorfinden, wo sie eigentlich gar nicht hinwollten. (Vermutlich hatten viele der Pioniere im Wilden Westen Lilith im kardinalen Feuer!)

Lilith im Widder kann auch zu Staralürren verführen: *Bobby Fischer*, der Schach-»Star«, hat Lilith im Widder an der Spitze des 10. Hauses. Oder sie kann die Verführung anderer ermöglichen: So hat der Demagoge des Dritten Reiches, der Verführer der Massen, *Joseph Goebbels*, ebenfalls die Lilith im Widder an der Spitze des 10. Hauses, und zwar in Opposition zu Merkur, was die Verführung durch das Medium Sprache erklärt.

Die Kreativität der Lilith im kardinalen Feuer zeigt sich (außer in der Erschaffung »neuer Welten«)

auch im Tanz und in der künstlerischen Darstellung von Bewegung und Veränderung. *Mata Hari*, die sagenumwobene Tänzerin, Abenteurerin und Spionin, hat Lilith im Widder im 5. Haus, dem Haus des Spiels und der Selbstdarstellung. *Fred Astaire*, der tanzende Wirbelwind der dreißiger Jahre, hat Lilith im Steinbock (in Konjunktion mit dem aufsteigenden Mondknoten) im 1. Haus. Und *Salvador Dali*, den wir wegen seiner Exzentrik bereits erwähnten, zeigte in seinen Werken Bewegung, Auflösung, Metamorphose – nicht nur des menschlichen Körpers, sondern von Realität, Raum und Zeit. *Pablo Picasso* (Lilith im Widder im 9. Haus) vollführte einen Energietanz auf künstlerischem Gebiet. Durch sein Werk als Maler, Grafiker und Bildhauer gilt er als der »Wegbereiter« der Kunst des 20. Jahrhunderts. Er hat beinahe alle Stilrichtungen aufgenommen und mit unglaublicher Wandlungsfähigkeit immer wieder Neues daraus entwickelt.

Was bei Lilith im kardinalen Feuer offenbar fehlt, ist der besondere Mut, die Kühnheit und Heftigkeit, die wir üblicherweise dem Feuerelement zuordnen. Was wir jedoch finden, sind Menschen mit einer besonderen Art von Mut, der sich nicht als der typisch, feurige, praktische Widdermut zeigt, sondern nur auf einem bestimmten Gebiet hervortritt, das für den betreffenden Menschen wichtig ist.

Kopernikus' Beispiel kann dies zeigen: Er hatte offenbar nicht den Mut, seine Erkenntnisse selbst zu veröffentlichen. Als sie jedoch durch einen seiner Schüler veröffentlicht wurden, war er mutig genug, zu ihnen zu stehen. Aber erst dann. *Einstein* zeigte absoluten Mut und Kühnheit im Denken, und *Dali* war enorm kühn in der Durchsetzung seiner Egozentrik und Exzentrik. Um Lilith im kardinalen Feuer zu wecken, könnte man zu typischen Widderorten gehen: In Fußball- und Eishockeystadien, in die Nähe von Hochöfen, in Steppen und vulkanische Landschaften.

Lilith im Widder:
Albert Einstein, Nikolaus Kopernikus, Marlon Brando, James Dean, Salvador Dali, »Bobby« Fischer, Joseph Goebbels, Mata Hari, Maja Plessetzkaja, Pablo Picasso, Oriana Fallaci, Kate Millett, Jane Fonda, Francisco Franco, Heide Rosendahl, Terence Hill, Elvis Presley, Herbert von Karajan und, nicht zu vergessen, Mickymaus (im 5. Haus!)

Lilith im 1. Haus:
Jim Jones, Fred Astaire, Boris Becker, Hermann Hesse, C. G. Jung, Leo Tolstoi, William Butler Yeats, Thomas A Edison, Ronald Reagan, Emile Zola
Interessanterweise haben wir die Doppelbetonung des 1. Prinzips, also die Widder-Lilith im 1. Haus, bisher nicht finden können.

Lilith am Aszendenten

Die Lilith-Konjunktion mit dem Aszendenten ist außerordentlich selten. Offenbar bedroht Lilith am Aszendenten das Leben des Kindes bei der Geburt. Wir haben mehrfach in den Horoskopen von Kindern, die tot geboren wurden oder unmittelbar nach der Geburt starben, Lilith am Aszendenten gefunden. Hier zeigt sich die mythologische Bedeutung von Lilith als Würgerin und Kindsmörderin.

Interessanterweise scheint jedoch ein starker Jupiter-Einfluss die tödliche Wirkung Liliths aufzuheben: Anscheinend gibt es für ein Kind mit Lilith am Aszendenten dann (und bis auf ganz seltene Ausnahmen nur dann!) Überlebenschancen, wenn auf deutliche Weise die Jupiter-Schütze-Energie wirksam ist. Wir haben die Lilith-Konjunktion mit dem Aszendenten nur in Fällen gefunden, wo das Horoskop eine starke Jupiter-Schütze-Energie aufweist. Und zwar gibt es vier verschiedene Faktoren, die wirksamen Schutz bieten:

1. Die Lilith-Aszendenten-Konjunktion befindet sich im Schützen (sehr häufig).
2. Jupiter bildet Aspekte zur Lilith-Aszendenten-Konjunktion, wobei alle Aspekte wirksam sind.
3. Die Sonne steht im Schützen.
4. Die Lilith-Aszendenten-Konjunktion befindet sich in den Fischen, dem alten Jupiterzeichen, dem er noch als Nebenherrscher zugeordnet wird. Diese Konstellation ist aber viel seltener als der Schütze-Aszendent.

Nach unserer Erfahrung gibt es mit Lilith am Aszendenten immer ungewöhnliche Umstände bei der Geburt. Ob es sich nun um eine Sturzgeburt handelt, ob das Kind unter sogenannten Sturmwehen zur Welt kommt, ob die Fruchtblase im Taxi platzt oder die Mutter unter merkwürdigen Begleitumständen entbindet – irgendeine deutliche Besonderheit und Betonung der Geburtsumstände scheint immer vorhanden zu sein. Und ohne Jupiterschutz scheint Lilith am Aszendenten einfach nicht vorzukommen.

Der Aszendent steht für den Augenblick der Geburt, für den Weg ins Leben hinein und damit auch später ganz allgemein für die Art, wie wir Anfänge machen. Lilith am Aszendenten kann nun bedeuten, dass der Aszendent für die betreffende Person zunächst nicht sichtbar ist: ein Blindflug ins Leben!

Tatsächlich scheint Lilith am Aszendenten insbesondere bei sehr jungen Frauen diesen Blindflug anzudeuten, ein sehr unbewusstes Hineinstolpern in ihr Leben. Mit wachsender Reife und Bewusstheit wandelt sich die Blindheit jedoch in einen ganz klaren Selbständigkeitsanspruch. Und mit dem Erwachen der Lilith entwickeln sich diese Frauen zu Persönlichkeiten, die in sich selbst zu ruhen scheinen, die ein klares Bild von ihrem Weg haben und diesen Weg in großer Selbstbestimmtheit und Autonomie gehen.

Beim Schütze-Aszendenten kommt manchmal erschwerend hinzu, dass die Entscheidung für diesen eigenen Weg sehr lange braucht. Wenn sie aber einmal gefallen ist, dann gilt sie wirklich – im Gegensatz zum Schütze-Aszendenten ohne Lilith, wo alles wieder revidierbar ist. So haben diese Entscheidungen etwas Endgültiges, ähnlich wie bei Lilith am Deszendenten, wo einmal beendete Beziehungen nicht noch einmal aufgewärmt werden.

Steht Lilith am Fische-Aszendenten, so bringt sie anscheinend eine ganz besondere Neigung zum Hebammenberuf mit sich und zwar interessanterweise zur freischaffenden Hebamme alten Stils, der Weisen Frau (vergl. Kapitel 20: »Bilder aus einer anderen Welt«).

Bei Männern zeigt sich Liliths Einfluss weniger deutlich. Allerdings scheint Lilith am Aszendenten bei ihnen eine relativ weibliche, mütterlich-fürsorgliche Form des Umgangs mit dem Leben zu unterstützen, was sehr erstaunlich ist, weil dies Lilith eigentlich gar nicht entspricht. Oft sind es Männer, die sich um andere kümmern und Verantwortung für sie übernehmen – vielleicht leben sie auf diese Weise ihre »Eigenmächtigkeit« aus.

Lilith am Aszendenten:
Ingrid Bergman, Boris Becker, Thomas A Edison, Ronald Reagan, Emile Zola (alle im Schützen), Elisabeth Kübler-Ross (in den Fischen), Leo N. Tolstoi (im Krebs mit Jupitertrigon)

Aspekte zu Mars

Aspekte zwischen Lilith und Mars zeigen das Verhältnis zwischen Mars' Handlung, Aktion, Männlichkeit und Aktivität einerseits und Liliths Verführung, blindem Fleck, Kreativität, Weisheit und Autonomie andererseits. Wir befinden uns hier im spannungsgeladenen Feld zwischen Mars, dem erobernden Mann, und Lilith, der autonomen Frau. Oft finden wir eine starke Körperbetontheit im Auftreten.

Konjunktion: Sie bedeutet im Idealfall ein intuitives Wissen um Handlungsmöglichkeiten und auch die Fähigkeit zu intuitivem Handeln: die Begabung, zur richtigen Zeit am richtigen Ort das Richtige zu tun. Aber leider finden wir auch den blinden Fleck: zur falschen Zeit am falschen Ort... Oder Lilith deckt den Mars und seine Handlungsfähigkeit ganz zu: »Mir sind die Hände gebunden, ich kann gar nichts tun!«

Häufig zeigt sich die Lilith-Mars-Konjunktion als ein Versuch, Männlichkeit nach außen darzustellen. Manchmal finden wir Triebhaftigkeit, die unkontrolliert gelebt wird. *Henri de Toulouse-Lautrec*, durch Beinbrüche zum Krüppel gewordener Maler, Alkoholiker und genialer Chronist des Pariser Nachtlebens, hat eine Lilith-Mars-Konjunktion im Zwilling im 7. Haus. *Udo Proksch*, ehemaliger Geschäftsführer der Wiener »Conditorei Demel« und schillernder Mittelpunkt zahlreicher Skandale, hat die Lilith-Mars-Konjunktion im Stier im 9. Haus, und der Filmregisseur *Rosa von Praunheim* hat sie im Löwen im 11. Haus. Er ist wohl vor allem wegen seiner medienwirksamen Auseinandersetzung mit »Männlichkeit« berühmt geworden.

Auffallend häufig finden sich Lilith-Mars-Verbindungen bei Politikern. Unser Eindruck ist, dass hier einerseits die Fähigkeit des intuitiven Handelns eine Rolle spielen mag, dass andererseits oft versucht wird, Männlichkeit über den Machtaspekt in der Politik zu leben. Als Beispiele für Politiker mit Lilith-Mars-Konjunktion seien genannt: *Ernst Albrecht, Erich Honecker, Helmut Schmidt, Kurt Waldheim.*

Das *Sextil* unterscheidet sich kaum vom Trigon.

Beim *Quadrat* wirkt sich Lilith fast immer als blinder Fleck aus. Oft weist das Mars-Lilith-Quadrat auf eine recht selbstgerechte Form des Handelns hin, nach dem Motto: »Ich tue – im Gegensatz zu euch – das Richtige!« Das kann bis zu einer direkten Rechthaberei bezüglich des Handelns führen. Menschen mit einem Mars-Lilith-Quadrat haben oft körperliche und/oder gesundheitliche Probleme. Sie kümmern sich nicht genügend um den Körper. Mars steht für den Körper, und Lilith als blinder Fleck deckt die Bedürfnisse und Energien des Körpers zu. Inwieweit dies auch für die Sexualität gilt, ist noch ungewiss.

Das *Trigon* kann, wie die Konjunktion, Wissen über das richtige Handeln anzeigen, gewissermaßen einen Instinkt für die richtige Aktion. Anscheinend ist dieser

Aspekt einfach zu handhaben, denn Lilith unterstützt die Bedürfnisse und Aktivitäten des Mars. Menschen mit einem Lilith-Mars-Trigon haben immer Lust auf Bewegung: Ob sie nun tanzen, laufen oder sonst wie Sport treiben oder ob sie einfach auf ihrem Stuhl wippen – sie lieben es, sich zu bewegen und ihren Körper zu spüren. Eine Gefahr könnte allerdings in der Übertreibung liegen. Uns sind Fälle bekannt, wo trotz massiver Schmerzen eine bestimmte Sportart immer weiter betrieben wurde, bis die Gelenke dauerhaft geschädigt waren. Abgesehen von diesen Fällen der Übertreibung, scheint es aber kaum körperliche Probleme zu geben, und das Trigon sorgt offenbar für einen schlanken und dynamischen Körper.

Den *Quincunx* gibt es häufig. Anscheinend setzt sich Lilith hier gegen den Mars durch, ja, sie knechtet ihn geradezu! Das ergibt dann einen Zwang zum Nicht-Handeln: »Ich darf nichts tun, denn damit lege ich etwas fest!« Oder: »Am besten fange ich gar nicht erst mit einer Handlung an, weil sie sowieso aussichtslos ist.« So wird lange gezögert und vorsichtig geprüft, und der Misserfolg wird schon erwartet, bevor man sich halbherzig an eine Aktion wagt.

Die *Opposition* ähnelt dem Quincunx und zeigt oft eine Handlungslähmung an. Allerdings geht es hier weniger um eine Vorwegnahme des (negativen) Erfolges einer Handlung und um zwanghaftes Zögern, sonder hier besteht einfach eine Lähmung. Aktivität wird unterlassen oder bewusst abgelehnt.

7. Das Leben – ein Spiel

Lilith im festen Feuer:
Löwe, 5. Haus, Sonne-Aspekte

Ich feiere mich selbst und singe für mich.
In bin vernarrt in mich selbst, da ist so viel
von mir und alles so köstlich.
Walt Whitman

Im festen Feuer geht es immer um die Idealvorstellungen einer Person und um ihren eigenen Wert. Gewöhnlich versucht sie, diesen Wert durch Selbstdarstellung, Egozentriertheit oder Schauspiel zu finden und zu zeigen. Die Weisheit der Lilith im festen Feuer liegt im intuitiven Erfassen der verschiedenen Rollen, welche die Menschen spielen. Das »Schauspiel« kann hier ins tägliche Leben integriert werden, wobei durch die Annahme bestimmter Rollen Weisheit entstehen kann. So gibt es Schauspieler, die vollkommen in ihrer Rolle aufgehen, mit ihr verschmelzen und dabei Erfahrung und Weisheit gewinnen.

Wir finden ein natürliches Wissen um Kreativität und ebenso Weisheit, die durch Kreativität entsteht. Für Lilith im festen Feuer gehört Kreativität zum selbstverständlichen und lebensnotwendigen Selbstausdruck. Sehr oft hat sie mit der eigenen Darstellung zu tun, sei es in Form der Schauspielerei oder auch im Bereich der Musik. Häufig finden wir eine Verbindung von darstellender Kunst mit Musik. Lilith in dieser Stellung kann auch einen gewissen politischen Kampf bedeuten. Die charismatische Ausstrahlung dieser Menschen ist immer sehr eng, ja untrennbar mit der Weltanschauung verbunden, die sie vertreten.

Joan Baez, beispielsweise, mit Sonne-Merkur-Konjunktion im Steinbock im 10. Haus, was ihren Berufungsaspekt im praktischpolitischen Bereich anzeigt, hat eine Löwe-Lilith im 5. Haus. Dies ist eine Doppelbetonung des festen Feuers, des 5. Prinzips, durch die Lilith. Joan Baez stellte ihre künstlerische Begabung und auch ihre Selbstdarstellung in den Dienst ihrer politischen Überzeugung. Beim Publikum sind ihre Lieder und ihre Person untrennbar mit ihrer Weltanschauung verbunden. Sie bietet so ein ganz deutliches Beispiel für die Verbindung ihrer Weltanschauung mit der Selbstdarstellung, und sie hat außer Lilith keine Planeten im Löwen und im 5. Haus.

Lilith im festen Feuer kann auch den Kampf des einzelnen gegen die Übermacht bedeuten oder einen gewissen Fanatismus der Gerechtigkeit nach dem Motto »Ich gegen den Rest der Welt«: Wir denken beispielsweise an *August Bebel* mit der Lilith im Löwen im 10. Haus sowie an *Ernest Hemingway (Der alte Mann und das Meer)* und *Heinrich v. Kleist (Michael Kohlhaas)*, in deren Horoskop die Lilith jeweils im Löwen im 12. Haus steht. Das 12. Haus mit seiner auf-

Lust,
Crowley-Tarot

lösenden Tendenz scheint für die Löwe-Lilith und ihr Bedürfnis nach Selbstdarstellung eine äußerst problematische Stellung zu sein und Neigungen zur Selbstauflösung und zum Suizid zu unterstützen.

Die feurig erotische Ausstrahlung der Lilith, die man im Löwen eigentlich erwarten würde, konnten wir nur selten finden. Deutlicher zeigt sie sich jedoch bei Lilith im 5. Haus, unabhängig vom Zeichen. Wir finden hier einen erotischen Untergrund, eine erotische Grundschwingung, die immer vorhanden ist und alle Bereiche beeinflusst.

Lilith im 5. Haus hat oft eine Einstellung zur Sexualität, die am besten ausgedrückt wird durch die Aussage: »Meine sexuelle Lust gehört mir selbst.« Es scheint hier eine zentrale Überzeugung zu sein, dass Sexualität nicht hauptsächlich für den Partner oder für die Erhaltung einer Beziehung da ist, sondern für die eigene Person. Menschen mit Lilith im 5. Haus sehen mit dieser Aussage einen wesentlichen Teil ihres Eros und ihrer Sexualität beschrieben. Vielleicht fällt es ihnen durchaus schwer, nach dieser Überzeugung zu leben, aber sie drückt ihre innere Einstellung aus.

Eine weitere Einstellung, die eng mit der obigen verwandt ist und die ebenfalls nur für Lilith im 5. Haus gilt, nicht aber für die Lilith im Löwen: »Sexuelle Treue ist kein Wert an sich.« Es gibt zwar vielleicht innere moralische Verbote, aber im Grunde ist die Einstellung die, dass sexuelle Treue und Untreue überhaupt nichts mit der Beziehung zu tun haben. Es geht der Lilith im 5. Haus gar nicht darum, irgendwelche Tabus zu brechen, sondern sie hält sexuelle

Freiheit, die Autonomie des Eros, einfach für ganz normal. Sie ist neugierig, unternehmungslustig und experimentierfreudig, auch außerhalb ihrer »Hauptbeziehung«. Was sich allerdings auch immer wieder zeigt, ist der Mangel an Mut, dieser Einstellung entsprechend zu leben. Das gehört zusammen. Es scheint ein Konflikt- und Tabubereich zu sein, mit dem immer wieder gekämpft und gerungen wird.

Die Blindheit der Lilith im festen Feuer kann sich wie bei jeder Feuer-Lilith als Mangel an Selbstwertgefühl äußern. Sie kann blind für den eigenen Wert sein. Mit Lilith im Löwen oder im 5. Haus ist es leicht möglich, dass die Selbstdarstellung einer Person nach außen überhaupt nicht dem wirklichen Menschen entspricht Es ist so, als würde sie eine Maske tragen, die mit der Zeit immer stärker mit dem Gesicht verwächst und keinen Raum mehr für die Entwicklung der eigenen Persönlichkeit lässt. Solche Masken werden natürlich nicht ausschließlich von Personen mit Löwe-Lilith getragen, aber diese haben die Neigung, besonders intensiv mit ihnen zu verwachsen.

Viele Menschen bemühen sich darum, ihr Selbstwertgefühl aufzubauen, indem sie genau in dem Bereich, in dem Lilith steht, etwas tun, das ihnen Vertrauen gibt Ein schönes Beispiel, wie Menschen mit Lilith im festen Feuer ihr mangelndes Selbstvertrauen aufbauen und sich von ihren einschränkenden Masken befreien können, haben zwei Personen aus der persönlichen Beratungspraxis gezeigt: Sie haben sich ganz unvermittelt und mit »Feuereifer« in Stegreif- und Straßentheater gestürzt. Es war ihnen dabei ganz klar, dass es nicht um eine Berufungsebene ging, sondern dass es ein Ansatz war, sich selbst zu heilen und persönliche Schwierigkeiten durch das Spiel aufzulösen.

Wenn man eine Lilith im Löwen oder im 5. Haus verführen will, muss man ihr einfach schmeicheln, sie loben und ihr Beifall zollen. Man kann dabei ruhig übertreiben, muss ihr aber zeigen, dass man ihre löwehaft-königliche Haltung akzeptiert, sich ihr unterwirft und sie bewundert. Auf diese Weise fühlt sie sich sicher, wird vom Beifall abhängig und ein williges Manipulationsopfer.

Die Stärke-Schwäche-Problematik des Löwen kommt deutlich zum Vorschein: Der eigentlich Starke wird durch Lilith im Löwezeichen oder -haus abhängig vom Beifall, der Schmeichelei und der Unterwerfung anderer. Und diese Abhängigkeit ist sehr problematisch, weil sie schwer zu erkennen und noch schwerer zu lösen ist. Sie scheint im übrigen bei Künstlern und Politikern recht häufig vorzukommen. Wenn wir also der Lilith im festen Feuer eine Bühne für ihren Auftritt bieten, haben wir sie schon gewonnen. Der »Löwe« übernimmt gerne eine Rolle und vergisst während des Auftritts womöglich, dass es nur eine Rolle ist. Und dann kann es schwierig für ihn werden: Wenn ihm nämlich plötzlich die Anerkennung von außen entzogen wird, bricht die Welt für ihn zusammen. Weil er vergessen oder nicht entdeckt hat, dass er seinen Selbstwert auf Dauer nur aus sich selbst heraus definieren kann und nicht aus der Außenwelt, kann das den absoluten Zusammenbruch hervorrufen. Dann wird er zu einem der depressiven Löwen, von denen es eine ganze Menge gibt.

Natürlich lässt sich die Löwe-Lilith und die 5.-Haus-Lilith auch jederzeit durch die Aussicht auf Spiel und Spaß verführen.

»Komm, wir machen ein Fest!« – Da lässt sie gerne alles stehen und liegen!

Menschen mit Lilith im festen Feuer können ihre innere Weisheit durch Spaß, Lebensfreude und Lebenslust entwickeln – einfach indem sie tun, was ihnen persönlich Freude bereitet. Oder sie könnten in die Sahara fahren, um ihre Lilith zum Leben zu erwecken. Sonne, Wüste (»Ab und zu in einer Oase eine Vorstellung geben!«), helle, warme Löwe-Gegenden, aber natürlich auch Theater und Kino bringen sie zum Vorschein.

Lilith im Löwen:
Ernest Hemingway, Heinrich v. Kleist, Friedrich Schiller, Anaïs Nin, Romy Schneider, Heinz Rühmann, Josephine Baker, Eleonora Duse, August Bebel, Georg Iwanowitsch Gurdjieff, Henry Kissinger, Helmut Kohl, Benito Mussolini

Lilith im 5. Haus:
Marie Curie, Adriano Celentano, Jimi Hendrix, Marlene Dietrich, Wolfgang Amadeus Mozart, Charles Bukowski, Jules Verne, Steffi Graf, Sigmund Freud

Lilith im Löwen und im 5. Haus:
Joan Baez, Barbra Streisand, Richard Wagner, Lina Wertmüller

Aspekte zur Sonne

»Seinem Leben Bedeutung zu verleihen mag im Wahnsinn enden. Aber ein Leben ohne Bedeutung ist die Qual der Rastlosigkeit und des vagen Verlangens.« (Edgar Lee Masters)

Lilith-Aspekte zur Sonne zeigen das Verhältnis zwischen dem, war wir im Leben sind, und unserem Autonomiebedürfnis. Wenn es keine Aspekte zwischen Sonne und Lilith gibt, scheint es keine direkten Konflikte zwischen dem Wesenskern und dem Streben nach Autonomie zu geben, aber auch keine direkte Unterstützung, außer wenn sie im selben Zeichen stehen.

Lilith-Sonne-Verbindungen finden sich bei sehr, sehr vielen prominenten Personen. Sie scheinen für Prominenz von größter Bedeutung zu sein.

Bei der *Konjunktion* strebt der Wesenskern intensiv nach Autonomie. Häufig sind das Menschen, die eine sehr eigenständige Art zu leben haben, eine Eigengesetzgebung, vergleichbar mit Pluto-Asz.-Verbindungen, aber noch deutlicher ausgeprägt. Auf der hellen Seite kann das bedeuten: Im Wesenskern ist Weisheit vorhanden. Auf der anderen Seite finden wir jedoch selbstzerstörerische Tendenzen wie Drogenmissbrauch oder extremen Wagemut. Es ist, als stünde Lilith wie ein dunkler Schatten vor der Sonne.

Anscheinend muss hier eine Entscheidung getroffen werden zwischen menschlicher Existenz (Sonne) und der Möglichkeit, sich als »göttliches« Wesen zu begreifen (Lilith), also eine Entscheidung zwischen »Menschlichkeit« und »Göttlichkeit«. Das kommt in vielen Mythologien und Märchen zum Ausdruck, immer dann, wenn Elfen, Nymphen, Tryaden oder Wassergeister sich mit Menschen verheiraten, daraufhin nicht mehr in ihr Reich zurückkehren können und sterben müssen. Es findet ein Entscheidungskampf zwischen Unterwelt und Oberwelt statt. Die Synthese der unterschiedlichen Energien scheint außerordentlich schwierig zu sein.

Es könnte sich auch um Sprünge in andere Energieebenen handeln: Lilith springt los, nimmt die Sonne mit sich, und es ist völlig offen, wo sie landen (vergl. Kapitel 3). Dies ist vermutlich eine der Ursachen für die manchmal außerordentliche Gefährdung von Menschen mit harten Lilith-Sonne-Aspekten. Wir finden hier auffallend oft Formen von Nerven- oder Geisteskrankheiten und von Selbstgefährdung, sei es nun durch Drogenmissbrauch oder anderes, bis hin zur Selbstzerstörung.

Beispiele: *Evel Knievel*, ein Stuntman, der sein Leben ständig in Gefahr bringt (Lilith-Sonne-Konjunktion in Waage in 8); *Aleister Crowley* (Lilith-Sonne-Konjunktion in Waage in 2), der berühmtberüchtigte Magier, der in vielen Bereichen bis an die Grenzen ging und oft darüber hinaus; *Friedrich Nietzsche* (Lilith-Sonne-Konjunktion in Waage in 11), dessen Kampf um den Übermenschen im Wahnsinn endete. Auffallenderweise steht die Lilith bei allen dreien in der Waage!

Das *Sextil* scheint ähnlich wie das Trigon zu wirken, kommt jedoch nicht so deutlich zum Vorschein.

Das *Quadrat* zwischen Lilith und Sonne weist auf eine sehr starke persönliche Ausstrahlung hin, aber mit einem zerstörerischen Unterton dabei. Er kann dem Partner oder der Partnerin Angst machen, vor allem in Liebesbeziehungen. Vielleicht ist das so zu erklären: Wenn Lilith tatsächlich noch mehr Autonomie verkörpert als die Sonne und dann wie eine »schwarze Gegensonne« das Quadrat zur Sonne bildet, deutet das daraufhin, dass noch irgend etwas Dunkles und Geheimnisvolles im Gegensatz zum Sonnenkern steht. Und das wird vom Partner als dunkler, beunruhigender Aspekt der Ausstrahlung wahrgenommen, während die Persönlichkeit mit dem Quadrat dies selbst eventuell gar nicht wahrnimmt.

Häufig finden wir autoaggressive bis hin zu wirklich selbstzerstörerischen Tendenzen, die sich allerdings nicht unbedingt über bestimmte Handlungen zeigen, sondern stärker über psychische Strukturen. Die verschiedenen Anforderungen im Berufsleben werden beispielsweise problemlos bewältigt. Wenn der Betreffende aber versucht, sich seiner Sonne entsprechend selbst darzustellen, dann geschieht das oft auf selbstzerstörerische Weise, die das eigene Wesen ein Stück weit zerstört. Das Quadrat wirkt hier ähnlich wie die Konjunktion: Ein dunkler Schatten fällt über die Sonne – was aber keineswegs das Charisma der Betroffenen mindert: Sie strahlen trotzdem sehr viel Stärke aus.

Das *Trigon* scheint äußerst angenehm zu sein. Lilith freut sich, der Sonne, dem Lebenskern, Unterstützung geben zu können, während die Sonne ihrerseits die Selbständigkeit und Autonomie der Lilith unterstützt. Dieser Aspekt verstärkt die Ausstrahlung und das Charisma der Betroffenen ganz eindeutig. Wobei das Charisma hier nicht über den Körper wirkt, wie bei Mars-Aspekten, sondern es geht um eine Gesamtausstrahlung der Persönlichkeit.

Über den *Quincunx* können wir noch keine genaueren Angaben machen. Er scheint selten vorzukommen.

Bei der *Opposition* zeigt sich etwas sehr Merkwürdiges: Es sieht nämlich so aus, als würde Lilith die Rolle der Sonne übernehmen. Das Sonnenzeichen kommt weniger deutlich zum Vorschein als das gegenüberliegende Zeichen mit der Lilith. Die Arbeit mit dem »Schatten«, also mit diesem gegenüberliegenden Zeichen, wird von den Klienten vollkommen akzeptiert, ja, es besteht sogar eine große Bereitschaft, dieses Gegenzeichen als den eigentlichen Wesenskern zu sehen, als etwas sehr zu einem selbst Gehörendes. Beispielsweise sagte eine Klientin mit Stier-Sonne und Skorpion-Lilith: »Aus meiner Erfahrung lebe ich mit der Vergänglichkeit der Dinge.« Sie lehnte das Genießen und Raumhalten des Stieres völlig ab und empfand sich selbst offenbar wenig als Stier-, sondern mehr als Skorpionfrau. Das Sonnenzeichen verschwand also zugunsten des Lilithzeichens! Im Unterschied zu Konjunktion und Quadrat fehlen die autoaggressiven Anteile, es sei denn, wir sehen es als autoaggressiv an, wenn jemand seinen Lebenskern nicht lebt.

Für Liebesbeziehungen scheint die Lilith-Sonne-Opposition nicht gerade förderlich zu sein. Häufig leben die Betroffenen jahrelang ganz ohne Beziehung, behaupten aber, dies nicht als störendes oder gar als wichtiges Problem zu empfinden. Die Selbständigkeit rückt in den Vordergrund, wobei der Mangel an Beziehung aber doch nur »so halb und halb« glücklich macht. In anderen Fällen bestehen zwar Ehen, werden aber über Jahre hinweg sexfrei geführt. Vielleicht erzeugt die Lilith-Sonne-Opposition Angst vor Sexualität?

8. Ideen – Idole – Ideale

Lilith im beweglichen Feuer:
Schütze, 9. Haus, Jupiter-Aspekte

Die unbegreiflich hohen Werke
sind herrlich wie am ersten Tag.
Goethe: Faust

Das bewegliche Feuer stellt Idealbilder und Glaubensfragen in Politik, Religion, Philosophie oder Wirtschaft in den Mittelpunkt. Menschen mit dieser Lilithstellung sind oft Botschafter oder Missionare einer bestimmten Überzeugung. Wir finden hier Volksidole und Kämpfer für Gerechtigkeit. *Günter Wallraff*, der gewissermaßen sich selbst und seine Identität zeitweilig auflöst und sich, beispielsweise als »Gastarbeiter Ali«, in Institutionen einschleicht, um Missstände aufzudecken und zu enthüllen, hat in seinem Horoskop Lilith im Schützen an der Spitze des 12. Hauses. Das Prinzip des 12. Hauses, die Selbstauflösung, wird verbunden mit dem Sendungsbewusstsein des Schützen. *Emile Zola* kämpfte in der Affäre Dreyfus einen sehr idealistischen Kampf um Gerechtigkeit. In seinem Horoskop steht Lilith in Konjunktion mit dem Schütze-Aszendenten.

Wir finden hier auch die Idole der deutschen Ten-
niswelt: Boris Becker und Steffi Graf. *Boris Becker* wurde mit seinem Wimbledon-Sieg 1985 praktisch über
Nacht zum Tennisidol. Sein Horoskop zeigt verhält-
nismäßig wenig Feueranteile: Schütze-Aszendent,
Saturn und aufsteigender Mondknoten im Widder
im 4. Haus. Die Sonne steht im Skorpion, Mars im
Steinbock, und die Herrscherin des 5. Hauses ist Venus (Stier). All das lässt nicht ohne weiteres auf einen
kraftvollen, erfolgreichen Leistungssportler schließen. Boris Becker hat jedoch die Lilith im Schützen
im 1. Haus in Konjunktion mit dem Aszendenten,
also in einem Feuerzeichen und in einem Feuerhaus,
was eine Verknüpfung der Prinzipien eins und neun
oder, anders ausgedrückt, von kardinalem und be-
weglichem Feuer bedeutet.

In den ersten Jahren seiner Berühmtheit wurde er
in seiner Ahnungslosigkeit von den Medien völlig
vereinnahmt und wusste wohl oft gar nicht, wie ihm
geschah. Es gelang ihm aber, diesen »blinden Fleck«
aufzulösen und weitgehend in Bewusstheit umzu-
wandeln. Er kann nun mit der Idealisierung und dem
Idolsein samt den dazugehörenden Schattenseiten
erstaunlich gut umgehen. Seine besondere Fürsorge
für Frau und Kind entspricht der Stellung Liliths am
Aszendenten, die überraschenderweise bei Männern
häufig diese Fürsorglichkeit anzeigt (vergl. Kapitel 6
»Der Tanz der Energie«, Lilith am Aszendenten). Ein
Quadrat zwischen Lilith und Pluto zeigt die Spannung zwischen den Anforderungen durch die Massen und seinem Streben nach Unabhängigkeit.

The Witch Speaks,
Patricia Crowther

Bei *Steffi Graf* steht Lilith zwar nicht im Schützen, aber dafür in Konjunktion mit Jupiter, Uranus, Pluto und absteigendem Mondknoten in der Jungfrau, an der Spitze des 5. Hauses. Sehr interessant ist hier natürlich diese mehrfache Konjunktion. Steffi Graf wird autonom, wenn sie spielt! Und ein Ideal für die deutsche »*Tennisnation*« ist sie selbstverständlich auch. Die Schütze-Jupiter-Lilith vertritt Ideale oder Glauben: Tennis wurde in Deutschland durch die Erfolge von Boris Becker und Steffi Graf zeitweise zu einer Idealvorstellung, fast zu etwas Religiösem. Für Deutschland war es offenbar wichtig, endlich wieder Wimbledon-Sieger zu haben. Wichtig waren dabei eigentlich nicht Boris Becker und Steffi Graf selbst, sondern dass »wir« wieder »Sieger« hatten. Lilith im Schützen oder mit einem starken Jupiter-Aspekt kann die Verkörperung eines Ideals sein, ohne selbst unbedingt an dieses Ideal glauben zu müssen.

Franz Beckenbauer hat Lilith im Schützen im 6. Haus. »Kaiser Franz« war oder ist das Fußballidol einer ganzen Generation.

Ob *Reinhold Messner*, der zur Zeit wohl berühmteste und risikofreudigste Bergsteiger und Expeditionsleiter, der bei seinen Expeditionen bereits mehrere Männer, darunter seinen eigenen Bruder, verloren hat, blind für Krisen ist oder aber in extremen Krisensituationen seine Weisheit und Autonomie zu erreichen vermag, das wollen und können wir nicht beurteilen. Er vertritt die Idee, dass Menschen auch ohne technische Hilfsmittel unter extremen Bedingungen zu extremen Leistungen fähig sind. Seine Lilith steht im Schützen an der Spitze des 6. Hauses in Opposition zu Uranus und im Quadrat zu Jupiter, Merkur und Mond. Boris Becker, Steffi Graf, Franz Beckenbauer und Reinhold Messner: vier berühmte Namen aus dem Sport, jeweils mit Lilith im Schützen oder in Konjunktion mit Jupiter, Sportidole, die für ihre Nation wichtig sind, die allgemeinen Stolz hervorrufen und für viele Menschen ein Ideal darstellen.

Die Weisheit der Lilith im beweglichen Feuer entsteht und zeigt sich in der Auseinandersetzung mit Visionen, Idealen und Glaubensfragen. Wir können hier Unabhängigkeit des Geistes, Autonomie des Glaubens und der Spiritualität finden. Lilith im Schützen oder im 9. Haus kann ihre Weisheit auf Reisen und im Umgang mit fremden Kulturen entdecken und einsetzen oder auch im Bereich von ganzheitlicher Heilung. Sie weiß intuitiv, wie jemand zu heilen ist und welches Heilsystem verwendet werden muss. Sie weiß, ob sie an der physischen, der psychischen, der mentalen oder der spirituellen Ebene ansetzen muss, um einen Heilungsprozess in Gang zu setzen. Diese Weisheit ist in ihr verborgen und wird durch ganzheitliche Prozesse geweckt. Menschen mit Lilith im Schützen oder im 9. Haus können kreativ mit Religion, mit Ideologien und fremden Kulturen umgehen. Sie können neue Denk- und Glaubenssysteme oder Weltanschauungen erschaffen. Häufig sehen sie sich allerdings damit konfrontiert, dass ihre Vorstellungen überhaupt nicht mit der Gesellschaft übereinstimmen, ja, dass sie mit ihren Überzeugungen in gesellschaftliche Tabubereiche geraten. Anders als beispielsweise bei Lilith in der Erde, geht es ihnen jedoch vorwiegend nicht um reale, praktische Dinge, sondern mehr um Ideales, Geistiges, das sie verwirklichen wollen.

Paul Gauguin, mit Schütze-Lilith im 5. Haus, dem Sonnenhaus, verwirklichte einerseits seine Kreativität im Zusammenhang mit fremder Kultur, andererseits aber auch die Selbstzerstörung, die wir häufig bei Lilith-Sonne-Verbindungen beobachten (Lilith im Sonnenhaus).

Albert Schweitzer (Lilith im Krebs im 9. Haus) schuf sich durch seine Arbeit in Lambarene eine zweite Heimat (Krebsanteil), und er verband nahezu alle Aspekte des beweglichen Feuers miteinander: ferne Länder, Heilung, Spiritualität, Missionarstätigkeit, Musik und Philosophie. Bei *Rudolf Steiner*, dem Begründer der Anthroposophie, die ein eigenes Glaubens-, Erziehungs- und Heilungssystem sowie einen eigenen ganzheitlichen Umgang mit der Natur beinhaltet, steht Lilith im Schützen im 2. Haus, dem Stierhaus. *John C. Lilly*, Delphinforscher und Psychiater, arbeitet mit Meditation und mit Drogen. Er entwickelte den Isolationstank, um in die inneren Räume vorzudringen und das Bewusstsein zu erweitern. Seine Lilith steht im Schützen im 12. Haus, im Sextil zu Jupiter.

Eine »schlafende« Lilith im beweglichen Feuer kann blind sein für die Durchsetzung ihrer Ideale. Die Ideale sind zwar durchaus vorhanden, aber sie können aufgrund mangelnden Selbstvertrauens nicht umgesetzt werden. Diese Diskrepanz zwischen

Idealvorstellungen und ihrer fehlenden Umsetzung in die Realität erzeugt häufig ein schlechtes Gewissen. Lilith ist hier offensichtlich für den Mangel an Vertrauen verantwortlich und Jupiter, der Herrscher über den Schützen, für das schlechte Gewissen.

Lilith im Schützehaus oder -zeichen kann auch blind sein für die Ganzheit und für die Zusammenhänge zwischen einzelnen Bereichen. Sie kann beispielsweise zur »normalen« Ärztin gehen, nebenbei zum Homöopathen und zusätzlich noch zur Geistheilerin und dabei die Wechselwirkungen zwischen diesen drei verschiedenen Heilungsansätzen überhaupt nicht in Betracht ziehen. Der Blick für den größeren Zusammenhang kann ihr völlig fehlen.

Ebenso kann sie blind sein für die Weisheit, die in Religionen liegen kann, oder auch für die Schätze fremder Länder und Kulturen, wenn sie sich nicht gerade besonders darauf konzentriert. Es kann ihr zum Beispiel passieren, dass sie durch die ganze Türkei fährt, mitten durch wunderbare Landschaft und Kultur, dass sie davon aber gar nichts mitbekommt, weil sie speziell nach Çatal Hüjük und zu den Ausgrabungen möchte… Das Ziel ist ein besonderes, und die Zusammenhänge, durch die sie sich bewegt, werden gar nicht wahrgenommen.

Lilith im beweglichen Feuer lässt sich am leichtesten durch die Aussicht auf Erleuchtung verführen: »Ich kenne einen Einsiedler, der kann dir auf jede Frage etwas Wegweisendes sagen.« – Da kann sie kaum widerstehen! Sie befindet sich immer in Gefahr, von Gurus oder Sekten abhängig zu werden. Und besonders, wenn man ihr die Überzeugung vermittelt, dass sie eine Botschaft für die Welt hat, dann hat man sie am Haken! Schütze ist das Zeichen, das versucht, Himmel und Erde zu verbinden. So sind Schützen an sich schon Botschafter und immer bereit, Ideologien zu vermitteln. Und Menschen mit Lilith im Schützen oder im 9. Haus kann man immer verführen, indem man sie in eine Situation bringt, wo sie glauben, als Botschafterinnen oder Botschafter irgendeiner größeren Gemeinschaft wirken zu können. Sie bieten sich als leichtgläubige Opfer geradezu an.

Natürlich wirkt auch die Aussicht auf große Reisen für sie immer verführerisch. Kein Wunder, denn wie wir schon gesehen haben, kann ihre Lilith dort auch erwachen und ihre Weisheit finden. Dafür wären besonders spirituelle Pilgerfahrten zu den Mayas, den Inkas, nach Indien, nach Japan oder sonst wohin zu empfehlen, und sie könnte dort in Kirchen, in Zenklöster, in buddhistische Tempel oder in Ashrams gehen.

Lilith im Schützen:
Günter Wallraff, Emile Zola, Boris Becker, Franz Beckenbauer, Reinhold Messner, Paul Gauguin, Rudolf Steiner, John C. Lilly, Bob Dylan, Lech Walesa, Orson Welles, Thomas Alva Edison, Ingrid Bergman, Tanja Blixen, Angela Davis, Liz Greene, Martin Luther King, Melina Mercouri

Lilith im 9. Haus:
Albert Schweitzer, Karlheinz Böhm (5 Grad vor der

Spitze), Jacqueline Onassis, Jean-Paul Sartre, Albert Camus, Pier Paolo Pasolini, Federico Fellini, Paul Newman, Sean Connery, Timothy Leary

Lilith im Schützen und im 9. Haus:
Rainer Barzel, Pearl S. Bück (4 Grad vor der Spitze des 9. Hauses)

Konjunktion mit dem Aszendenten:
Auffallend ist, dass wir in keinem anderen Zeichen so oft eine Konjunktion des Aszendenten mit Lilith finden wie im Schützen. Es scheint so zu sein, dass Kinder mit Lilith am Aszendenten normalerweise nur wenig Lebenschancen haben (der Kindsmörderinnen-Aspekt der Lilith mit Fehlgeburt- oder Totgeburten tritt dann in Erscheinung), dass aber der Schütze-Jupiter-Einfluss offenbar diese Wirkung Liliths aufheben kann (vergl. Kapitel 6 »Der Tanz der Energie«, Lilith am Aszendenten).

Aspekte zu Jupiter

Aspekte zwischen Lilith und Jupiter zeigen das Verhältnis zwischen der unabhängigen matriarchalischen Göttin Lilith und dem patriarchalischen Göttervater Jupiter/Zeus im Horoskop an. Sie kennzeichnen das Spannungsfeld zwischen Autonomie und der Suche nach Lebenssinn, zwischen Verführung und Religiosität, zwischen Weisheit und Glück.

Die *Konjunktion* hat sehr viel mit dem Wissen um große Zusammenhänge zu tun und auch mit einer Art
grundsätzlicher Religiosität im Leben, einem Gefühl
von Getragenwerden. Es geht immer um Sinnfragen,
um einen spirituellen Aspekt. Sehr oft kommt ein
optimistischer Anteil zum Vorschein. Und oft übernimmt ein »Gutsein«, ein moralisches, ethisches,
prinzipielles »Gutsein« die Steuerung. Das kann so
weit gehen, dass der betreffende Mensch nicht merkt,
dass er immer »gut« ist, obwohl es ihm eigentlich
nicht entspricht. Oft beinhaltet dies auch eine Blok-
kierung des Erwachsenwerdens und von Verant-
wortungsübernahme. Lilith-Jupiter bleibt dann im
Stadium des Kindlich-Jugendlichen stecken, anstatt
sich ernsthaft mit der Realität auseinanderzusetzen,
Verantwortung zu übernehmen und erwachsen zu
werden. In der Erscheinungsform als Schattenaspekt
finden wir kein Selbstvertrauen ohne Leistung und
keinen Optimismus.

Autonomie wird bei Lilith-Jupiter-Konjunktion
nur möglich, wenn Sinn im Leben gefunden wird.
Man findet also nicht zuerst die Autonomie, und darin besteht der Sinn des Lebens, sondern der Prozess
läuft andersherum: Durch die Suche nach dem Sinn
des Lebens ergibt sich die Chance zur Autonomie.
Die Sinnsuche selbst kann Weisheit und Autonomie
hervorbringen. Beide sind miteinander verschmolzen.

Auch beim *Trigon* entsteht durch die Entdeckung
von Sinn die Unabhängigkeit und Freiheit. Aber
hier sind Sinnsuche und Autonomie nicht miteinan-

der verschmolzen. Der Sinn wird entdeckt, und das bringt harmonisch die Freiheit und Unabhängigkeit hervor. Je mehr Sinn gefunden wird, desto mehr Autonomie wird möglich und umgekehrt.

Quadrat: Es gibt einen direkten Konflikt zwischen der Sinnsuche und dem Bedürfnis nach Autonomie. Beispielsweise findet ein Therapeut seinen Lebenssinn darin, anderen Menschen zu helfen. Das behindert aber seine Autonomie und Freiheit, weil diese Menschen Ansprüche an seine Zeit und Verfügbarkeit stellen. Das ist ein Konflikt, der irgendwie gelöst werden muss. Die Spannungsenergie kann, wie immer bei Quadraten, benutzt werden, um einen Schritt weiterzugehen, aber dazu muss der Konflikt erst einmal lebendig sein.

Opposition: Jupiter symbolisiert unser Glaubenssystem und auch die Großzügigkeit. Wenn nun Lilith in der Opposition steht, wirkt sie fast immer als blinder Fleck. Sie lähmt die Weite und Großräumigkeit des Jupiter und engt seine Sichtweise extrem ein. Ihm bleibt nur noch ein einspuriger und schmaler Kanal, in den seine Expansionsbedürfnisse hineingepresst werden. Lilith schränkt Jupiters Optimismus und seine konstruktiven Ansätze vollkommen ein. Ähnlich wie bei der Lilith-Sonne-Opposition, wo die Sonne von der Lilith fast ganz überdeckt wird, verschwindet auch Jupiter fast vollkommen.

Sonne und Jupiter sind von ihrem energetischen Prinzip her ja sehr verwandte Planeten. Und so wirkt

Lilith ähnlich auf sie, indem sie die Expansion verhindert. Menschen mit Lilith-Jupiter-Opposition wirken vom Gesamteindruck her eher zusammen- oder zurückgenommen. Häufig haben sie recht verrückte Weltanschauungen. Von irgendeiner verqueren, paranoiden Idee können sie wie besessen sein, meistens von einer Verschwörungstheorie: der Verschwörung der Banken, des Weltjudentums, der Lebensmittellobby, der Tierzüchter, des Arbeitsamtes oder des Vatikans. Die Glaubensbereitschaft des Jupiter wird ad absurdum geführt und paranoid verdreht: »Ich kann mich anstrengen, wie ich will, ich werde immer wieder von ›denen‹ abgeblockt. ›Die‹ (die jeweiligen ›Verschwörer‹) sind schuld daran, dass ich keinen Erfolg habe.« So kann Lilith den prächtigen Jupiter in ein schäbiges, armseliges Wesen verwandeln, das dann ebenso auf die anderen Planeten weiterstrahlt. Ein wirklich destruktiver Einfluss der schwarzen Lady!

9. Lilith in der Erde

Menschen mit Erdbetonung im Horoskop sind mit der Realität beschäftigt. Sie konzentrieren sich auf Materie in jeder Form, gleichgültig, ob es sich um den Körper, um die Natur, um Material wie Holz, Stein, Glas oder um Geld handelt. Sie bemühen sich, möglichst gut mit den vorhandenen realen und materiellen Bedingungen zurechtzukommen, und sie sind grundsätzlich misstrauisch gegenüber den Ebenen, die nicht real greifbar sind, wie Gefühlen, Impulsen oder plötzlichen Eingebungen.

Im Unterschied zu Menschen mit starker Feuerbetonung, die sich gerne mit Zukunftsidealen beschäftigen, bleiben erdbetonte Menschen auf der Ebene des praktisch Machbaren. Während die einen die Visionäre für die Zukunft sind, arbeiten die anderen pragmatisch in der Gegenwart und versuchen, das Beste aus dem zu machen, was vorhanden ist. So sind sie oft konservativ, zweckpessimistisch und haben einen starken Bezug zu Sicherheitsthemen. Wir finden hier aber auch Menschen, die ihre starke Verbundenheit mit dem Erdelement, mit der Materie im weitesten Sinne, benutzen, um darüber hinauszuwachsen. Das können auf einer sehr materiellen Ebene Menschen sein, die so viel Besitz anhäufen, dass er schließlich kaum mehr eine Rolle für sie spielt; es können aber auch Menschen sein, die versuchen, ihren Körper oder die Reali-tät so perfekt zu beherrschen und zu meistern, bis sie über deren Begrenzungen hinausgehen können.

Steht Lilith in der Erde, so verstärkt sie grundsätzlich alles Erdhafte im Horoskop und betont die oben genannten

Themen. Sie weist auf einen intensiven Bezug zur Natur und zum Körper hin: Bei Lilith im Stier ist das ein ganz direkter, sehr sinnlicher Zugang, bei Lilith in der Jungfrau eher ein analytisch-theoretischer und bei Lilith im Steinbock ein mehr erfahrungsorientierter.

In ihrer Erscheinungsform als blinder Fleck verschließt Lilith in der Erde die Augen davor, dass es auch andere Sichtweisen gibt als rein materielle. Gefühle können so sehr angstbesetzt sein, dass sie sich nur noch auf Materielles und auf Sicherheitsthemen konzentriert. Sie verstärkt dann natürlich auch alle anderen schwierigen Tendenzen des Erdelements: Pessimistische und destruktive Züge können intensiviert und bis zu psychotischen Erscheinungsformen gesteigert oder verzerrt werden.

In den vier Elementen zeigt Lilith sehr verschiedene Formen des Umgangs mit Erotik und Sexualität. Bei der Erd-Lilith findet Erotik nicht im »Kopf« statt wie häufig bei der Luft-Lilith, nicht auf der idealistisch-leidenschaftlichen Ebene wie bei der Feuer-Lilith, nicht auf der Gefühlsebene wie bei der Wasser-Lilith, sondern wirklich auf der realen, sinnlich-sexuellen Körperebene. Das kann bis hin zu Formen von Fetischismus reichen, wo ein »Material« den menschlichen Körper ersetzt.

Sehr oft befindet sich Lilith in der Erde in Auseinandersetzung mit sexuellen und gesellschaftlichen Tabus und Regeln. Eigentlich akzeptiert das Erdelement die Gesetze der Realität. Lilith in ihrem Schattenaspekt kann sich allerdings in völliger Unbewusstheit blind und taub allen Regeln und Normen gegenüber verhalten. Aber auch in ihrem erwachenden oder hellen Aspekt kann sie ihnen ablehnend gegenüberstehen. Sie vertritt dann die Autono-

mie auf der Erdebene. Der Übergang von der schlafenden zur wachen Lilith, welche die innere Wahrheit verkörpert, kann sich folgendermaßen auswirken: Normen und Regeln werden nicht mehr akzeptiert (oder übertreten), einfach weil sie da sind, sondern sie werden überprüft und nur dann akzeptiert, wenn sie in Übereinstimmung mit der eigenen Realität zu bringen sind.

Lilith in der Erde kann auf einer nonverbalen Ebene mit der Erde und ihren Erscheinungsformen kommunizieren. Durch Anfassen und Erfassen der Dinge erschließt sich ihr deren innere Wahrheit. Menschen mit Lilith in einem Erdzeichen verfügen über ein instinktives Wissen, wie man mit bestimmtem Material umgeht, ohne dass sie dafür eine spezielle Ausbildung brauchen. Praktisch und pragmatisch kommen sie mit den Dingen zurecht und können aus den vorhandenen Mitteln das Beste machen. Im Umgang mit Materie, mit Regeln und ganz allgemein mit der Realität zeigt sich ihr kreatives Potenzial. In ihrer voll erwachten Form kennt Lilith die Wahrheit über die Realität und ist zu ihrer Transzendierung fähig. Gewissermaßen taucht sie in die Erde ein, aber sie taucht auch wieder über der Erde auf. So kann sie völlig autonom mit Materie und Realität umgehen und eigene, neue Regeln des Umgangs mit ihnen aufstellen. Ihre Freiheit und Autonomie zeigt sich innerhalb der materiellen Bedingungen. Das bedeutet nicht unbedingt, dass sie Geld und Besitz ablehnt, sondern dass sie völlig unabhängig damit umgeht und dass sie sich durch deren Vorhandensein oder Nichtvorhandensein nicht in ihrer Freiheit behindern lässt.

Li,
H.R. Giger

10. Die Kraft der Gestaltung

Lilith in der kardinalen Erde:
Steinbock, 10. Haus, Saturn-Aspekt

*Freiheit ist, dem Gesetz, das man sich selbst
gegeben hat, zu gehorchen.*
Jean-Jacques Rousseau

Wenn Lilith im Steinbock oder im 10. Haus
steht, im Zeichen oder im Haus der Rea-
lisierung und Verwirklichung, der Meisterschaft
über Materie und Struktur, dann zeigt sie oft einen
deutlich politischen oder gesellschaftspolitischen
Ansatz. Sie beschäftigt sich mit Macht, Herrschaft,
Meisterschaft und Regeln, und sie hat das Bestreben,
bestehende Gesetzmäßigkeiten im Hinblick auf ihre
Machtstrukturen zu überprüfen Insbesondere wenn
noch ein Jungfrau-Aspekt hinzukommt, findet eine
exakte Analyse – und häufig eine Ablehnung – vor-
handener Herrschaftsstrukturen statt. Der Widerstand gegen bereits bestehende Regeln ist im allgemeinen sehr deutlich. Oft wird versucht, aufgrund
von Erfahrungen neue Normen aufzustellen, ihre
Gültigkeit und Berechtigung zu beweisen und sie
schließlich auch allgemein durchzusetzen.

Mit Lilith in der kardinalen Erde ist der Anspruch

auf Meisterschaft oft gleichzeitig verbunden mit einem Anspruch auf Herrschaft. Lilith im Steinbock oder im 10. Haus beschäftigt sich kritisch mit bestehenden Regeln und geht dann möglichst über sie hinaus. Wir finden auffallend viele Politiker, die eine gewisse Führungsrolle spielen, und wir finden auch Politiker, die sich nicht an die üblichen Regeln halten, sondern sie durchbrechen oder »über sie hinausgehen«. Beispielsweise hat *Franz Josef Strauß*, der Regeln bekanntlich äußerst souverän nach seinen Wünschen auslegte und benutzte, Lilith im Steinbock im 8. Haus, in genauer Opposition zu Pluto.

In ihrer blinden Form neigt Lilith in der kardinalen Erde dazu, die eigene Meisterschaft zu verneinen. Sie kann nicht sehen, dass eine Meisterin oder ein Meister in ihr steckt. So ist sie blind für ihre – durchaus vorhandene – Fähigkeit, eine gesellschaftliche Kraft auszuüben. Oder sie setzt ihre Leistungsmaßstäbe so hoch an, dass sie dauernd von der Angst verfolgt wird, ihnen selbst nicht gerecht zu werden. Sie setzt sich selbst unter Druck und wird von Versagensängsten und Minderwertigkeitsgefühlen gequält.

Sie kann auch absoluten und blinden Pessimismus anzeigen. Vor allem, wenn sie in Konjunktion mit einem anderen Planeten im Steinbock steht, insbesondere mit Merkur, sind die betreffenden Menschen blind für ihre Lebenskraft und fühlen sich statt dessen ungeheuer angezogen von pessimistischen und angstvollen Gedanken. Oft sind sie kaum in der Lage, auch nur einen einzigen positiven Gedanken zu fassen, sondern ihre Gedanken kreisen ständig um ihre Ängste.

So sind diese Menschen jederzeit durch »Schweres« zu verführen. Beispielsweise durch das Erzählen einer schwierigen Geschichte, die melancholisch, schwermütig und pessimistisch macht. Und je negativer, schwieriger, pessimistischer und melancholischer der Ausblick ist, um so eher lässt sich die Lilith im Steinbock darauf ein und gerät in einen depressiven Zustand.

Oft leiden Menschen mit Lilith im Steinbock oder im 10. Haus unter Schuldgefühlen in Bezug auf ihre Eltern, und sie versuchen unter vielen Mühen, sich selbst bzw. ihre Eltern zu »entschuldigen«. Häufig ziehen sie jedoch unbewusst einen Partner an, der ihnen dabei »behilflich« ist, in der Depression zu verharren. In vielen Ehen, in denen einer der Partner depressiv ist, wird er bei jedem Versuch, dieses Steinbock-Loch von Schuldgefühlen und schlechtem Gewissen zu verlassen, vom anderen wieder hineingestoßen: »Du bist eben nicht Meisterin, du beherrschst die Dinge nicht«, bis hin zu: »Du bist kein guter Mensch.« Und solange diese Manipulationsebene nicht bewusst wird, kann sie oder er immer wieder in die Depression hineingelockt oder -gepresst werden, anstatt die Schuldgefühle auflösen zu können. Das ist ein Zerstörtwerden durch das Gegenüber – ermöglicht durch die Lilith-Position.

Andererseits ist der Versuch, so einem Menschen aus seiner Depression herauszuhelfen, durch die Langzeitkomponente des Steinbocks eine ungeheu-

er langwierige Arbeit und anscheinend nur möglich durch kontinuierliches, diszipliniertes immer
wiederholtes Deutlichmachen, dass die Dinge gut
laufen, sowie (ganz wichtig!) durch eine persönliche
Abgrenzung von den dauernden »Katastrophen-
meldungen« der Steinbock-Lilith und ihren Versuchen, die anderen ebenfalls in ihre negative Haltung
hineinzulocken. Offenbar müssen wir in der Auseinandersetzung mit ihrer saturnischen »Schwere«
immer die gute Seite der Dinge im Auge behalten,
sie ihr immer wieder zeigen und ihren Blick immer
wieder von den vielen Steinen, die im Weg liegen,
auf die auch vorhandene Schönheit des Weges lenken. Menschen mit Lilith im Steinbock (und ganz
besonders mit Lilith-Merkur-Konjunktion im Steinbock) kommen mit ihren Ängsten nicht nur einmal
und fragen in einer bestimmen Angelegenheit um
Rat, sondern sie kommen immer wieder und wollen
jedes Mal das Gleiche bestätigt bekommen. Diese
Schattenseite der Lilith im Steinbock kann nur durch
Konstruktivität und durch absolutes Abgrenzen gemildert werden.

Im optimalen Fall ließe sich die Lilith im Steinbock eigentlich durch die Mitteilung verführen, sie
selbst sei die Meisterin ihrer Angelegenheit. Aber
das entspräche ja der Wahrheit! Und diese Wahrheit glauben die wenigsten Menschen, die mit Stein-
bock-Besetzung zu tun haben, weil das Gefühl für
den eigenen Wert sehr selten so ausgeprägt ist, dass
Meisterschaft akzeptiert und als Teil der Person gesehen werden kann. Also lässt sie sich so nur sel-

ten »verführen«, sondern lehnt meistens trocken ab: »Erzähl mir keine Schmeicheleien!«

Dabei entfaltet sich die Weisheit der Lilith in der kardinalen Erde durch Meisterschaft. Wenn sie Meisterin innerhalb eines bestimmten Wissensgebietes oder Arbeitsbereiches wird, kann sie ihr inneres Wissen voll einsetzen. Auch durch den Kontakt mit der Erde und mit »Materie« kann ihre Weisheit zum Vorschein kommen, ähnlich wie bei der Lilith im Stier. Während der Stier jedoch »mit« dem Material arbeitet, versucht der Steinbock, das Material zu meistern, die Realität zu transzendieren. Eigentlich müsste ein guter Druide – im Sinne von »Baumpriester« – die Lilith im Steinbock haben.

Menschen mit dieser Lilithstellung finden ihre innere Wahrheit und Autonomie eventuell durch gesellschaftliche Prozesse: Durch das Beobachten und Integrieren oder durch das Bekämpfen bestimmter gesellschaftlicher Strukturen bekommen sie Zugang zu ihrem eigenen inneren Wissen. Und gleichzeitig ermöglicht ihnen Lilith ein genaues, intuitives Erfassen der gesellschaftlichen und kulturellen Zusammenhänge. Auch die Übernahme von Verantwortung und das Annehmen der persönlichen Berufung kann die Weisheit und die Fähigkeit der 10. Hausoder Steinbock-Lilith zum Vorschein bringen. Viele Frauen, die sich aktiv für die Rechte der Frauen einsetzen, haben Lilith in dieser Position. *Margaret Sanger, geb. Higgins*, Frauenrechtlerin und Kämpferin für Familienplanung und Geburtenkontrolle, eröffnete 1923 eine erste Abtreibungsklinik und organisierte die erste Weltbevölkerungskonferenz. Ihre Lilith steht im Steinbock im 6. Haus, dem Haus der Krisenlösung.

Lilith in der kardinalen Erde ist eine hervorragende Managerin: Ihre Fähigkeit der Organisation, des Strukturierenkönnens und Methodenfindens ist unübertroffen. Sie ist die Meisterin der Gestaltung und der Formgebung, sowohl im praktischen wie auch im abstrakten und magischen Bereich. Sie zaubert mit Kristallen und Bäumen, mit altem und neuem Wissen. Lilith im Steinbock ist Pans weibliche Seite, sie liebt felsige Gegenden, die Mittelmeeralpen, die Gegenden, wo uralte, knorrige Bäume stehen und die weißen Felsen Griechenlands und Arkadiens.

Lilith im Steinbock:
Franz Josef Strauß, Wladimir I. Lenin, Alexander Dubczek, John F. Kennedy, Margaret Sanger, Virginia Woolf, Umberto Eco, Hermann Hesse, Marlene Dietrich, Jim Jones (Konj. Saturn)

Lilith im 10. Haus:
Salvador Dali, »Bobby« Fischer, Joseph Goebbels, Albert Einstein, Wolfgang Döbereiner, Alexander Sutherland Neill (alle Widder-Lilith!), Anaïs Nin, Oscar Wilde (Konj. Saturn), Simon Wiesenthal, Gustaf Gründgens, G. I. Gurdjieff

Lilith im Steinbock und im 10. Haus
Ronald Laing

Lilith am Medium coeli intensiviert die oben behandelten Themen des 10. Hauses.

Aspekte zu Saturn

Hier handelt es sich um ein ganz zentrales Thema, denn es geht um das Verhältnis der beiden (konträren) Archetypen der Weisheit Saturn, der (patriarchalische) weise, alte Mann, und Lilith, die (matriarchalische) weise, alte Frau, bekämpfen sich – oder verbinden ihre verschiedenen Arten der Weisheit.

So zeigen Lilith-Saturn-Verbindungen das Spannungsfeld zwischen Liliths Freiheit und Autonomie einerseits und der Vernunft und den Begrenzungen Saturns andererseits. Lilith kann sich hier gewissermaßen in einem dauernden Befreiungskampf befinden. Lilith-Saturn-Aspekte zeigen, inwieweit wir unser Autonomiestreben und unsere innere Weisheit (den Bereich Liliths) mit der weltlichen, in Berufs- und Arbeitswelt gewonnenen Weisheit samt ihren Begrenzungen (den Bereich Saturns) miteinander vereinen können. Insofern stellt die Beziehung zwischen Lilith und Saturn einen der ganz zentralen Dreh- und Angelpunkte unseres Lebens dar. Denn Saturn bedeutet ja eigentlich das Akzeptieren von Begrenzungen, das Sehen und Anerkennen von Nicht-Freisein, von der Notwendigkeit, Regeln zu befolgen. Und Lilith leugnet genau dies. Je intensiver Lilith-Saturn-Kontakte sind, um so schwieriger wird dieser Kampf.

Im Idealfall kann eine Lilith-Saturn-Verbindung aber auch bedeuten, die Weisheit der Struktur zu besitzen. Saturn, der weise Mann, und Lilith, die weise Frau, sind dann harmonisch miteinander verbunden.

In den Horoskopen von Menschen, die wegen besonderer Leistungen berühmt geworden sind, finden sich auffallend oft konstruktive Lilith-Saturn-Winkel und sehr selten disharmonische oder angespannte. Offenbar ist eine Lilith-Saturn-Spannung nicht günstig, um berühmt zu werden. So sind Quadrat, Quincunx und Opposition relativ selten, vermutlich weil die Auseinandersetzung zwischen Normen und Freiheit viel Energie verbraucht und nicht besonders kreativ macht. Eine Ausnahme bildet die Konjunktion, die wir sehr häufig bei prominenten Persönlichkeiten aller Richtungen finden: von der psychopathischen Form (Jim Jones) bis hin zur sehr konstruktiven Formen (Albert Einstein).

Konjunktion: »Paranoiker haben recht: Wer will schon mit ihnen befreundet sein?« (Robert A. Wilson)

Lilith-Saturn-Konjunktion oder Lilith in Konjunktion mit Planeten im Steinbock weist oft auf sehr starke Angstzustände hin. Wir kennen mehrere Beispiele, wo Menschen unter ganz spezifischen, eindeutigen und bewussten Ängsten leiden, die in keiner Therapie aufgelöst werden konnten. Das geht von extremer Flugangst (Lilith-Saturn-Konjunktion im Quadrat zu Uranus im 8. Haus) über Platzangst, die Unfähigkeit, mit dem Lift zu fahren, bis hin zu verschiedensten Phobien. Eine Klientin hat vor Entsetzen eine Maus totgeschrien!

Insbesondere Personen mit Lilith-Merkur-Konjunktion im Steinbock können sehr von negativen und depressiven Gedanken gequält werden. Ihre Haltung drückt sich oft in Äußerungen aus wie: »Das kann gar nicht gut gehen, es ist alles viel zu problematisch.« Erwähnt werden soll hier aber auch *Albert Einstein*, der mit Lilith-Saturn-Merkur-Konjunktion (im Widder im 10. Haus) die Grenzen des Weltbilds seiner Zeit durch seinen autonomen Geist gesprengt hat. Er hat mit der Relativitätstheorie ein völlig neues physikalisches System entwickelt, in dem die alten Regeln keine Gültigkeit mehr hatten und durch neue Regeln und Gesetzmäßigkeiten ersetzt wurden. Was gesellschaftliche Konventionen betrifft, war er zeit seines Lebens voller Abneigung gegen jegliche Art von Reglementierung. Ihm ist es ganz offensichtlich gelungen, die Schwere der Lilith-Saturn-Merkur-Konjunktion zu transformieren.

Menschen mit Lilith-Saturn-Konjunktion stehen immer im Widerstreit, entweder die Strukturen des Saturn der Lilith zu opfern oder umgekehrt Liliths Freiheit dem Saturn zum Opfer zu bringen. Häufig erschaffen sie sich eigene Regeln, um diesen Kampf zu vermeiden, weil die Spannung zwischen Lilith und Saturn für sie sonst einfach nicht auszuhalten ist.

Eine Lilith in ihrem dunkelsten Aspekt finden wir bei *Jim Jones*, dem bereits erwähnten Sektenführer, der in Guayana den Suizid von fast tausend Menschen veranlasst hat: Saturn-Lilith-Konjunktion im Steinbock im 1. Haus, dem Marshaus, in Opposition zu Jupiter-Pluto und im Quadrat zu Mond-Venus-Uranus-Drachenkopf. Jim Jones maßte sich die Übervaterrolle und »Gottgleichheit« nicht nur in der autoritären Führung seiner Sekte an, sondern missbrauchte sie schließlich als Macht über Leben und Tod seiner Anhänger.

Eine weitere Lilith-Saturn-Konjunktion finden wir bei *Oscar Wilde* im Zwilling im 10. Haus: Er kämpfte als ein Tabubrecher sowohl schreibend als auch in seinem Lebensstil gegen die viktorianischen Moralvorstellungen seiner Zeit an. Seine Übertretungen der gesellschaftlichen Regeln brachten ihn wegen »sexueller Perversität« ins Zuchthaus. Und *Franz Kafka*, dessen Werk und Leben bestimmt war vom Kampf gegen väterliche Autorität (Saturn), gegen gesellschaftliche und anonyme Ängste und Mächte (Pluto), hat in seinem Horoskop eine Lilith-Saturn-Pluto-Konjunktion im Zwilling im 11. Haus, dem Haus des »guten Geistes«. Der »gute Geist« wurde hier eher als ein »böser Geist« erfahren. Kafka hat versucht, sich durch Schreiben – Zwilling – von seinen Ängsten und Zwängen zu befreien.

Im Skorpion scheint die Konjunktion mit Saturn einen gewissen Schutz von den Gefahren der Skorpion-Lilith zu bieten (vergl. Kapitel 19, »Gefahr aus der Tiefe«), vielleicht, weil Saturn hier durch seine Einschränkungen und Strukturen Halt bietet.

Beim *Sextil* scheinen Möglichkeiten zu bestehen,

die Freiheitsbedürfnisse und die kreative Kraft Liliths und die Strukturen Saturns gleichermaßen zu befriedigen. Anscheinend unterstützt dieser Aspekt das »Schöpferpotential«, wie es in der Schöpfungsgeschichte durch das Erschaffen und Beleben von Mensch und Tier zum Ausdruck kommt. Wir finden das Lilith-Saturn-Sextil bei Menschen wie Wilhelm Busch, der mit »Max und Moritz« zwei »sterbliche, aber unvergängliche« Gestalten geschaffen hat (die sich immer im Spannungsfeld zwischen Einschränkung und Freiheit bewegen), wie auch bei Walt Disney (Lilith aufsteigender Mondknoten im Skorpion, im Sextil zu Mars-Jupiter-Saturn im Steinbock), dessen »fröhliche« Comicfiguren ja durchaus skorpionische Züge aufweisen.

Quadrat: Hier gibt es sehr große Schwierigkeiten, mit den Begrenzungen der Welt einerseits und dem Autonomiestreben andererseits zu leben.

Für die betroffene Person sieht es so aus, als müsste sie zwischen den Ansprüchen von Saturn und Lilith wählen. So glaubt sie eventuell, dass aufgrund materieller Bedingungen oder wegen starker Autoritätsprobleme keine Autonomie für sie möglich sei. Oder es scheint ihr, als sei ihr Autonomiestreben notwendigerweise verbunden mit einem Verzicht auf Erfolg im »realen Leben«. Jedoch ist der Konflikt eines Quadrates lösbar: Durch das Erkennen des Widerstreits zwischen den beiden Polen und durch das Wechseln auf eine andere Ebene hin zu einer neuen Sichtweise. Als ein Beispiel für die aktive Auseinandersetzung mit dieser Spannung sei *Clara Zetkin* erwähnt. Ihre Lilith steht in der Waage, im Quadrat zur Sonne-Saturn-Konjunktion im Krebs. Sie kämpfte unermüdlich gegen Ausbeutung und für Gleichheit – insbesondere auch der Frauen.

Durch das *Trigon* sind Selbständigkeit und Autonomie harmonisch mit den allgemeinen Gesetzmäßigkeiten verbunden. Saturn akzeptiert die gesellschaftlichen Regeln, und das Trigon zu Lilith ermöglicht es, aufgrund dieser Akzeptanz autonom zu werden. Vielleicht erleichtern auch materielle Bedingungen die Autonomie, oder die innere Weisheit und Auto-nomie der Person ermöglichen ihr harmonische Beziehungen zur materiellen Welt. Das Trigon kommt leider selten vor!

Der *Quincunx* bedeutet den Versuch, sowohl die materiellen Bedingungen als auch die Autonomie miteinander zu verbinden, obwohl sie eigentlich nichts miteinander zu tun haben. Ein Beispiel: Saturn im Krebs mit Quincunx zu Lilith im Wassermann deutet daraufhin, dass es vollkommen unnötig sein könnte, sich zugunsten der Autonomie von der Familie abzulösen, weil die persönliche Autonomie und Freiheit in diesem Fall gar nicht von den Familienbeziehungen abhängen. Wenn das erkannt wird, kann die Spannung aufgelöst werden. Der Quincunx ist der einzige Winkel, den wir tatsächlich »auslöschen« können, wenn wir erkannt haben, dass es unnötig ist, die beiden Punkte, die sich gegenseitig völlig fremd sind, miteinander zu verknüpfen.

Bei der *Opposition* stehen sich Saturns Begrenzungen und Liliths Autonomie gleichwertig gegenüber, und es findet nicht ein »Entweder-oder« statt, sondern der Versuch eines »Sowohl-als-auch«. Aber sie sind nicht miteinander vereinbar, bis ein dritter Punkt im Horoskop gefunden wird, der über Sextil und Trigon die Verbindung zwischen den Gegensätzen herstellt, sodass beide Seiten gleichzeitig gesehen werden können. Vielleicht ist jemand für lange Zeit aufgrund der materiellen Situation nicht in der Lage, die eigene Freiheit zu sehen. Ein Erwachen könnte eventuell bei wichtigen Transiten stattfinden. Oder die Freiheit kann gefunden werden, wenn die materiellen Bedingungen einfach so akzeptiert werden, wie sie sind, und als nicht mehr wesentlich für die eigene Freiheit erkannt werden.

Lilith in der festen Erde:
Stier, 2. Haus, Venus-Aspekte

Ich bin ein fauler Mensch. Und weil ich so träge
bin, glaube ich nicht daran, dass Anstrengung,
Disziplin, Diät, Nicht-Rauchen und andere
Tugendbeweise nötig sind, um zur Erleuchtung zu
gelangen.

Thaddeus Golas

n der festen Erde, im Venuszeichen Stier und im
2. Haus, betont Lilith das Verhältnis zur Erde und
zur Natur, zu Pflanzen und Kräutern. Sie zeigt, wie
wir mit Geld und Materie im Allgemeinen umgehen,
insbesondere aber mit dem Körper und der Erotik,
und sie gibt Auskunft über unsere Fähigkeit, Schönheit wahrzunehmen und zu genießen. Die stierhafte
Lilith beschäftigt sich überwiegend mit ganz natür-
licher, sinnlicher, »erdiger« Schönheit und weniger
mit kunstvoll verfeinerter Schönheit, wie sie für das
andere Venuszeichen Waage so wichtig ist.

In ihrer unerweckten Form ist sie blind für körperliche und sinnliche Genüsse und auch für die Schönheit in der Natur. Menschen mit dieser Lilithstellung
können die Natur tatsächlich übersehen, sie nehmen

sie einfach nicht wahr: So fand sich eine Klientin nach einem eher unfreiwilligen, »zufälligen« Umzug von der Stadt aufs Land plötzlich zwischen blühenden Obstbäumen wieder und stellte zu ihrer eigenen Überraschung fest, wie schön und wichtig das für sie war und wie sehr sie es genießen konnte.

Wenn die Stier-Lilith erwacht, kann sie draußen in der Natur ihre Weisheit finden. Anders als beispielsweise die Widder-Lilith braucht sie jedoch keine Bewegung. Sie kann in aller Ruhe auf einer Blumenwiese liegen und in den Himmel schauen, oder sie kann unter einem alten Baum sitzen, und sie wird dabei an die Quellen ihrer inneren Weisheit kommen. So kann sie »durch die Blume im Klostergarten die Welt erfahren«. Es ist für sie gar nicht nötig, mit der Welt in Kontakt zu treten, um Weisheit zu erfahren, sondern es genügt, an einer Blume zu riechen.

Wie so oft liegen Weisheit und Verführung dicht beieinander. Lilith im Stier oder im 2. Haus kann das Bedürfnis wecken, viele Dinge zu haben, sie zu besitzen und sie sich »einzuverleiben«. Dies kann zu einer wahren Sammelleidenschaft, zum Anhäufen »schöner« Dinge und zu einer Gier nach Besitz führen. Eine Gefahr kann auch die Sucht nach Genuss, nach Süßigkeiten und gutem Essen werden.

Noch deutlicher zeigt sich aber die Verführung zur Faulheit und zu dem Bedürfnis, mit dem größtmöglichen Genuss den leichtesten Weg zu gehen. Gerade bei Kindern konnten wir beobachten, dass sie ungewöhnlich bequem sind und auch mit zunehmendem Alter nicht aktiver, sondern immer träger werden!

Die Kaiserin,
Deva-Tarot

Sie scheinen sich dessen aber gar nicht bewusst zu sein, sondern sich selbst als aktiv zu empfinden.

Im Grunde genommen ist die feste Erde eine problematische Stellung für Lilith. Einerseits verlangt sie wie immer nach ihrer Autonomie, aber auf der anderen Seite verführt sie sehr intensiv dazu, träge zu werden, sich zurückzuziehen und sich bequem versorgen zu lassen – was notwendigerweise wieder zu Konflikten mit den Autonomiebestrebungen führt. So schafft sie in dieser Stellung selbst widersprüchliche Bedürfnisse, auch ohne schwierige Aspektierung durch andere Planeten.

Menschen mit dieser Lilithstellung sind auf erdverbundene oder körperlich-sinnliche Weise kreativ. Wir finden hier die »Kräuterfrau«, die sich in ihrem Garten verwirklicht, ebenso wie Menschen, die mit Naturmaterialien wie Ton und Holz arbeiten. Sehr oft zeigt sich ihre Kreativität vor allem auf der körperlich-erotischen Ebene.

Als wirklich »schönes« Beispiel bietet sich *Brigitte Bardot* an. Ihre Lilith steht im Stier am Übergang vom 5. zum 6. Haus, und sie scheint in beiden Häusern zu wirken. Brigitte Bardot hat keinen anderen Planeten im Stier, der ihre sinnliche Ausstrahlung erklären würde. Sie ist ja nicht für hervorragende schauspielerische Leistungen berühmt geworden, sondern für ihren schönen, sinnlichen Körper und ihren verführerischen Umgang mit Lust und Sexualität. Hier zeigt sich ganz deutlich die eine Seite der Stier-Lilith, die Sinnlichkeit Aber auch die andere Seite hat Brigitte Bardot später entwickelt: Ihre Fürsorge und ihr Einsatz für Natur- und Tierschutz sind bekannt. »Meine Jugend gab ich den Männern. Meine Weisheit schenke ich jetzt den Tieren.« So sehen wir an ihrem Beispiel ganz deutlich das Lilith-Stier-Prinzip von sinnlicher, erotischer Körperbetonung auf der einen Seite (im 5. Haus: Selbstdarstellung im erotischen Spiel) und der Liebe zu Tieren und der Natur auf der anderen Seite (im 6. Haus, Krisenlösung durch Tier- und Naturschutz).

Die französische Schriftstellerin *George Sand* trug im Alltag gerne Männerkleidung und setzte sich für die Emanzipation der Frau ein. Sie wurde vor allem durch ihre Liebesbeziehungen zu kreativen Männern wie Liszt, Berlioz, Balzac und Chopin berühmt sowie durch ihren Briefwechsel mit Flaubert In ihrem Horoskop finden wir Lilith im Stier (Sinnlichkeit) in Konjunktion mit Mars an der Spitze des 3. Hauses (Männerkleidung, Briefwechsel, Schriftstellerin) und im Quadrat zu Venus stehend (Emanzipation).

Lilith im Stier:
Brigitte Bardot, George Sand, Niki de Saint-Phalle, Aretha Franklin, Else Lasker-Schüler, Brooke Shields, Udo Proksch, Johann Wolfgang von Goethe, Otto von Bismarck, Karlheinz Böhm, Keith Emerson, Alfred Kubin, Alfred Adler, Albert Camus, Ernst Albrecht

Lilith im 2. Haus:
Melina Mercouri, Ilona Staller (»Cicciolina«), beide im Schützen, Greta Garbo

Lilith im Stier und im 2. Haus:
Die Doppelbetonung haben wir bisher nicht gefunden, allerdings recht häufig die Stier-Lilith im 7. Haus, dem Haus der Waage-Venus und der Beziehung, beispielsweise bei Niki de Saint-Phalle, Johann Wolfgang von Goethe, Alfred Adler.

Aspekte zu Venus

Menschen mit Lilith-Venus-Verbindungen sind fast immer beliebt. Sie scheinen ihre Selbständigkeit mit einer liebevollen Grundschwingung zu verknüpfen, was sie auf andere Menschen anziehend wirken lässt.

Bei auffallend vielen Prominenten sind Lilith-Venus-Aspekte im Horoskop zu finden, und zwar tauchen alle Aspekte auf, sowohl die harmonischen wie auch die disharmonischen. Die Lilith-Venus-Verbindung scheint einer der Faktoren zu sein, die von Bedeutung sind, um prominent zu werden. Das ist auch sehr leicht zu erklären, wenn man in Betracht zieht dass Lilith mit Autonomie und Verführung und Venus mit Sinnlichkeit und Anziehung zu tun hat. Die Kombination dieser beiden weiblichen Planetenenergien erzeugt offenbar oft eine charismatische Anziehungskraft.

Die Verbindung Liliths, der weisen, wilden, autonomen Göttin, mit Venus, der anziehenden, sanften Liebesgöttin, kann sich sowohl als ein künstlerisch-kreativer Aspekt auswirken als auch auf eine sehr starke erotische Ausstrahlung hinweisen. Wir finden hier Lebenskünstlerinnen und Lebenskünstler mit einem intuitiven Wissen über Schönheit, Genuss und Vergnügen. Wir finden freien und absolut unabhängigen Umgang mit Sexualität, ein intuitives Umgehen mit der Natur und dem Körper, mit Düften und Farben. Im allgemeinen kommen die Lilith-Venus-Verbindungen bei Frauen wesentlich deutlicher zum Vorschein als bei Männern.

Menschen mit *Lilith-Venus-Konjunktion* versuchen oft, ihre Autonomie durch Kunst, Kreativität, Genuss oder Erotik – am liebsten durch eine Kombination all dieser Bereiche – zu erreichen und zu leben. Wenn Lilith überwiegt, finden wir eine stärkere Betonung der Unabhängigkeit, beispielsweise das Bemühen, als unabhängige, autonome Frau zu leben. Unter Umständen kann Lilith die Venus und alle ihre liebenswerten Attribute überdecken, bis hin zum »Verschwinden« der Venus, wo Lilith als blinder Fleck die Venus völlig zudeckt.

Bei Männern scheint die Konjunktion, aber auch Venus und Lilith im gleichen Zeichen, den Umgang mit Schönheit zu unterstützen: Solche Männer machen sich gerne schön, und sie sind an Schönheit und Kunst interessiert.

Viele Politiker haben Lilith-Venus-Verbindungen in ihrem Horoskop. Bei *Otto von Bismarck* finden wir beispielsweise eine Lilith-Venus-Konjunktion im Stier am Medium coeli. Es ist bekannt, dass er neben der Politik seinen Garten über alles liebte (Stier).

Es könnte auch sein, dass im politischen Bereich der Venusanteil politisiert wird, sich also vom sinnlich-erotischen auf den Machtaspekt verlagert, gewissermaßen auf die Sinnlichkeit der Macht. Für Politiker scheint eine Lilith-Venus-Verbindung sehr nützlich zu sein (schon allein, um populär zu werden); oft findet dann wohl eine Kompensation von Eros in Richtung Macht statt, und die Ausübung der Macht wird zu einem sinnlichen Erlebnis.

Beim *Sextil* geht es darum, sich bewusst zu machen, dass das Erleben von Liebe und Beziehung (Venus) nicht unbedingt bedeuten muss, die Selbständigkeit und Autonomie (Lilith) zu verlieren. Es scheint sich um einen Lernauftrag zu handeln, gerade in Beziehungen die Autonomie zu entwickeln.

Beim *Quadrat* besteht ein Konflikt zwischen dem Bedürfnis nach Liebe und Partnerschaft auf der einen Seite und nach Autonomie und Unabhängigkeit auf der anderen. Häufig ergeben sich daraus schwierige Beziehungs- oder Ehesituationen. Die Bindungsbereitschaft ist zunächst oft sehr groß, und so setzt sich erst einmal die Venus durch und geht eine feste Bindung ein. Liliths Freiheitsbedürfnis bleibt aber unterschwellig als ein ständiges leises Unbehagen vorhanden. Wenn Lilith erwacht, wird dieses Bedürfnis nach Selbständigkeit und Autonomie innerhalb der Beziehung sehr deutlich durchgesetzt. Dies wird wiederum vom Partner als bedrohlich empfunden, der unter Umständen mit Angst und Klammertendenzen reagiert und so den Konflikt noch verschärft. Besonders deutlich wird dies, wenn Lilith in einem Venuszeichen steht.

Manchmal äußert sich der Konflikt in der Art der Selbstdarstellung. Venus möchte sich schmücken, schönmachen, lieblich präsentieren, aber Lilith besteht auf ihrer eigenen Vorstellung von Autonomie und Verführungskunst.

Als Vertreterin für ein Lilith-Venus-Quadrat mag (neben der bereits erwähnten George Sand) die Schauspielerin *Ingrid Bergman* stehen. Auch sie lässt das komplizierte Verhältnis eines Spannungsaspekts zwischen Lilith und Venus im Wesen einer Frau deutlich erkennen. In ihren Filmen zeigt sich häufig der Konflikt zwischen ihren Eigenschaften als kühle, autonome, gewissermaßen kalt-erotische Lilith-Schauspielerin und ihren warmherzigen, venusischen Anteilen auf der anderen Seite.

Beim *Trigon* gibt es einen harmonischen Fluss zwischen der Venusenergie von Kunst, Kreativität, liebe und Harmonie und der autonomen Energie Liliths. Mit dem Trigon hat Frau (es ist tatsächlich deutlicher bei Frauen zu beobachten) eine sehr selbständige Art, in Beziehung zu treten, ohne sich dabei Sorgen um ihre Autonomie machen zu müssen. Besonders in Luftzeichen ist es für sie ganz selbstverständlich, auch in engen Liebesbeziehungen ihre Selbstständigkeit zu bewahren.

Der *Quincunx* weist auf ein zwanghaftes Verhältnis

zwischen dem Streben nach Autonomie und dem Bedürfnis nach Liebe, Schönheit und Harmonie hin. Häufig zeigt sich dies in der Kleidung und im Aussehen. Einerseits besteht die Neigung, sich »schön« zu präsentieren, andererseits das zwanghafte Bedürfnis, auch im Aussehen die eigene Unabhängigkeit zu beweisen. Das ergibt manchmal recht originelle Kreationen!

Im Allgemeinen erzeugt das Bemühen, gerne Venus sein zu wollen, aber die Lilith nicht vernachlässigen zu dürfen, einen gewissen Stresszustand. Manche Frauen finden in intensivem Selbstverteidigungstraining eine Möglichkeit, diese Spannung zu lösen: Sie lernen dort, ihre Schönheit und ihre Autonomie selbst zu verteidigen. Und da wir beim Quincunx auch einige Fälle von Vergewaltigung gefunden haben, erscheint uns diese Lösung besonders sinnvoll. Relativ oft bleiben Frauen mit diesem Aspekt kinderlos.

Wir finden den Quincunx, diesen Winkel des »Dauerschmerzes« und der Fremdheit zwischen Lilith und Venus, bei *Simone de Beauvoir*, einer Frau, die sich selbst zwar nicht als Feministin betrachtete, die aber ihren klaren Verstand genau auf diesen wunden Punkt richtete: den Konflikt zwischen Autonomie und Weiblichkeit. Sie erhob ihre Stimme für die Unabhängigkeit der Frauen und nahm doch selbst gleichzeitig sehr bittere Demütigungen in ihrer Weiblichkeit von ihrem Partner hin.

Bei der *Opposition* besteht die Gefahr der Lähmung zwischen Venus und Lilith. So können beide unterdrückt werden und »verschwinden«: Die weiblichen Qualitäten der Venus, wie Kreativität, Ausdruck von Liebe etc., werden nicht gezeigt, aber die Autonomie der Lilith kommt ebenso wenig zum Vorschein. Offenbar besteht eine sehr hohe Spannung zwischen dem Bedürfnis nach Hingabe und dem Streben nach Unabhängigkeit, eine Spannung, die sich gelegentlich im Einsatz von Gewalt entlädt. Relativ oft nämlich weist die Opposition auf Gewalt innerhalb von Liebesbeziehungen hin, sei sie nun aktiv ausgeübt oder passiv erlitten, und zwar bei Männern und bei Frauen.

Wenn die Opposition die Häuser 4 und 10 betrifft, wird die Spannung oft politisch oder öffentlich ausgelebt. Als Beispiel für eine Lilith-Venus-Opposition vom 4. ins 10. Haus sei *Uwe Barschel* erwähnt. Über ihn gab es unter anderem auch Gerüchte über erotische Abenteuer mit Prostituierten und eventuelle Erpressbarkeit. Uns geht es in diesem Zusammenhang weder um Moral noch um die »Wahrheit«, sondern wir wollen nur darauf hinweisen, dass die Opposition zwischen Lilith und Venus (ausgerechnet vom Skorpion in den Stier) mit solchen und ähnlichen Gerüchten zusammenhängen kann. Die Ausstrahlung von Manipulation und Sinnlichkeit, die sie signalisiert, macht es vielleicht erst möglich, dass solche Gerüchte entstehen und sich halten können.

Venus und Lilith in aufeinanderfolgenden Zeichen:
Eine Besonderheit sei hier noch erwähnt: Wenn Ve-

nus und Lilith in aufeinanderfolgenden Zeichen stehen, also beispielsweise im Widder und im Stier, dann führt das oft zu ganz besonders starken Autonomiebestrebungen. Sehr oft finden wir diese Konstellation bei Frauen, die auf gar keinen Fall ihre Selbständigkeit aufgeben wollen. Manche von ihnen haben zwar durchaus Liebesbeziehungen, sie bleiben aber immer unabhängig und bestehen auf ihrer Selbstbestimmung. Die Reihenfolge von Venus und Lilith scheint dabei keine Rolle zu spielen.

Lilith in der beweglichen Erde:
Jungfrau, 6. Haus *

Das Gehirn ist an allem schuld.

Timothy Leary

In der beweglichen Erde, diesem von Merkur beherrschten Bereich, in dem sich dessen geistige Prinzipien mit den konkreten Prinzipien der Erde zu einer kritischen Analyse verbinden, zeigt auch Lilith ihr analytisches Potential. Sie unterstützt die Neigung der Jungfrau und des 6. Hauses, Krisen aller Art zu erkennen, zu benennen, zu analysieren und, wenn möglich, zu lösen. Die Herausforderung liegt hier besonders darin, die Begabung der Jungfrau zur Kritik und zur genauen Erfassung von Details mit der Intuition und dem tiefen Wissen Liliths zu verbinden.

Durch die Beschäftigung mit den Einzelheiten eines bestimmten Systems, durch den Versuch, herauszufinden, wie die inneren Gesetzmäßigkeiten ablaufen, und durch das Verstehen der zugrundeliegenden Ordnung, kurz, durch all die »jungfräuli-

---

* Merkur-Aspekte siehe Kapitel 16.

chen« analytischen, sezierenden Prozesse und Untersuchungen kann Liliths Weisheit emporsteigen und sich entfalten. Sie ermöglicht es schließlich, über die Analyse hinauszugehen und die Synthese herzustellen. Die analysierten Einzelteile können kreativ zu einem größeren System verbunden werden.

So finden wir Lilith in der Jungfrau bei vielen Schriftstellern, die sich sehr genau und präzise, häufig auch sehr wortreich, ausdrücken und die doch stets den großen Zusammenhang im Blick behalten.

Liliths kreative Kraft kann sich im 6. Prinzip in der Auseinandersetzung zwischen Theorie und Praxis erweisen: in ihrer Fähigkeit, zum einen, die Praxis anhand der Theorie zu überprüfen und zum anderen, die Theorie in die Praxis umzusetzen. Die geistige Durchdringung »realer« Probleme führt sie oft zu praktischen und, vor allen Dingen, zu durchführbaren Lösungen. Durch das Aufgreifen und kritische Beleuchten der bestehenden Probleme führt sie oft eine Lösung herbei. Dazu bedient sie sich einer Vielzahl krisenlösender Techniken, sei es nun im geistigen oder im materiell-körperlichen Bereich, die häufig nicht »gelernt« sind, sondern die aus ihrem inneren, intuitiven Wissen stammen.

Hier finden wir auch Heilwissen, insbesondere im psychosomatischen Bereich. Die Verbindung des geistigen, körperlichen und krisenlösenden Prinzips (Jungfrau, 6. Haus) mit dem Prinzip der intuitiven Weisheit und Kreativität (Lilith) ergibt bei einer gut gestellten Lilith einen idealen Aspekt für alle Heilberufe: für Heilpraktikerinnen, Geistheiler, Psycho-

Prinzessin der Scheiben

Prinzessin der Scheiben,
Crowley-Tarot

analytikerinnen und -therapeuten ebenso wie für alle anderen Ärztinnen und Ärzte. Auch pädagogische Fähigkeiten sind hier zu finden.

Sehr deutlich ausgeprägt zeigen sich all die genannten Prinzipien bei der Ärztin und Pädagogin *Maria Montessori*, die durch ihren Ansatz der Eigentätigkeit, des Be»greifens« und »Hand«-elns mit didaktischem Material, ein sehr effizientes pädagogisches System entwickelt hat, um sowohl behinderte wie auch gesunde Kinder in ihren Entwicklungs- und Entfaltungsmöglichkeiten zu fördern. Ihre Lilith steht im Wassermann im 6. Haus.

Die Herausforderung, die für Lilith in der Jungfrau oder im 6. Haus im Lösen von Krisen liegt, ist normalerweise auch der Punkt, wo sie am leichtesten verführt werden kann. Wenn man ihr eine Krise oder eine Kritikmöglichkeit (am wirkungsvollsten eine Kombination aus beiden) anbietet – »Ich bin in Schwierigkeiten geraten und begreife gar nicht, warum. Kannst du mir einen Rat geben?« –, wird sie mit Sicherheit »anbeißen«! Denn Lilith in der Jungfrau ist dankbar dafür, wenn sie kritisieren darf, und gerne bereit, alle ihre Fähigkeiten einzusetzen, um das Kritisierte zu verbessern. So kann man sie manipulieren, indem man ihr diese Möglichkeit bietet und, wenigstens teilweise oder zum Schein, ihre Kritik annimmt. Sie wird ihr Bestes für den oder die Betreffende tun und dabei noch glücklich und zufrieden sein!

Sollte Lilith sich als blinder Fleck manifestieren, was nicht allzu selten vorkommt, so wird sie zunächst blind für Krisen oder kritische Situationen sein. Sie kann mit Ärmeln, Hosenbeinen und Kapuze im Dornengestrüpp festhängen und doch verwundert fragen: »Krise? Ich sehe keine Krise. Wo ist hier ein Problem?« Allerdings kann genau dieses Erlebnis (normalerweise mit entsprechenden Transiten verbunden) dazu führen, dass Lilith erwacht und somit endlich ihre Findigkeit und Fähigkeit entdeckt, sich und andere aus »Dornenranken« verschiedenster Ebenen zu befreien. Um also Lilith in der Jungfrau aufzuwecken, eignen sich Krisen aller Art. Natürlich ist es sinnvoll und zweckmäßig und einer Lilith in der Jungfrau oder im 6. Haus durchaus angemessen, sich die Krisen anderer Leute auszusuchen, anstatt extra eigene zu schaffen!

Abgesehen von dem Zugang über Krisen, kann Lilith in allen typischen Jungfraugegenden angeregt werden: in landwirtschaftlichen Bereichen, besonders wo Getreide angebaut, gelagert oder verarbeitet wird, in Werkstätten, in denen kunsthandwerklich gearbeitet wird, in Krankenhäusern und pädagogischen Einrichtungen etc.

Lilith in der Jungfrau:
Thomas Mann, Hans Christian Andersen, Honoré de Balzac, Jules Verne, Jean-Paul Sartre, Joachim Ringelnatz, Luise Rinser, Alfred Biolek, Fritjof Capra, Timothy Leary, Jesus Christus

Lilith im 6. Haus:
Maria Montessori, Margaret Sanger (geb. Higgins),

Franz Beckenbauer, Lech Walesa, Helmut Kohl, Helmut Schmidt, Erich Honecker, Werner Heisenberg, Brigitte Bardot, Dieter Hildebrandt, Henri Nannen, Reinhold Messner

Lilith in der Jungfrau und im 6. Haus:
Willy Brandt, Norman Mailer, Marcel Proust

Aspekte zu Merkur:
Die Aspekte Liliths zu Merkur werden im Kapitel 16 über die Zwillinge und das dritte Haus (»Im Anfang war das Wort«) dargestellt

13. Lilith in der Luft

Das Element Luft symbolisiert die Welt des Geistes. Menschen mit starker Luftbetonung sind vielseitig interessiert, aufgeschlossen, neugierig und wissbegierig. Ihre Welt ist die Welt der Gedanken, der Kommunikation und der Freiheit. An wechselnde Anforderungen passen sie sich mit Hilfe ihres Verstandes an, und sie sind in der Lage, durch Nachdenken kreative Lösungen für fast alle Probleme zu finden.

Die Art dieser Problemlösung ist je nach Tierkreiszeichen verschieden: Die Waage wird sich bemühen, eine ausgeglichene Lösung zu finden, der Wassermann eine ehrliche, die aber gleichzeitig originell sein sollte, und die Zwillinge werden sich nicht auf nur eine einzige Lösung festlegen, sondern gleich mehrere zur Auswahl anbieten. Damit haben wir die drei wichtigsten Prinzipien angedeutet, die für alle Luftzeichen gelten, jedoch in unterschiedlicher Betonung: Die Waage strebt vor allem nach Balance, der Wassermann nach Wahrheit, und die Zwillinge nach Vielfalt und Freiheit. Jedoch glauben die Luftzeichen nicht an eine feststehende Wahrheit, an die Wahrheit schlechthin, sondern sie sind immer auf der Suche nach neuen Ideen und nach der nächsten Wahrheit… Und so haben sie immer etwas Spontanes und Überraschendes an sich.

Da die Luft das anpassungsfähigste Element ist, ist sie am schwersten in ein Schema einzuordnen. Lilith in der Luft zeigt die größte Variationsbreite bezüglich ihrer individuellen Ausformung und Erscheinung. Ihre

Vielfalt zeigt sich normalerweise nicht innerhalb einer Person, sondern darin, dass wir eine Vielzahl von völlig verschiedenen Personen und Themen finden. Alle Themen sind hier möglich – ganz anders als beispielsweise beim Wasserzeichen Krebs, bei dem eindeutige Schwerpunkte zu finden sind.

Lilith in der Luft ist nicht emotional, sondern sie ist objektiv, leicht, beweglich, unstet, kühl und distanziert. Die drei Luftzeichen zeigen drei verschiedene Wirkungsweisen der Lilith im geistigen Bereich an: Im kardinalen Zeichen Waage finden wir die Initialzündung, im festen Zeichen Wassermann die Hege und Pflege der Gedankenwelt und eine gewisse Festigkeit und im beweglichen Zeichen Zwillinge die Beweglichkeit, die jedwede Endgültigkeit oder Festlegung wieder aufliebt. Die Differenzierung zwischen den einzelnen Luftzeichen ist jedoch nicht so eindeutig wie bei den anderen Elementen. Waage-, Wassermann- und Zwillings-Lilith haben sehr viel Ähnlichkeiten. Die Unterschiede sind nicht deutlich zu erkennen, es geht häufig nur um Nuancen, um Schwerpunkte feinerer Art.

Hinzu kommt, dass die Luftzeichen, insbesondere die Zwillinge, Imitation und Mimikry perfekt beherrschen. Die Frage stellt sich nun, inwieweit Lilith in den Luftzeichen diesen Tarnkappen- oder Täuschungseffekt besitzt, sich bzw. die betreffende Person als etwas darzustellen, was sie eigentlich gar nicht ist. Sie ist unter Umständen so anpassungsfähig und veränderlich, dass es sehr schwierig ist, sie zu identifizieren. Die Zwillings-Lilith kann ein Verwandlungsspiel treiben: »Heute bin ich ein Krebs, morgen ein Widder, und übermorgen verberge ich mich ganz!« Beim Wassermann ist die Wandlungsfähigkeit nicht so ausgeprägt, weil die Wahrheit und die Ehrlichkeit eine so große Rolle spielen, während sie bei der Waage vom Kontakt und vom sozialen Umfeld abhängt.

Eine Besonderheit der Lilith in den Luftzeichen: Es scheint sich um eine typische »Terroristenkonstellation« zu handeln! Theoretischer und praktischer Terrorismus sind häufig mit einer Lilith im Luftzeichen verbunden. Wir finden sie nahezu bei allen bekannten Terroristinnen und Terroristen der BRD und auch der USA: Andreas Baader, Ulrike Meinhof, Christian Klar, Jan Carl Raspe, Gudrun Ensslin (Lilith zwar noch im Stier, aber in Konjunktion mit Uranus), ebenso bei Charles Manson und Susan Atkins.

14. Die magische Beziehung

Lilith in der kardinalen Luft:
Waage, 7. Haus *

*Tu was du willst, soll sein das ganze Gesetz.
Liebe ist das Gesetz. Liebe unter Willen.*

Aleister Crowley

Bekanntlich herrschen im astrologischen System die Planeten jeweils über bestimmte Tierkreiszeichen. Wir ordnen Lilith als Herrscherin der Waage zu.

Die Waage ist das einzige mechanische Tierkreiszeichen, und sie wurde erst spät in den Tierkreis eingefügt, indem dem Skorpion die Scheren genommen wurden.** Sie stellt die Trennung des »guten« Zeichens Jungfrau vom »bösen« Zeichen Skorpion dar und steht damit zwischen der »Heiligen« und dem »Teufel«, zwischen »Eva« und der »Schlange«. So entsprechen Eva, Lilith und die Schlange den Zeichen Jungfrau, Waage und Skorpion, die ursprünglich ein

---

* Venus-Aspekte siehe Kapitel 11.

**Die beiden wichtigsten Sterne der Waage sind: Alpha Librae, Zubenelgenubi, »Die Schere des Südens«, und Beta Librae, Zubeneschamali, »Die Schere des Nordens« *(Die Geheimnisse des Himmels)*.

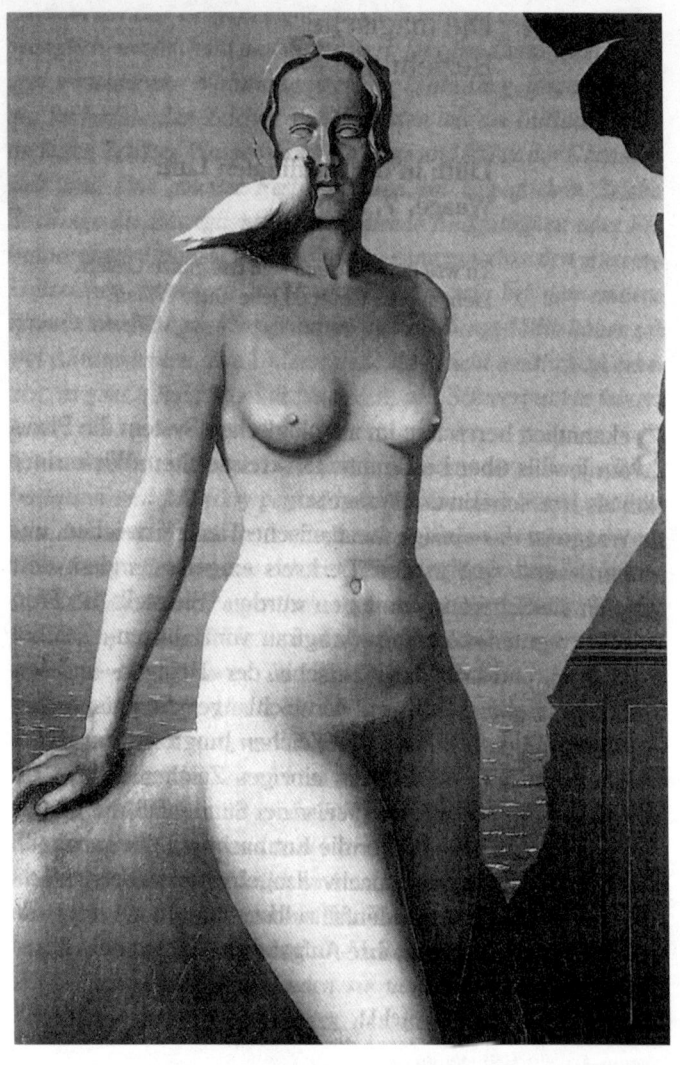

Die schwarze Magie,
René Magritte

einziges Zeichen waren. Gewissermaßen wurde auf diese Weise der Sündenfall, die Vertreibung aus dem Paradies (oder die Entmachtung der ganzheitlichen Göttin) im Tierkreis nachvollzogen. Nun verkörpert die Waage aber nicht den Sündenfall selbst, sondern sie steht »dazwischen«. Und es scheint ihre Aufgabe zu sein, immer »dazwischen« zu stehen (und damit vielleicht einen Durchgang freizuhalten). Sie ist nicht rechts oder links, sie ist nicht eine oder auch beide der Waagschalen, sondern sie symbolisiert die Aufhängung der Waagschalen und hält die Balance.

Die Waage ist oft schwer verständlich, und sie auszuloten scheint fast unmöglich. In der astrologischen Literatur findet sich eine Vielzahl von Interpretationen, die von der Bezeichnung als »Fähnchen im Wind« in der Populärastrologie bis hin zu Aleister Crowley reichen, welcher ihr (er selbst war Waage!) die höchsten Möglichkeiten zuschreibt. Wenn man die Waage auf der häufig üblichen Ebene als harmonisch, diplomatisch und ausgleichend interpretiert, dann macht man damit eigentlich ein Zeichen des Tierkreises zu einem etwas süßlichen und nichtssagenden Zeichen. Aber wir sollten bedenken: Die Waage wurde aus den Scheren des Skorpions gebildet! Sie ist kardinal, also schöpferisch und dynamisch, ihr Element ist die Luft, weist also auf Dynamik im geistigen Bereich hin, und schließlich ist sie ein Yang-Zeichen, also nicht reaktiv, sondern aktiv.

Damit wird klar, dass die Waage ein geistiges, impulsgebendes, dynamisches Zeichen ist. Und sie ist keineswegs so »einfach«, wie sie oft dargestellt wird, sondern sie scheint das Tierkreiszeichen zu sein, das am vielschichtigsten und schwierigsten zu interpretieren ist. Sie weist eine unglaubliche Bandbreite an komplexen und komplizierten Erscheinungsformen auf. Am besten können wir sie wohl auf dreierlei Weise charakterisieren: Sie stellt einen *Spiegel* dar, sowohl für andere wie auch für sich selbst, sie hält die *Balance*, wenn es ihr nötig scheint bis hin zu Extremismus und Fanatismus, und sie »*tritt in Beziehung*«.

Selbstverständlich treten die Vertreter aller Tierkreiszeichen in Beziehung, aber sie tun das auf andere Art: Der Widder beispielsweise nimmt nicht distanziert eine Beziehung auf, sondern er *ist* gewissermaßen diese Beziehung, er bringt sich spontan ganz ein. Die Waage dagegen hält die Distanz zu dem, wozu sie in Beziehung tritt. Sie kann sich von ihrem Gegenüber klar abgrenzen und sogar sehr weit davon entfernt sein. So geht sie eigentlich nur funktionale und bewusste und keine emotionalen Beziehungen ein.

Die Vorstellung, dass die Waage zwar notwendigerweise in Beziehung tritt, aber emotional völlig unabhängig bleibt, steht im Widerspruch zu dem Bild, wie die Waage allgemein dargestellt wird, hat sich für uns aber sowohl in der privaten Praxis wie auch bei der Untersuchung von Prominentenhoroskopen bestätigt. Ihre emotionale Unabhängigkeit ermöglicht der Waage von allen Tierkreiszeichen die größte Autonomie bezüglich der sie umgebenden Welt. Alle diese Eigenschaften der Waage deuten auf eine enge Verwandtschaft zwischen Lilith und der Waage hin. Als kreatives Zeichen mit dynamischer geistiger Schöpferenergie entspricht sie eindeutig Liliths Charakter. Auch vom astrologischen System her gesehen scheint uns die Zuordnung der Waage zu Lilith stimmig zu sein: Das zweite Venuszeichen könnte ersetzt werden. Venus bliebe weiterhin die Herrscherin über die Sinnlichkeit des Stiers, und Lilith, ihre autonome Schwester, könnte als Regentin die Geistigkeit und Unabhängigkeit der Waage übernehmen. Und die Symmetrie und Balance des Tierkreises bliebe erhalten (vergl. Abbildungen auf den Seiten 140/141).

Nun steht Lilith ja nicht nur für das Fernziel der Autonomie, sondern sie ist zunächst und vor allem der blinde Fleck. Als Herrscherin über die Waage kann sie uns die Erklärung dafür bieten, warum für fast alle Waagemenschen das In-Beziehung-Treten zunächst so schwierig ist: Es ist ihr blinder Fleck! Es gibt wohl kaum ein Zeichen, bei dem das Thema der Zurückweisung und damit verbunden der Angst vor Einsamkeit eine größere Rolle spielt als bei Waagemenschen. Und so opfern sie sich unter Umständen in einer Beziehung auf, sind harmonisch und ausgleichend – und haben doch immer mit der Problematik von Nähe und Distanz zu kämpfen. Eigenartigerweise »sorgen« sie sogar häufig dafür, dass sie schließlich alleine bleiben, weil sie nämlich nicht imstande oder bereit sind, in eine wirklich emotionale Beziehung einzutreten, und deshalb früher oder später tatsächlich verlassen werden.

»Tu was du willst, soll sein das ganze Gesetz.

Liebe ist das Gesetz. Liebe unter Willen.« Diese oft angegriffene und ebenso oft falschverstandene Maxime von *Aleister Crowley* (Lilith, Sonne, Venus in der Waage) drückt dieses Thema der Waage aus. »Liebe ist das Gesetz«, aber es ist der persönliche Wille und die freie Entscheidung, wer, wie, wann und warum geliebt wird. Die Waage ist das einzige Zeichen, das eine bewusste, verstandesmäßige Entscheidung treffen kann, wen sie lieben oder nicht lieben möchte.

Natürlich ist eine mit dem Verstand beschlossene Liebe im Grunde eine sehr kalte Form der Liebe, und das ist es, was der Waage wiederum so zu schaffen macht. Sie fühlt sich »minderwertig«, weil sie in sich nicht das Gefühl spürt, das die »anderen alle« haben, und deshalb glaubt sie, etwas sei mit ihr nicht in Ordnung. Um dagegen anzukämpfen, rückt sie dann oft Beziehung und Wärme in den Vordergrund, neigt dazu, sich aufzuopfern, und damit schließt sich der Kreis wieder. Oder aber sie projiziert ihre eigene Kälte nach draußen und wirft sie anklagend den anderen vor.

Was waagebetonte Menschen lernen können – und damit entspricht ihr Thema auch wieder dem Lilith-Thema –, ist, die kreative Dynamik ihrer geistigen, impulsgebenden Energie zu nutzen und sich frei von Emotionalität zur Selbstbestimmung hin zu entwickeln. Steht nun Lilith selbst in der Waage, kann diese ganze Thematik in beide Richtungen verstärkt werden. Auf der einen Seite kann Lilith die sowieso meist unbewusst ablaufenden Prozesse noch tiefer verbergen, andererseits kann sie aber

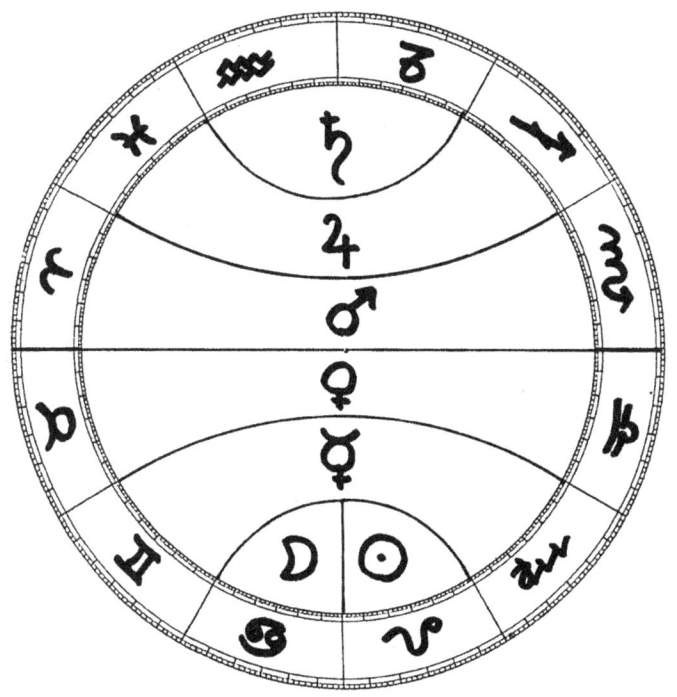

Die alten Herrscher des Tierkreises

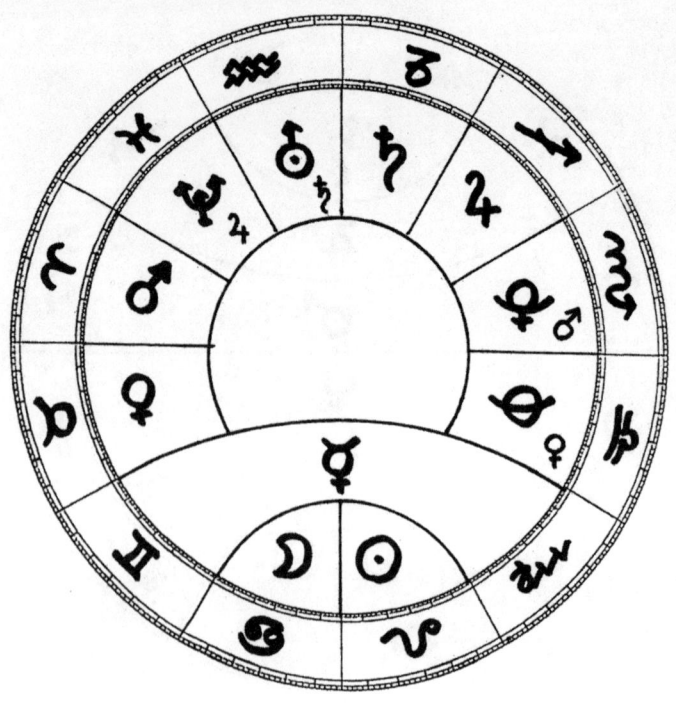

Die neuen Herrscher des Tierkreises mit Lilith
als Herrscherin über die Waage

auch zu Erkenntnis und zu völliger Souveränität führen.

Und es gibt nach unserer Erfahrung bei allen Menschen mit Lilith in der Waage diesen souveränen Teil in irgendeinem Bereich des Lebens.

Lilith in der Waage oder im 7. Haus kann blind für die Persönlichkeit und die Eigenart anderer Menschen sein. Oft erscheint sie als die Verlockung, eine Beziehung einzugehen, auch wenn es gute Gründe dagegen gibt. Insbesondere wenn sie einen starken Aspekt zu einem Beziehungsplaneten im Horoskop eines anderen Menschen bildet, ist die Verführung, diese Beziehung auch wider besseres Wissen einzugehen, oft übermächtig (siehe auch Kapitel 21). Aber auch durch die Möglichkeit, ganz allgemein Kontakt zu bekommen, ist sie praktisch immer verführbar und lässt sich dann leicht manipulieren.

Andererseits erwacht Lilith in der Waage oder im 7. Haus im Umgang mit Beziehungen. Ihre Weisheit entsteht durch das Spiegeln und Widergespiegelt-werden, wobei der Spiegel gar nicht notwendigerweise ein Mensch sein muss, sondern beispielsweise auch ein Buch oder ein anderes Gegenüber sein kann, das zum Partner wird. Häufig bleiben Menschen mit Lilith im 7. Haus unverheiratet und ohne wirklich feste Beziehung. Viele Menschen mit Lilith in der Waage oder im 7. Haus sind beratend tätig, und auch hier entsteht durch die Möglichkeit der Spiegelung Weisheit für die eigene Person.

Das Streben von Lilith in der Waage nach Balance kann bis zum Fanatismus, ja zur Besessenheit führen. Wenn sie die »losen Enden« irgendeiner Angelegenheit entdeckt, die ihr fragwürdig oder nicht ausgeglichen erscheinen, so glaubt sie, diesen unbedingt nachgehen zu müssen, um sie schließlich irgendwie miteinander zu verknüpfen und die Balance wiederherzustellen.

Alle bereits angesprochenen Bereiche zeigen neben ihren problematischen Seiten natürlich auch die *kreativen* Begabungen und Fähigkeiten von Menschen mit dieser Lilithstellung an. Sie können hervorragende Beraterinnen und Berater sein, Lehrende auf dem Gebiet des Lebens. Sie wissen um das unendliche Feld der Beziehungen des Menschen zu der ihn umgebenden sichtbaren und unsichtbaren Welt, und sie sind (in unterschiedlichem Maße) fähig, diese Beziehungen zu knüpfen, zu vertiefen, zu untersuchen, zu verfeinern und sie mit anderen zu teilen. So sind sie in der Lage, anderen die Beziehung zur Welt zu erklären – was dazu führt, dass sie nicht nur im geistigen, spirituellen oder magischen Bereich, sondern durchaus auch auf einer sehr praktischen Ebene wunderbare Verkäuferinnen und Verkäufer sein können!

Lilith in der Waage:
Aleister Crowley, Friedrich Nietzsche, Charles Baudelaire, Thorwald Dethlefsen, Bob Dylan, Henri Nannen, Karl Marx, Walter Scheel, Jimmy Carter, Andreas Baader, Patty Hearst, Charles Manson, Evil Knievel, Muhammad Ali, Coco Chanel

Lilith im 7. Haus
James Dean, Liz Taylor, Orson Welles, John Lennon, Peter Fonda, Alfred Adler, Johann Wolfgang von Goethe, Edgar Allan Poe, Bertrand Russell, Johannes XXIII., Henri de Toulouse-Lautrec, Alice Bailey, Shri Aurobindo, Erich von Däniken, Richard Strauss. – Die Doppelbetonung mit Lilith in der Waage und im 7. Haus scheint sehr selten vorzukommen.

Lilith am Deszendenten intensiviert die bereits besprochenen Themen von Lilith in der Waage oder im 7. Haus noch besonders.

Aspekte zu Venus:
Lilith-Venus-Aspekte werden im Kapitel 11 über den Stier und das 2. Haus (»Das sinnliche Wissen«) dargestellt.

15. »Spaced out«:
Reisende durch Raum und Zeit

Lilith in der festen Luft:
Wassermann, 11. Haus, Uranus-Aspekte

Die Zukunft war früher aber auch besser.

Karl Valentin *

W assermann« und »Wasserfrau« sind nur selten wirklich hier – meistens leben sie irgendwo in der Zukunft, träumen und schmieden Zukunftspläne von einer anderen und besseren Welt. Schlagworte wie »im Hier und Jetzt leben« faszinieren sie deshalb sehr und holen sie auch tatsächlich immer wieder für kurze Zeit auf die Erde zurück, wo sie dann diese Zeit mit der Suche nach der Wahrheit verbringen. Sie versuchen immer, sich von den Kleinigkeiten des Lebens zu lösen und zu den großen und übergreifenden Dingen vorzustoßen oder, wenn ihnen das nicht gelingt, wenigstens ihre Unabhängigkeit von den Kleinigkeiten durch originelles oder exzentrisches Verhalten zu demonstrieren.

* Münchner Original mit einmalig grantig-verquerem Humor: Lilith im Wassermann im Quadrat zu Saturn.

Herrin der Dunkelheit,
J. P. Reuter

Lilith, deren wesentliche Prinzipien Freiheit und Autonomie sind, betont diese Themen im Wassermann und im 11. Haus noch ganz besonders. So kann sie in Horoskopen mit deutlicher Wassermannbetonung Schwierigkeiten anzeigen, weil durch sie die Freiheitsthematik und -problematik doppelt erscheint. Lilith im Wassermann will sich auf keinen Fall in irgendeiner Sache festlegen und damit ihre eigene Freiheit in Gefahr bringen. Ihre wahre Lebenssehnsucht sind Autonomie und Unabhängigkeit, und ihr tiefstes Wissen ist mit ihnen verknüpft, und so ist sie immer unterwegs: auf der Flucht vor zu engen Bindungen und auf der Suche nach Unabhängigkeit. Sie hat Visionen von Wahrheit, Zukunft und Freiheit…

Ihre Weisheit und Kreativität zeigt sich in Bezug auf kosmische Zusammenhänge. Sie scheint das intuitive Begreifen geistiger Systeme und ein schnelles Erfassen von Gesamtzusammenhängen zu ermöglichen. Sie beschäftigt sich mit den Zukunftswissenschaften, mit ausgefallenen Ideen und Grenzbereichen, mit spirituellen und geistigen Systemen, mit Psychologie und Parapsychologie, mit Okkultismus und Astrologie. Auf einer etwas irdischeren Ebene finden wir sie am Computer oder beim Film und Fernsehen, was ja im Grunde auch wieder ein Sichtbarmachen von »Unsichtbarem« beinhaltet.

Das Bewusstwerden der Lilith im Wassermann oder im 11. Haus wird durch Gruppenprozesse angeregt. Sie ist häufig in Gruppen und noch häufiger im Umfeld von Gruppen anzutreffen, die sich mit

Wassermannthemen beschäftigen. Fragen der Integration oder Abgrenzung, des Anführens oder Mitmachens innerhalb der Gruppe spielen für sie eine wichtige Rolle. Natürlich werden dabei auch eigene Ideen und Gedanken eingebracht, aber es geht wesentlich um die Frage: »Wie intensiv bringe ich mich selbst ein? Falls ich eine Führungsrolle übernehme, wo bleiben (angesichts meiner Gedankensprünge und meiner Ungeduld, wenn die anderen ihnen nicht folgen können) meine Ideale von der Gleichberechtigung aller?« Und vielleicht noch wichtiger: »Wo bleibt meine eigene Freiheit?« So zieht sie es normalerweise vor, ein frei assoziiertes Mitglied eher am Rande der Gruppe zu sein und keine zentrale Rolle zu übernehmen.

Die Wassermann-Lilith ist schwer fassbar, vermutlich, weil sie ständig nach der Wahrheit sucht, dabei immer wieder neue Aspekte von Wahrheit entdeckt, sich deshalb immer wieder Stufe um Stufe verändert und sich so nirgends dauerhaft einordnen lässt. Eigentlich ist sie überall nur Gast. Sie legt sich in keiner Weise endgültig fest. Die Festigkeit, die man in der festen Luft erwarten könnte, zeigt sich eigentlich nur in ihrer konstanten, dauerhaften Suche und Weiterentwicklung.

Allerdings kann sie auch *blind* sein für ihre Freiheit und Unabhängigkeit ebenso wie für die Möglichkeiten zu Veränderungen, die durch Gruppenprozesse hervorgerufen werden können. Menschen mit Wassermann- oder 11.-Haus-Lilith lehnen es manchmal vollkommen ab, überhaupt an einer Gruppe teil-

zunehmen. Es können Menschen sein, die alle einschränkenden äußeren Bedingungen akzeptieren
und ihre eigene Freiheit dabei weder begreifen noch
ergreifen. Wenn Lilith aber in ihnen erwacht, angeregt durch einen Film, eine Gruppe oder irgendeine
originelle Idee des Kosmos, dann erkennen sie, dass
sie selbst die Verantwortung und auch das Potential
für ihre Freiheit in sich tragen – und sind dann zu allerlei exzentrischen Verrücktheiten bereit, um Liliths
neu erwachten Wünschen gerecht zu werden!

Aus alldem können wir nun leicht erraten, wie
Lilith im Wassermann oder im 11. Haus am leichtesten
verführt werden kann: Man ködere sie mit der Möglichkeit, die Wahrheit und die Freiheit oder die ideale Lebensform der Zukunft zu finden, am besten
noch in einer Gruppe, und zwar ohne dass sie sich
wirklich auf die Gruppe einlassen muss. Oder man
präsentiere einen möglichst verrückten, exzentrischen Einfall im richtigen Augenblick, suggeriere ihr
am besten noch, die Idee sei von ihr – und schon hat
man sie eingefangen. Je mehr Eigenständigkeit und
Freiheit ihr angeboten wird, um so leichter schluckt
Lilith den Köder und ist noch dankbar dafür.*

---

* Als Beispiel hierfür bietet sich die Verfasserin an (Doppelbetonung: Lilith
im Wassermann und im 11. Haus) mit ihrer spontanen Idee, in freier Ko-
operation mit Günther Cherubim (nur wer ihn kennt, weiß, *wie* verrückt
die Idee war) ein Buch über einen evolutionären und offiziell nicht existie-
renden Planeten namens Lilith zu schreiben.

Lilith im Wassermann:
Charles Bukowski, Robert A. Wilson, Rainer Werner Fassbinder, Günther Grass, Gustav Meyrink, C. G. Jung, William Butler Yeats, Karl Valentin, Che Guevara, Leonard Bernstein, Susan Atkins, Ingeborg Bachmann, Karen Hamaker-Zondag, Maria Montessori

Lilith im 11. Haus:
Franz Kafka, Friedrich Nietzsche, Mick Jagger (Konjunktion Uranus), Jean Houston, Jane Roberts
Die Doppelbetonung, Lilith im Wassermann und im 11. Haus, scheint selten vorzukommen.

Aspekte zu Uranus

Uranus, der unruhige, inspirierende, freiheitliche Geist, in Verbindung mit Liliths Blindheit ihrer Weisheit oder Freiheit – was können wir davon erwarten?

Oft weist die Verbindung zwischen den beiden »Freigeistern« daraufhin, dass es irgendwann im Leben einen sehr inspirierten Moment gibt, in dem die Freiheit klar wird. Das ist ein Moment, ein Blitzschlag. Der inspirierte, uranische Geist bringt die Weisheit und die Freiheit Liliths zum Vorschein. Beide Prinzipien sind allerdings weit weg von der praktischen Realität: Uranus ist Geist, Lilith ist verborgene matriarchalischee Weisheit Hier ist es nun ganz wichtig, in welchen Zeichen oder Häusern sie sich befinden, um zu erkennen, auf welcher Ebene und auf welche Weise sie sich auswirken.

Als »Lilith« zum ersten Mal das Thema eines Wochenend-Workshops war, stellte sich übrigens heraus, dass alle Teilnehmerinnen in ihren Horoskopen Lilith-Uranus-Verbindungen aufwiesen: Uranus, der Planet der Astrologie und der revolutionären Energie, in Beziehung zu Liliths Autonomiestreben. Offenbar hatten wir alle uns dafür entschieden, Freiheit und Autonomie für uns in Anspruch zu nehmen.

In der unerlösten Form, insbesondere bei Spannungswinkeln, weisen Lilith-Uranus-Verbindungen häufig auf ein Nicht-Erkennen der eigenen Freiheit oder auch auf ein unbewusstes, sprunghaftes Umgehen mit Freiheitsthemen hin.

Konjunktion: Hier finden wir Menschen, die sehr unabhängig sind und mit ihrer Freiheit offenbar sehr gut zurechtkommen. Sie selbst haben fast nie Schwierigkeiten damit, dafür aber ihre Umgebung: Ehepartner (falls tatsächlich vorhanden!), Liebespartnerinnen und die Menschen ihrer nächsten Umgebung leiden oft unter der Bindungslosigkeit und der Weigerung, feste persönliche Beziehungen und Verpflichtungen einzugehen. Menschen mit Lilith-Uranus-Konjunktion pflegen ihre zwischenmenschlichen Beziehungen in einer unpersönlichen oder überpersönlichen Art zu gestalten, wobei die Form, in der dies sichtbar wird, von Menschen mit einem großen, aber unverbindlichen Bekanntenkreis über die unabhängige Beraterin bis hin zum sich völlig von der Gemeinschaft loslösenden »Sonderling« reichen kann.

Menschen mit Lilith-Uranus-Konjunktion neigen zu blitzartigen Aktionen, die »von ganz alleine« laufen, aus einer plötzlichen Idee oder Inspiration heraus. Für sie ist das ganz normal, und sie sind von den fassungslosen Reaktionen ihrer Umwelt meist ehrlich überrascht – und fühlen sich dann leicht durch »spießige Vorwürfe« missverstanden und gegängelt.

Insbesondere in Luftzeichen kann sich die Konjunktion sehr inspirierend auswirken, sowohl für die betreffende Person selbst als auch für die Menschen, die sich von deren geistigem Reichtum inspirieren lassen.

Sextil: Menschen mit Lilith-Uranus-Sextil können es selbst in die Wege leiten, den Blitz der Veränderung einschlagen zu lassen. Sie können gewissermaßen den Blitz steuern. Das Resultat des Blitzschlags in die Realität umzusetzen, erfordert dann allerdings einige Anstrengung von ihnen.

Beim *Quadrat* können Uranus' Freiheitsstreben, seine Exzentrik und Inspiration im Widerspruch zur inneren, tiefen Wahrheit Liliths stehen. Oder Uranus, der eigentlich an *eine* Wahrheit und Freiheit glaubt, und Lilith, die davon ausgeht, dass es im Grunde diese eine Wahrheit und Freiheit nicht geben kann, sondern dass alles subjektiv ist und von ihr selbst abhängt, stehen im Konflikt miteinander. Dieser Konflikt wäre im Grunde nicht allzu schwerwiegend, weil die beiden Planetenkräfte relativ verwandt sind und es sich »nur« um den Konflikt zwischen zwei Formen der Wahrheit und Freiheit handelt. In der praktischen Erfahrung zeigt sich aber oft, dass Lilith sich in diesem Konflikt als blinder Fleck durchsetzt, die Wahrheit und Freiheit des Uranus zudeckt und ihre eigene ebenfalls. Und dann schlägt die Stunde des Saturn, der sich mit Existenzängsten und Selbstmitleid als Gegenspieler der Freiheit in den Vordergrund drängt.

Trigon: Lilith und Uranus unterstützen sich auf schöne und leichte Art. Es gibt immer wieder überraschende Impulse, aber sie erzeugen keine größeren Konflikte, sondern lassen sich meistens harmonisch in das Bemühen integrieren, Selbständigkeit zu erreichen und zu bewahren. Menschen mit dieser Konstellation wissen intuitiv, dass und wie sie selbst durch ihre Haltung und Einstellung ihre Freiheit wählen können. Menschen mit Lilith-Uranus-Trigon sind normalerweise sehr klar in ihrem Denken, Reden und Handeln. Auch geniale Züge sind zu finden.

Opposition: Falls die Spannung nicht durch Trigon und Sextil gelöst wird, können sich die zwei unterschiedlichen Formen von Freiheit gegenseitig lähmen. Oft verschwindet dann Lilith mit ihrer Möglichkeit der Autonomie, sodass nur die uranische Form der Freiheit übrigbleibt, also nur die Freiheit innerhalb eines Systems. Wir wollen die beiden Formen der Freiheit an einem Beispiel etwas deutlicher machen: Mit der Unterstützung durch Uranus schließe ich mich vielleicht einer Partei an, die Freiheits- oder auch Umsturzthemen vertritt, kämpfe also innerhalb eines bestimmten Ideenzusammenhangs für meine Freiheitsideale. Mit Liliths Unterstützung trete ich aus ebendieser Partei wieder aus, weil meine eigene innere Freiheit die Systematisierung und »Etablierung« der Freiheit und Wahrheit ablehnt. Lilith verkörpert somit nicht wie Uranus die Abhängigkeit von einer Idee, sondern die Unabhängigkeit von der Idee.

Prinzessin der Schwerter,
Deva-Tarot

16. Im Anfang war das Wort

Lilith in der beweglichen Luft:
Zwillinge, 3. Haus, Merkur-Aspekte

Was geht mich mein Geschwätz von gestern an!
Konrad Adenauer[*]

Das Sternzeichen der Zwillinge ist ein bewegliches Luftzeichen und damit das leichteste und beweglichste Zeichen des ganzen Tierkreises. Es lebt in einer Welt der Gedanken, die vollkommen frei umherschweifen, die immer unterwegs sind, und es besitzt dabei weder die Festigkeit des Wassermanns noch die Dynamik der Waage. Nichts ist fest oder festlegbar, sondern alle Gedanken und Ideen befinden sich in einem ständigen Veränderungsprozess. Lilith intensiviert diese Tendenz und verstärkt sie um ein Mehrfaches, sodass diese Menschen, wenn das übrige Horoskop es zulässt, geistig überhaupt nicht fassbar sind. Lediglich wenn Lilith in einem der Erdhäuser, also im 2., im 6., oder vor allem im 10. Haus steht, verleiht sie etwas mehr Stabilität.

Liliths Themen in den Zwillingen sind Wissen, Information, Kommunikation und Weisheit. Sie ist ein-

* Lilith in den Zwillingen.

fach unendlich neugierig! Wobei wir den Ausdruck hier in seiner wörtlichen Bedeutung verwenden: Sie ist neugierig, das heißt gierig auf Neues – und sie gibt dieses Neue, eventuell etwas verändert und mit neuen interessanten Zutaten versehen, auch gerne weiter. Oft beherrscht sie die Kunst, zunächst bedeutungslose Nachrichten vor der Weitergabe mit Bedeutung zu versehen. Das Spektrum ihrer Erscheinungsformen reicht hier von der sprichwörtlichen Klatschbase über den Schriftsteller bis zur Vermittlerin tiefer Weisheiten.

Lilith verstärkt die Freiheits- und Nonkonformismus-Tendenz der Zwillinge und intensiviert ihr Bestreben, sich von der Menge abzuheben. Zwillinge sind nämlich nicht einfach aus Zufall anders als andere Menschen, sondern sie bemühen sich um ihr Anderssein! Oft ist dieses Bemühen mit wortreichem Protest und Widerstand gegen bestehende Regeln verknüpft.

Im Allgemeinen nimmt Lilith in der beweglichen Luft nichts besonders wichtig, denn alles ist nach ihrer Meinung irgendwie zu verändern, wenn nur die Gedanken entsprechend sind. Damit ist sie vielen Menschen suspekt, denn durch diese extreme Flexibilität gilt sie natürlich als unzuverlässig. Tatsächlich kann sie Informationen jedweder Art mit Leichtigkeit akzeptieren und variieren und besitzt überhaupt keine geistige Moral. Merkur, der Gott der Trickser und Betrüger, geht hier mit Lilith, der Göttin der Verführung und Unabhängigkeit, eine leichtfertige Liaison ein, und sie betreiben die Kunst der Verwandlung einfach als Spiel zu ihrem eigenen Vergnügen. Sie erfreuen sich vielfältiger Imitations- und Sprachbegabungen, die sie am liebsten auf kabarettistische und ironische Weise zur Entfaltung bringen.

Nicht nur die geistige, sondern auch die räumliche Unabhängigkeit scheint Lilith in der beweglichen Luft sehr zu lieben. Sie bindet sich höchst ungern an einen Ort, sondern zieht es vor, ihren Aufenthaltsort öfters zu wechseln, umzuziehen, auf Reisen zu gehen, zeitweise im Ausland zu leben oder ganz auszuwandern. Sie erscheint nicht nur im geistigen Bereich, sondern in allen Lebensbereichen sehr ungebunden.

Lilith in der beweglichen Luft lässt sich immer durch ein schönes oder interessantes Gespräch »verführen«. Sie sitzt vielleicht in einem Café, es kommt jemand herein, der nonkonformistisch aussieht (das allein ist schon eine Verführung für sie), und es entwickelt sich ein Gespräch. Eigentlich müsste sie längst gehen, aber sie bleibt einfach sitzen, um die lockere Atmosphäre zu genießen und das Gespräch fortzuführen, egal welche Verpflichtung sie dafür gerade vernachlässigt. Hier liegt auch der Grund für die ständigen Verspätungen und »Unzuverlässigkeiten« dieser Leute!

Mit der Aussicht auf spannende, ungewöhnliche Informationen, die auf originelle und angenehme Weise zu erhalten sind, lässt sich die Zwillings-Lilith immer verführen. Auch Bücher können eine ungeheure Faszination auf sie ausüben.

Bei schwieriger Aspektierung, beispielsweise, wenn

sie die Spitze eines T-Quadrates bildet, wirkt Lilith als blinder Fleck im Bereich des Wissens und der Kommunikation: Dann kann sich der Wissensdurst zu einem unersättlichen Informationshunger steigern, sodass schließlich Unmengen unbrauchbaren Detailwissens angesammelt werden, mit denen die Betreffende gar nichts mehr anfangen kann.

Manchmal sind die Menschen blind für bestimmte Kommunikationsprozesse, beispielsweise für die Möglichkeit des Austausches, wie er in »oberflächlichen« Gesprächen stattfinden kann, wo die wirkliche Mitteilung oft nur durch die Sprache des Körpers, der Augen oder auf sonstigen Ebenen übermittelt wird. Oder sie sind nicht fähig, sich auf bestimmte Gedanken oder Themen zu konzentrieren: Jeder Gedanke wird sofort vom nächsten eingeholt oder überholt, und was sie vor 10 Minuten gedacht haben, ist jetzt schon »vom Winde verweht«. Oft wissen sie nicht einmal mehr, was sie vor 10 Minuten gesagt haben! Das ist eine sehr typische Erscheinung bei Lilith in den Zwillingen. Allerdings gibt es eine wichtige Ausnahme: Steht sie in einem Erdhaus, dann erinnert sie sich sehr gut – vor allem an das, was die anderen gesagt haben!

Lilith in der beweglichen Luft bekommt den Zugang zu ihrer eigenen inneren Weisheit durch Kommunikation, und manchmal genügt dafür schon der Aufenthalt in einem Postamt! Eine Freundin mit Zwillings-Lilith erzählte von einer Krisensituation, in der sie sich befand. Dauernd kreiste ein bestimmter Satz in ihrem Kopf, aber sie konnte nichts mit ihm anfangen. Als sie nun auf dem Postamt in der Schlange am Schalter wartete, hörte sie, wie genau dieser Satz von jemandem hinter ihr in der Warteschlange ausgesprochen wurde – und plötzlich fiel es ihr wie Schuppen von den Augen: Es war die gesuchte Lösung ihres Problems!

An diesem Beispiel wird ganz deutlich: Die Weisheit kommt von innen. Sie ist eigentlich schon da, wird aber durch einen Anstoß von außen erst zum Leben erweckt und deutlich ins Bewusstsein gerufen. Dieser Anstoß kommt bei einer Lilith im Zwilling oder im 3. Haus am häufigsten über Gespräche, über Bücher, über jede Form von Kommunikation: Auf einer kurzen Reise kann ihr der Bahnschaffner unabsichtlich eine Lehre erteilen, oder ihr wird mitten im Straßenverkehr plötzlich etwas klar. Auch beim Lesen geht es nicht nur um das Wissen, das direkt durch das Buch vermittelt wird, sondern durch die Auseinandersetzung mit dem Buch kommt ihr inneres Wissen zum Vorschein.

Am leichtesten wird die Zwillings-Lilith an Orten zum Leben erweckt, an denen lebendiger Gedankenaustausch stattfindet: In Büchereien, auf belebten Plätzen, in irgendeiner Altstadt, in Straßencafés oder auch im Fernsehstudio mitten im Chaos kurz vor einer Live-Sendung!

Oft ist Lilith im Zwilling oder im 3. Haus ein Hinweis auf pädagogische Fähigkeiten. Entsprechend der Vielseitigkeit des beweglichen Luftelements finden wir sie bei prominenten Männern und Frauen aus unterschiedlichsten Richtungen der Forschung und Kommunikation sowie bei vielen Menschen, die kreativ mit der Sprache oder den Medien wie Film und Fernsehen umgehen. Wir finden sie bei Lehrerinnen, Schriftstellern, Politikerinnen, Weisheitslehrern, Sängerinnen, Redakteuren, Revolutionärinnen, Wissenschaftlern und Forscherinnen.

Bei manchen Menschen bringt Lilith im 3. Haus einen charismatischen Aspekt zum Vorschein. Sie faszinieren durch die Art ihrer Kommunikation und durch ihre Worte. Offenbar sind sie zu einem magischen Umgang mit der Sprache fähig: Sie sprechen das richtige Wort zur richtigen Zeit am richtigen Ort. In den Erdhäusern, insbesondere im 10. Haus, weist Lilith in den Zwillingen häufig auf gesellschaftlichen Kampf aufgrund von Freiheitsidealen hin. Die Betreffenden selbst sind von ihren Ideen absolut überzeugt, aber die Gesellschaft hat Mühe, ihnen zu folgen. Auffallend viele feministische und kämpferische Frauen haben die Lilith in den Zwillingen im 10. Haus.*

Lilith in den Zwillingen:
Sainte Bernadette, Helena Blavatsky, Anna Freud, Marie Curie, Wernher von Braun, Sidonie Colette, Franz Kafka, Antoine de Saint-Exupéry, Michael Ende, Henry Miller, Oscar Wilde, Ulrike Meinhof, Jan Carl Raspe, Christian Klar, Alice Schwarzer,

* Vergl. auch Lilith im Krebs. Durch das 10. Haus, das dem Steinbock-Prinzip entspricht, wird wiederum die Krebs-Steinbock-Achse betont.

Hugh Hefner, Käthe Kollwitz, Henri de Toulouse-Lautrec, Mick Jagger, Diana Ross, Adriano Celentano, Konrad Adenauer, Leonid Breschnew, François Mitterrand

Lilith im 3. Haus:
Wilhelm Busch, Arthur Conan Doyle, Rudi Carrell, Muhammad Ali, Lino Ventura, John F. Kennedy, George Bush, Jesus

Lilith in den Zwillingen und im 3. Haus:
Michail Gorbatschow

Aspekte zu Merkur

Lilith-Aspekte zu Merkur beschreiben die Fähigkeit, mit Sprache, Wort, Linie und Schrift autonom umzugehen, sie zeigen aber auch auf, wie die eigene Autonomie in den Alltag integriert werden kann.

Eine harmonische Lilith-Merkur-Verbindung wirkt sich sehr günstig aus, wenn jemand Weisheit und Wissen vermitteln will, und ist ein idealer Aspekt für Schriftstellerinnen und Lehrer. Eventuell können Lilith-Merkur-Aspekte, ähnlich wie Neptun-Merkur-Verbindungen, auf Fähigkeiten, als »Kanal« zu sprechen oder zu schreiben, hindeuten. Auch bei automatischem Schreiben, wenn jemand ganz »gedankenverloren« irgend etwas aufschreibt und dann plötzlich feststellt, dass da etwas Unbewusstes hochgestiegen ist, oder bei automatischem Sprechen,

Glossolalie oder Zungenreden, können Lilith-Merkur-Verbindungen eine Rolle spielen.

Die *Konjunktion* bedeutet eine sehr starke Betonung des Merkur. Das können Menschen mit einer besonderen Sprachbegabung sein, die exzellent reden und schreiben können und über die Sprache zum Beispiel als Redner oder Journalisten, einen starken Einfluss auf ihre Umgebung ausüben.

Wenn Lilith jedoch als blinder Fleck wirkt, kann sie den Merkur zudecken und eine Kommunikation enorm erschweren. So kann sie ihn beispielsweise dazu verführen, anstatt sich durch Sprache mitzuteilen, sich durch Sprache zu verstecken: Durch weitschweifiges Herumreden und durch Vielreden können solche Menschen vom Thema ablenken und Konflikte – und auch deren Lösungen – zudecken oder zerreden.

Im Steinbock kann die Lilith-Merkur-Konjunktion massive Angstvorstellungen auslösen und die Betroffenen dazu verleiten, alles negativ zu sehen und in den düstersten Farben zu interpretieren.

Insgesamt sind Lilith-Merkur-Konjunktionen jedoch eher selten zu finden.

Das *Lilith-Merkur-Sextil* zeigt die potentielle Fähigkeit an, das Lilith-Thema zu verstehen. Steht beispielsweise die Lilith im Widder, dann sind Bewegung und der »Tanz der Energie« wichtige Bereiche. Und Merkur im Sextil dazu (im Zwilling oder Wassermann) bedeutet in diesem Fall: Es besteht die Möglichkeit, durch intensive, bewusste Beschäftigung mit dem Thema der Bewegung die Lilith zu begreifen und zu verstehen, eventuell Theorien dazu zu entwickeln und diese auch sprachlich ausdrücken zu können.

Im Unterschied zum Trigon erfordert das Sextil allerdings eine bewusste Auseinandersetzung. Während das Zusammenspiel für das Trigon eine Selbstverständlichkeit ist, verlangt das Sextil ein Bewusstmachen und Begreifen. Dafür kann das Sextil seine Erkenntnisse dann verständlicher weitergeben, gerade weil es sich um bewusste Klärung bemühen muss. Dem Trigon ist alles so leicht und selbstverständlich, dass es eigentlich gar nichts mitzuteilen gibt.

Die intuitive Ebene der Lilith wird also durch das Lilith-Merkur-Sextil bewusstgemacht, sie wird verständlich und mit sprachlichen Mitteln ausdrückbar. So ist dieser Aspekt recht günstig für Pädagoginnen, Lehrer und Wissensvermittlerinnen. Er beschränkt sich allerdings auf den Bereich, in dem die Lilith steht. Unser oben genanntes Beispiel könnte also besonders gut Widder-Lilith-Energie vermitteln! In der Beratungspraxis zeigt sich immer wieder, dass Klienten mit Lilith-Merkur-Sextil ihren blinden Fleck (Lilith) nach einiger Zeit und Anstrengung durchaus erkennen, verstehen und verbalisieren können (Merkur).

Das *Quadrat* weist darauf hin, dass die Art des Merkur, sich alltäglich anzupassen und zu kommunizieren, in direktem Widerspruch zum Autonomiestreben der Lilith steht. Lilith will sich nicht anpassen!

Oft glauben Menschen mit Lilith-Merkur-Quadrat, ihre Autonomie zu verlieren, wenn sie kommunizieren und dabei etwas von sich mitteilen, sie meinen, sich ständig zwischen dem Wunsch nach Kommunikation und dem Wunsch nach Autonomie entscheiden zu müssen. Oder der Konflikt zeigt sich als Spannung zwischen Merkurs Alltagswissen und Vernunft einerseits und Liliths Weisheit und Inspiration andererseits.

Beide Konflikte können gelöst werden, wenn klar wird, dass es um eine Entscheidung zwischen zwei Ebenen von unterschiedlicher Gewichtung geht. Merkur ist als »Götterbote« nicht aktiv bestimmend, sondern er ist ein Weisungsempfänger und -übermittler ohne eigene Wert- und Moralvorstellungen. Wenn es also gelingt, das innere Wissen Liliths ernst zu nehmen, dann können die Vernunft- und Kommunikationsmuster des Merkur in die tiefere Weisheitsebene der Lilith integriert werden.

Beim *Trigon* unterstützen sich Lilith und Merkur. Es fällt dem Merkur leicht, genau das auszudrükken oder bewusst zu machen, was im Interesse der Lilith steht. Die harmonische Verbindung zwischen Vernunft und Inspiration kann zu ganz neuen Denkstrukturen und -Verbindungen führen und vielfältige, originelle und kreative Wege des Denkens und Kommunizierens hervorbringen.

Beim *Lilith-Merkur-Quincunx* ist ganz deutlich zu sehen: Merkur ist der Empfänger und Verteiler der Lilith-Energie, nicht umgekehrt. Ihm wird von der Lilith ein Zwang auferlegt. Häufig sind das Menschen, die ihre Sprache nicht frei und kreativ gestalten können, sondern die bestimmte sprachliche Muster oder Ticks haben, die sie zwanghaft verwenden müssen und oft gar nicht weglassen können. Das kann ein zwanghafter Gebrauch von Füllwörtern sein wie »sozusagen, eigentlich, äh…, eventuell, gewissermaßen, könnte man sagen« etc. Es ist, als würde durch den sprachlichen Ausdruck das wieder zurückgenommen, was »eigentlich« ausgedrückt werden soll, und als würde es dadurch relativiert oder eingeschränkt.

Oder wir finden zwanghaftes Reden und Erzählen: Die Leute erzählen entweder alles haarklein, oder sie erzählen alles gleich mehrmals – oder sie kombinieren beide Versionen! Die Wirkung ist vom jeweiligen Zeichen abhängig, in dem die Lilith steht. Lilith im Widder mit Quincunx zum Merkur im Skorpion kann Stottern hervorbringen. Die Lilith-Energie überschlägt sich offenbar, und die Sprachkontrolle im Skorpion geht dabei verloren. Dagegen kann die Lilith im Schützen mit Quincunx zum Merkur im Krebs oder Stier auf sprachliche Eiferer mit missionarischem Einschlag hindeuten. So scheint der Lilith-Merkur-Quincunx grundsätzlich eine Zwanghaftigkeit im Umgang mit der Sprache anzuzeigen: entweder durch ständige sprachliche Relativierungen, durch Sprachhemmungen oder durch übertriebenen sprachlichen Einsatz.

Bei der *Opposition* passiert es oft, dass Merkur genau das Gegenteil von dem ausdrückt, was Lilith eigentlich ausdrücken will. Menschen mit Lilith-Merkur-Opposition sind manchmal in ihrer Fähigkeit, sich in normale Alltagsstrukturen einzupassen, wie gelähmt und können nicht so recht vorwärts, aber auch nicht zurück. Ein Teil in ihnen würde sich gerne anpassen, aber ein anderer Teil von ihnen scheint dies immer wieder zu boykottieren, indem er für »unabsichtliche« Fehlleistungen sorgt. Ein Unterschied zwischen der Opposition und dem Quadrat scheint folgender zu sein: Menschen mit Lilith-Merkur-Opposition *wollen* sich gerne anpassen, aber *können* nicht, während diejenigen mit Lilith-Merkur-Quadrat es gar nicht wirklich *wollen*.

17. Lilith im Wasser

Das Element Wasser wird mit dem Fließenden und der Welt der Gefühle assoziiert, und Menschen mit Wasserbetonung werden, ob es ihnen bewusst ist oder nicht, in ihrem Leben überwiegend von diesem Gefühlselement beeinflusst und gelenkt. Sie reagieren stark auf Atmosphärisches, auf Ausstrahlung, Schwingungen, Fantasien, Gefühle und unterschwellige Ebenen. Sie lieben das Wasser auch in der Natur, genießen den Aufenthalt an Quellen und Bächen (Krebs), an Mooren und tiefgründigen Seen (Skorpion), an Meeren und Ozeanen (Fische), und sie sind die Menschen, die auch in ihren Gefühlen und Empfindungen am leichtesten im Fluss sind.

Andererseits sind sie häufig sehr stark durch alte Muster geprägt: durch Gefühls- und emotionale Muster, die im Laufe des Heranwachsens aufgebaut worden sind und die so tief verankert und eingeprägt sind, dass sie normalerweise unbewusst ablaufen. Diese Verhaltensmuster des Gefangenseins in alten emotionalen Reaktionen sind wie das Fließen (oder auch Gestautwerden) in einem unterirdischen Kanalsystem, das nur sehr schwer zu erkennen und noch schwerer aufzulösen und zu verändern ist, eben weil es sich auf einer tiefen Gefühlsebene befindet, die vom Verstand nicht beherrscht werden kann.

Menschen mit Lilith in einem Wasserzeichen oder -haus werden immer mit dem Thema der Gefühle konfrontiert werden, denn Lilith im Wasser verlangt ein Sicheinlassen auf das Wasserelement. Da es bei Lilith aber immer *auch um das Thema Freiheit geht, finden wir hier einen Konflikt zwischen den Bestrebungen, sich einerseits auf Gefühle einzulassen, andererseits aber von ihnen unabhängig zu sein. Die Lösung des Konflikts wäre, nicht von Gefühlen beherrscht zu werden, sondern sich frei und autonom für oder auch gegen bestimmte Gefühle entscheiden zu können.*

Wenn wir im Bild des Kanalsystems der Gefühlsmuster bleiben wollen: Es gibt Widerstände und Hindernisse im Gefühlsstrom, und sie erzeugen Strudel, Stromschnellen, gefährliche Strömungen oder Stauungen. Es geht nun darum, nicht hilflos ausgeliefert zu sein, sondern gewissermaßen als Schleusenwart die Fließrichtung und die Geschwindigkeit selbst zu steuern und zu bestimmen. Damit ist nun keineswegs ein »verschlossenes Herz« gemeint, sondern es wird nur die Fähigkeit zur freien Entscheidung betont. Lilith im Wasser kann ihre Freiheit und Autonomie erreichen, indem sie sich ganz intensiv mit den Gefühlsebenen auseinandersetzt. Ihre Entscheidung zur Freiheit kann und muss auf der Gefühlsebene und in voller Bewusstheit getroffen werden.

So fordert Lilith die Konzentration auf die Gefühlswelt, die Auseinandersetzung mit ihr, letztendlich aber das Überwinden der persönlichen Gefühlsbezogenheit oder -verhaftung. Autonomie wird möglich, wenn die Gefühle überpersönlich werden und somit über persönliche Betroffenheiten, Verletzungen oder Wünsche hinausgehen.

Lilith im Krebs kann ihre Autonomie erreichen, wenn sie sich, über ihre eigenen mütterlichen Gefühle hinausgehend, mit der überpersönlichen Mutter beschäftigt, mit der »Rolle der Frau« im größeren Zusammenhang oder mit

dem Begriff des »Beheimatens« ganz allgemein. Im Skorpion findet die Auseinandersetzung mit dem Sich-trennen-
müssen und dem Stirb-und-werde-Prozess statt, und hier
zeigt sich das überpersönliche Prinzip mit erschreckender
Deutlichkeit: Wenn der Mensch mit Skorpion-Lilith nicht
bereit oder in der Lage ist, dieses Prinzip des Nicht-Per-
sönlichen zu akzeptieren, muss er es offenbar häufig sehr
persönlich und schmerzhaft »am eigenen Leibe« erfahren.
Wir finden auffallend viele mysteriöse und von Gewalt ge-
prägte Schicksale. In den Fischen zeigt Lilith oft eine mit-
fühlende, helfende Komponente, aber auch die Neigung,
alle emotionalen oder moralischen Einschränkungen sowie
die Grenzen der Vorstellungskraft aufzulösen und sich für
»Bilder aus einer anderen Welt« zu öffnen.

Bildnis einer jungen Polin,
Jan Kupetzky

18. Jenseits der Mutter

Lilith im kardinalen Wasser: Krebs, 4. Haus, Mond-Aspekte

Zum demütigen Eheleben bin ich nicht berufen. Ich bin dein Freund, aber niemals dein Besitz.

Vera Brittain

Im kardinalen Gefühlszeichen Krebs und im 4. Haus beschäftigen wir uns mit dem Bergenden, Schützenden und Nährenden, mit Heimat im engeren und weiteren Sinn und mit unseren eigenen tiefsten Wurzeln.

Lilith meldet nun ihren Anspruch auf Freiheit und Autonomie in genau diesen Bereichen an. So finden wir häufig eine sehr intensive und auch kritische Auseinandersetzung mit den Themen des Familienlebens, der Mutterschaft, dem Umgang mit Behüten, Beschützen und Beheimaten. Mythologisch arbeitet Lilith ja gegen die Mütter, und man muss Mütter und Kinder vor ihr schützen.

Vielleicht kann uns hier dieses Thema etwas klarer werden: Es handelt sich möglicherweise weniger um das »Bösesein« der Lilith als Kindsmörderin, sondern vielmehr um den Aspekt der Autonomie der Großen

Mutter, die auf ihre eigene Weise das Leben hervor-bringt und auch wieder zurücknimmt. So kann sie die »dunkle Schwester«, der oft tief verborgene, wi-derspenstige und autonome Teil der Frau sein, vor dem man (Mann!) sie zu »beschützen« versucht. Sie bietet die Befreiung des Weiblichen aus der Ein-engung auf die Rolle »Kinder, Küche, Kirche«. Die weibliche Kraft wird losgelöst von der einengenden Festlegung und wieder in Verbindung gebracht mit der uralten weiblichen Schöpfungsmacht der »Mut-ter Erde«.

So ist es kein Wunder, dass wir Lilith im Krebs in den Horoskopen vieler Frauen finden, die sich kri-tisch mit der Rolle der Frau in der patriarchalischen Gesellschaft auseinandersetzen, für die Befreiung der Frauen aus den Rollenzwängen eintreten und die alte weibliche Kraft wieder für sich in Anspruch nehmen.

Bei der französischen Schriftstellerin *Simone de Beauvoir*, die als Wegbereiterin der Frauenbewegung gilt, erleben wir gewissermaßen das Transzendieren der Mutterrolle. »Ich fühle mich mit allen Frauen verbunden, die ihr Leben auf sich nehmen und da-für kämpfen, dass es glücklich wird; aber das hindert mich nicht daran, mich besonders für jene Frauen zu interessieren, die dabei mehr oder weniger geschei-tert sind, und darüber hinaus für all die Niederlagen, die es in jedem Leben gibt.«* In ihrem Horoskop steht Lilith im Krebs, in Konjunktion mit Neptun

* Simone de Beauvoir: *Eine gebrochene Frau.*

und aufsteigendem Mondknoten und im Quincunx zur Venus im Wassermann. Eigentlich verkörpert Simone de Beauvoir die Große Mutter, weniger das direkt Mütterliche als die Weisheit der Großmutter.

Und auch in der deutschen Frauenbewegung finden wir ganz auffallend viele Frauen mit Lilith im Krebs: *Clara Zetkin*, *Helene Lange*, *Auguste Schmidt* und *Louise Otto*, die als »Mutter der deutschen Frauenbewegung« bezeichnet wird.* Die Erweiterung des mütterlichen oder auch des väterlichen Elements finden wir in der Form von »Staatsmüttern oder Staatsvätern« verkörpert. Denken wir an *Fidel Castro*, Krebs-Lilith im 8. Haus, den »Übervater« Kubas, der das Väterliche transzendiert, indem er es in die politische Ebene überträgt. So kann man eigentlich auch seine Ausstrahlung und seine Wirkung besser verstehen. Auch *Papst Johannes XXIII.*, eine der ganz großen Vaterfiguren der katholischen Kirche, hat die Lilith im Krebs.

Interessanterweise finden wir, wenn die Krebs-Lilith in einem Lufthaus steht, auch Väter und Mütter bzw. Großmütter des Schreibens: *Agatha Christie*, die große alte Dame des Kriminalromans, hat Lilith im Krebs im 11. Haus. In ihren Kriminalromanen agieren signifikante Frauengestalten. Der liebenswürdigen und listigen *Miss Marple* stehen geheimnisvolle und durchaus auch böse Frauen gegenüber: Lilith in ihren verschiedenen Erscheinungsformen. *Sir Arthur*

---

* Ute Gerhard: Unerhört, Die Geschichte der deutschen Frauenbewegung, S. 39.

Conan Doyle, der »Vater« von Sherlock Holmes, hat Lilith im Krebs im 3. Haus, ebenso wie *Wilhelm Busch*, der »Vater« von Max und Moritz.*

Wenden wir uns nun einem anderen wichtigen Krebsthema zu, den Gefühlen. Lilith im Krebs oder im 4. Haus kann in ihrem hellen, zugänglichen Aspekt ein intuitives Gefühlswissen bedeuten, ein instinktsicheres Handeln aus dem Bauch heraus und ein Verbundensein mit den eigenen emotionalen Quellen. Auf der anderen, der *blinden* Seite stehen jedoch das Verleugnen und das Misstrauen gegenüber den eigenen Gefühlen und gegenüber der eigenen Intuition. Sie traut sich keine Menschenkenntnis und kein eigenes Gespür zu, wird stattdessen verführbar durch die Gefühle anderer und lässt sich schließlich sogar fremde Empfindungen oder Projektionen unterschieben, in dem Glauben, es seien die eigenen Gefühle. Dieser Manipulationsmechanismus, der in beide Richtungen hin- und herlaufen kann, kommt relativ oft in Beziehungen vor und kann natürlich zu ganz verqueren und schwierigen Situationen zwischen den beteiligten Personen führen, weil zum Schluss keiner mehr weiß, wer eigentlich wessen Gefühle fühlt. Wegen dieser Projektionsanfälligkeit kann sich Lilith im Krebs als recht schwierig in Beziehungen erweisen.

Und weil wir schon beim Thema der Verführbarkeit

---

* Bei Wilhelm Busch steht Lilith im Sextil zu Saturn, ein Aspekt, den wir häufig finden beim »Erschaffen von Gestalten«, vergl. Kapitel 10: »Die Kraft der Gestaltung«.

sind: Natürlich kann Lilith im Krebs oder im 4. Haus auch dadurch verführt werden, dass man (Mann!) ihr Heimat und Geborgenheit bietet oder gar Gemütlichkeit und Nestwärme: »Ich biete dir ein schönes Heim, und dafür…«

Das Zeichen Krebs und das 4. Haus haben auch sehr viel mit Geschichte, mit Familien- und Ahnenforschung zu tun, und so kommt es häufig vor, dass Lilith in dieser Position ihre Weisheit durch die Beschäftigung mit den Vorfahren bekommt. Das »Entdecken« einer Urgroßmutter, die Malerin war, kann dann ein bestimmtes Wissen oder eine Absicht wecken oder hervorbringen. Oder auch durch die Beschäftigung mit alten Kulturen, den Kelten, den Alemannen, den Megalithkulturen etc. kann diese »eingeborene« Weisheit, das kollektive Wissen, aus der Tiefe auftauchen. Denn Krebs und die Krebs-Steinbock-Achse symbolisieren ja die Wurzeln, die uns in die Vergangenheit einbinden, nicht nur im familiären Bereich, sondern auch gesellschaftlich-kulturell.

Wenn wir nun überlegen, an welchen Orten der Zugang zu Lilith im kardinalen Wasser besonders leicht gefunden werden kann, so geht das aus dem Obengesagten eigentlich schon hervor. Das sind einmal alle alten Kultplätze, an denen Göttinnen oder Heilige verehrt wurden oder werden, und besonders natürlich alle Quellenheiligtümer. Aber auch alle Orte, die das Thema Heimat oder Geborgenheit anbieten und dabei natürlich nicht zu vergessen: der eigene Herd!

Lilith im Krebs:
Simone de Beauvoir, Clara Zetkin, Helene Lange, Auguste Schmidt, Louise Otto-Peters, geb. Otto, Fidel Castro, Johannes XXIII., Agatha Christie, Sir Arthur Conan Doyle, Wilhelm Busch, Albert Schweitzer, Leo Tolstoi, Jack London, Claude Debussy, Meryl Streep, Madonna, Jacqueline Onassis, Charlotte und Emily Brontë, Rita Mae Brown, Elizabeth Browning, Jean Houston

Lilith im 4. Haus:
Florence Nightingale, Günter Grass, Kurt Waldheim, Charlie Chaplin, Henry Kissinger, Konrad Adenauer

Lilith im Krebs und im 4. Haus
Monica Seles, Carlos Castaneda

Lilith am Imum coeli scheint recht selten vorzukommen. Wir können dazu noch keine besonderen Aussagen machen. (Konrad Adenauer, Carlos Castaneda, Ida Rolf.)

Aspekte zum Mond

Wenn wir den Mond mit Begriffen wie Mutter, Heimat, Ursprung oder Volk assoziieren, dann erhalten wir all die bereits angesprochenen Themenbereiche. Ebenso kann die Lilith-Mond-Verbindung auch Autonomie von Kindheitsmustern und Familie bedeuten oder aber die Unfähigkeit, sich selbst, die eigenen Verhaltensmuster und die eigene Seelenpersönlichkeit zu erkennen. Zusätzlich dazu erscheint in Liliths Verbindung mit dem Mond das Thema des Alltags. Wenn wir den Mond als Alltag bezeichnen und Lilith als Autonomie, stellt sich die Frage, wie die Alltagspersönlichkeit mit dem Thema Autonomie umgeht.

Konjunktion: Wir haben beobachtet, dass die Lilith-Mond-Konjunktion sehr oft ein Anzeichen für Charisma, für eine starke Wirkung auf das Volk oder auf andere Menschen, ist. Auch die Bedeutung der Person hat häufig mit Volk, Kultur oder Heimat zu tun. *William Butler* Yeats, irischer Schriftsteller und Nobelpreisträger, hat eine Lilith-Mond-Konjunktion im Wassermann im 1. Haus. Er war Mitglied des magischen Ordens des »Golden Dawn« und schuf, inspiriert von altirischer und keltischer Mythologie, eine national-irische, mythisch-mystische Dichtung (Lilith-Mond). Viele Jahre lebte er mit seiner Frau zusammen in einem Turm in vollkommener Abgeschiedenheit von der Außenwelt. Dieser völlige Rückzug, eine doch eher ungewöhnliche Form von Autonomie im Alltagsleben, zeigt, was eine Lilith-Mond-Konjunktion im exzentrischen Zeichen Wassermann, betont auch noch durch das 1. Haus, für einen Alltag hervorbringen kann.

Bei *Theodor Heuss*, dem ersten und hochangesehenen Präsidenten der Bundesrepublik, finden wir eine Lilith-Mond-Venus-Konjunktion in den Fischen im 10. Haus. Wenn wir diesmal den Mond nicht als

Alltag interpretieren, sondern als politisches Volk (10. Haus), verwundert es nicht, wieder das Bild des Vaters im Beinamen »Papa Heuss« zu finden.

Als Beispiel für eine dunkle und schwierige Erscheinungsform der Lilith-Mond-Verbindung, die sich unverhüllt als Verkörperung der bösen Mutter zeigt, sei der Fall einer Klientin angeführt: Die Klientin hat eine Lilith-Mond-Konjunktion im Stier im 10. Haus, welche die Spitze eines T-Quadrates auf Asz./Pluto und Desz./Venus bildet. Sie erzählt, dass ihre alte Mutter im gemeinsamen Haus der Familie lebe, ständig den Familienfrieden störe, den Alltag der gesamten Familie auf unerträgliche Weise beherrsche und tyrannisiere und ein normales Familienleben unmöglich mache. Sie selbst sehe sich jedoch außerstande, die Mutter in ihre Grenzen zu weisen. Offenbar wird hier der Mond, der die Mutter symbolisiert, von der Lilith zugedeckt oder mit übernommen, sodass die Mutter nicht mehr realistisch gesehen werden kann. Statt dessen wird ihr das Charisma einer Überpersönlichkeit zugestanden, gegen die man sich nicht wehren kann.

Sextil: Es scheint relativ problemlos zu sein, mit den genannten Themen umzugehen, jedenfalls konnten wir bisher keine besonderen Auffälligkeiten bemerken.

Quadrat: Das Lilith-Quadrat zum Mond haben wir in den Horoskopen Prominenter und in der Beratungspraxis sehr häufig gefunden. Dabei stehen

Lilith und Mond im Konflikt miteinander. So geraten beispielsweise die Autonomiebestrebungen mit dem Alltag in Konflikt oder auch mit dem Volk, wie bei *Jacqueline Onassis*, der Witwe des ermordeten amerikanischen Präsidenten J. F. Kennedy. Ihre Lilith steht im Krebs (9. Haus), und als überaus populäre First Lady war sie erst die Mutter des amerikanischen Volkes, später die Mater dolorosa, die Schmerzensreiche, bis sie schließlich durch die Heirat mit A. Onassis die Gunst nicht nur des amerikanischen Volkes weitgehend verloren hat (Mond im 6. Haus).

Auch *Dieter Hildebrandt* hat ein Quadrat von Lilith (Skorpion, Spitze 6. Haus) zum Mond (Wassermann, 9. Haus). Als scharfzüngiger und ironischer Kabarettist trägt er seine Konflikte mit Volk und Regierung am liebsten öffentlich aus. Bei *C. G. Jung* äußerte sich das Quadrat als ein herausfordernder Konflikt, sich mit dem Mondthema auseinanderzusetzen. Seine Suche nach Freiheit und Autonomie (Lilith im Wassermann im 1. Haus) veranlasste ihn, den Mond als die Sprache des eigenen und kollektiven Unbewussten (Mond-Konjunktion-Pluto im 3. Haus) intensiv zu erforschen.

Trigon: Hier wird das tägliche Leben problemlos gemeistert. Alle auftauchenden Alltagsprobleme können leicht und selbstständig bewältigt werden, ob es sich nun um den Umgang mit Ämtern, um Haushaltsreparaturen oder die Kindererziehung handelt. Die eigene Selbstständigkeit wird dabei überhaupt nicht in Frage gestellt: Natürlich kommt Mann/Frau alleine zurecht!

Der *Quincunx* kann körperliche Ticks oder zwanghafte Verhaltensmuster im Alltag andeuten. Beispielsweise den Zwang, jedes Mal vor dem Verlassen des Hauses mehrmals nachzusehen, ob der Herd auch wirklich abgeschaltet ist, und sogar sicherheitshalber zur nochmaligen Überprüfung ins Haus zurückzueilen!

Frauen mit diesem Aspekt neigen manchmal dazu, sich unbewusst aus der Mutterrolle davonzustehlen. Der Mond (die Mutter) fühlt sich unter Liliths Selbstständigkeitsanspruch seltsam unwohl. Das Stillen des Säuglings scheint öfter ein Problem zu sein, oder die Kinder werden aus irgendeinem »guten Grund« recht früh von zu Hause weg in Fremdbetreuung gegeben.

Oft besteht ein zwanghaftes Verhältnis zur eigenen Mutter: Die Beziehung zu ihr ist schlecht – aber eng und dauerhaft. Ein typisches Beispiel ist der Sohn, der sich nicht von zu Hause und seiner Mutter lösen kann, sich dort aber gar nicht wohl fühlt.

Opposition: Die Opposition deutet auf eine sehr starke Spannung zwischen den bereits genannten Bereichen hin, die eventuell durch die Erkenntnis, dass es sich nur um zwei Seiten derselben Medaille handelt, zu kreativen Lösungen führen könnte.

Wir haben allerdings bei der Suche nach Prominenten mit dieser Konstellation (ohne die Beteiligung eines anderen Planeten) bis jetzt nur einen einzigen gefunden. *Paolo Pasolini*, provozierender Filmregisseur mit offenbar neurotischer Mutterbindung, wurde unter nie ganz geklärten Umständen im Homosexuellen-Milieu ermordet. In seinem Horoskop steht Lilith im Skorpion und in Opposition zum Mond im Stier.

Eine Lilith-Mond-Opposition scheint also nur äußerst selten vorzukommen. – Zufall?

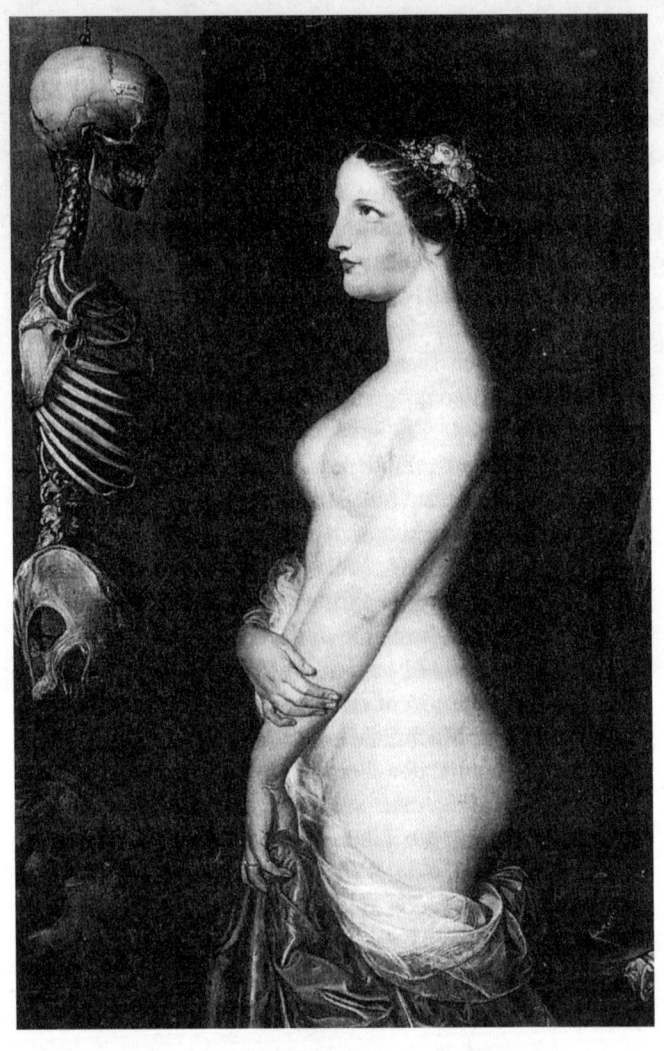

Die schöne Rosina,
A Wiertz

19. Gefahr aus der Tiefe

Lilith im festen Wasser:
Skorpion, 8. Haus, Pluto-Aspekte

Ich kann allem widerstehen, nur nicht der Versuchung...

Anonym

iliths Themen im Skorpion und im 8. Haus heißen Tod und Auferstehung, »stirb und werde«. Sehr häufig sind dabei allerdings Untergang und Tod deutlicher sichtbar als Auferstehung oder Transformation. Lilith im Skorpion muss offenbar in sehr dunkle Tiefen eintauchen, ist oft mit den Themen von Macht und Gewalt verbunden und zeigt häufig selbstquälerische, masochistische oder auto-aggressive Tendenzen. Sehr viele Menschen mit Lilith in dieser Position machen Gewalterfahrungen, manche werden als Kinder im Elternhaus mit Schlägen »erzogen«, andere werden Opfer von allgemeiner gesellschaftlicher Gewalt. Oft ergibt sich für sie die Notwendigkeit, Dinge hinter sich zu lassen, sich von etwas zu trennen und loszulassen.

Bei Lilith im Skorpion finden wir auffallend viele Menschen, die nicht eines natürlichen Todes gestorben sind, wir finden geheimnisvolle und rätselhafte Todesfälle, Drogenabhängigkeit und viele harte Schicksale (*John Lennon, Sharon Tate, Paolo Pasolini, Marilyn Monroe*, um nur einige zu nennen). Einen gewissen Schutz vor einem schweren Schicksal scheint die Konjunktion mit Saturn zu bieten, allerdings nur, wenn diese Lilith-Saturn-Konjunktion in einem »öffentlichen« Haus ist, beispielsweise im 10. Haus (wie bei *H. -J. Vogel* und *Valerie Giscard d'Estaing*) und nicht in einem »inneren« Haus, wie im 4. Haus (Marylin Monroe).

Lilith im Skorpion scheint häufig den Verlockungen der Macht zu erliegen und in der Wahl ihrer Mittel gewisse Grenzen zu überschreiten, was schließlich zu ihrem Scheitern führt. *Richard Nixon*, der aufgrund der Bespitzelung seiner politischen Gegner in der Watergate-Affäre zurücktreten musste, hat Lilith im Skorpion im 2. Haus: Er wollte die Macht, die er besaß, um jeden Preis behalten. Zusätzlich bildet in seinem Horoskop Lilith ein Quadrat zum Mond, was auf den Konflikt mit der Bevölkerung hinweist. Und auch *Uwe Barschel*, dem aufgrund seiner üblen Machenschaften der *Spiegel* ein »Watergate in Kiel« vorwarf und der schließlich unter äußerst mysteriösen Umständen tot in einer Badewanne aufgefunden wurde, hat die Lilith im Skorpion. Es deutet einiges daraufhin, dass Menschen mit Lilith im Skorpion zwar vieles erreichen, sich aber mit dem Erreichten nicht zufrieden geben, ihre Möglichkeiten überschätzen und dann einen oder auch mehrere Schritte zu weit gehen. Offenbar sind sie blind für die Gefahren, die die Grenzüberschreitungen mit sich bringen. Vielleicht ist es wie im Märchen vom Fischer und seiner Frau, wo mit jedem erreichten Ziel bereits das nächste mit noch größerer Machtfülle lockt. Und wie im Märchen endet es mit einem Absturz, der allerdings oft tiefer hinunterführt als nur in den alten »Pisspott«.

Es sieht so aus, als ob Lilith im Skorpion eine sehr starke skorpionische Kraft, eine gewisse »Todesmacht« darstellt, die man nicht für den eigenen Machtzuwachs nutzen darf, sondern mit der man nur ungefährdet umgehen kann, wenn man sie auf einer überpersönlichen Ebene und eventuell zum Nutzen anderer anwendet. Wird sie sehr persönlich genutzt oder missbraucht, scheint sie ihren giftigen Stachel gegen die Person selbst zu wenden.

Sean Connery, der James-Bond-Darsteller, scheint die Gefahr aufgehoben zu haben, indem er dieses Todesthema in all seinen Filmen spielt (Filmtitel: »Man lebt nur zweimal«). So bezieht er die »Todesmacht« nicht auf sich selbst, sondern gibt sie als Schauspieler nach draußen. Und *Julius Hackethal*, der streitbare und umstrittene Kämpfer gegen die etablierte Ärzteschaft und für das Recht, anderen den Tod zu bringen, hat nicht nur Sonne und Merkur im Skorpion im L. Haus, was erklärt, warum er bei all seinen »skorpionischen« Aktionen selbst als Person im Mittelpunkt stehen muss, sondern auch die Lilith steht im Skorpion und verstärkt den Skorpionanteil noch ins Extrem. Und zwar steht sie genau an der Spitze des 2. Hauses, des Stierhauses, was die Verknüpfung von Stier und Skorpion oder, anders ausgedrückt, von Körper und Tod bedeutet und das Thema noch einmal betont.

Neben ihrer Verführung durch die Macht und zur Macht wird Lilith im Skorpion oder im 8. Haus durch Geheimnisvolles und Mystisch-Magisches verführt. Wer einer Skorpion-Lilith anbietet, ihr ein Geheimnis zu verraten oder sie an einen magischen Ort zu führen, hat sie schon an der Angel. Und wenn das Geheimnis gar nicht so geheimnisvoll ist oder der Ort gar nicht so magisch, dann ist sie notfalls sogar bereit, die geheimnisvolle Bedeutung selbst beizusteuern, damit die Spannung erhalten bleibt.

Jede Art von Drogen übt eine ungeheuer starke Faszination aus. Ein Problem, das so gut wie immer auftaucht, ist die Suchtgefahr. Lilith im Skorpion oder im 8. Haus kann sogar den berühmten »Suchtbalken« vom 2. zum 8. Haus ersetzen. Wir finden Abhängigkeiten von Alkohol, Nikotin, Medikamenten und sämtlichen anderen Drogen.

Oft finden wir ein magisches Potential, Menschen mit medialer Anlage, mit Fähigkeiten des Hellsehens und mit Zweitem Gesicht, und es besteht auch eine extreme Faszination für all diese Bereiche. Personen mit Lilith im Skorpion oder im 8. Haus haben meistens sehr viel Sinn für Gruppenprozesse, die in speziellen ritualisierten Formen ablaufen, sei dies nun in der heiligen Messe der katholischen Kirche oder auch in anderen religiösen, spirituellen oder magischen Zeremonien im New-Age-Bereich oder anderswo.

Lilith im festen Wasser scheint ein Wissen um den Kern der Dinge zu bedeuten. Ihre Weisheit kann durch Zerstörung und durch das Beobachten des Zerstörten entstehen. Bei vielen Menschen bedeutet Lilith im Skorpion einen Durchgang durch die Hölle, was eine gewisse Form der Selbstzerstörung und das Sterbenlassen von Ich-Strukturen beinhalten kann oder auch enorme Schicksalsschläge. Und dort kann dann Weisheit entstehen, weil dies direkt ins Zentrum, in den Kern der Dinge hineinführt. Das Sterben in der Natur, beispielsweise der Anblick der von Stürmen verwüsteten Wälder, von Überschwemmungen oder, etwas weniger dramatisch, das Gemähtwerden einer Wiese können Erkenntnisprozesse auslösen. So entsteht hier die Weisheit durch die Erfahrung des Todes und der Transformation.

Und noch durch ein weiteres, wichtiges Prinzip, das beim Skorpion oft übersehen wird, kann Weisheit entstehen: durch das Sicheinlassen. Indem sie sich emotional einlässt, bekommt Lilith Weisheit – und sie findet sehr kreative Arten des Einlassens und viele Wege, um intensiv in Beziehungen hineinzugehen.

Ihre Kreativität entsteht durch Eintauchen in die Tiefe und durch Verwandeln, durch das Entschlüsseln von Geheimnissen und das Lösen von Rätseln. Auf einer ganz trivialen Ebene ist das die Kreativität des Kriminellen ebenso wie die des Kriminalisten, der Motivforschung für das Verbrechen betreibt (*Werner Mauss*) oder auch die Leidenschaft für das Herstellen und Lösen von Kreuzworträtseln.

Im Horoskop von *Walt Disney* steht Lilith in Konjunktion mit dem aufsteigenden Mondknoten am

Übergang vom 2. ins 3. Haus und bildet ein Sextil zu Mars-Jupiter-Saturn. Ihm ist es offenbar gelungen, die skorpionische Energie, das Eintauchen in die Tiefe, kreativ einzusetzen und mit großem Erfolg in einer Welt der Bilder auszudrücken und auszuagieren.

Um Lilith im Skorpion oder im 8. Haus zu wecken und bewusst zu machen, empfiehlt es sich, skorpionische Orte aufzusuchen: Grotten, Höhlen, Sümpfe, Moore, Vulkanausbrüche oder die magische Natur Islands, aber auch Stätten des Todes, Mahnmale oder Friedhöfe. Doch es gibt auch angenehmere Möglichkeiten: vielleicht während des Mähens sich den Prozess des »Sterbens« der Wiese ansehen oder wie in dem Film »Harald and Maude« genüsslich zuschauen, wie ein Haus mit dem Abbruchbagger zerstört wird. Auch das ist eine Möglichkeit, sich auf den Prozess der Vergänglichkeit und der Transformation einzulassen.

Lilith im Skorpion:
John Lennon, Sharon Täte, Paolo Pasolini, Marilyn Monroe, Hans-Jochen Vogel, Valérie Giscard d'Estaing, Richard Nixon, Uwe Barschel, Sean Connery, Julius Hackethal, Werner Mauss, Walt Disney, Norbert Blüm, Oskar Lafontaine, George Bush, August Strindberg, Werner Heisenberg, Gustaf Gründgens, Dieter Hildebrandt, Grigorij Rasputin, Lee Harvey Oswald

Lilith im 8. Haus:
Franz Josef Strauß, Alexander Dubczek, Otto Graf Lambsdorff, Erich Honecker (4 Grad vor der Spitze), Francisco Franco, Fidel Castro, Max Schmeling, Jiddu Krishnamurti, Anne Frank
Die Doppelbetonung von Lilith im Skorpion und gleichzeitig im 8. Haus haben wir bisher nur ein einziges Mal gefunden: im Horoskop von Nicole Brown Simpson, der früheren Frau des amerikanischen Footballstars O. J. Simpson, deren Ermordung zum spektakulären amerikanischen »Simpson-Prozess« führte.

Aspekte zu Pluto

Wenn wir Pluto als Energie betrachten und Lilith als Autonomie, dann erhalten wir in der Verbindung der beiden die Energieautonomie. Das könnte die Fähigkeit bedeuten, die eigene Autonomie oder auch das eigene Universum mit kosmischer Energie zu versorgen. Daneben scheinen alle oben geschilderten Phänomene der skorpionischen Lilith auch für Lilith-Pluto-Verbindungen zu gelten.

Da der äußere Planet Pluto (wie Neptun) selbst eher unkonkret erscheint und auch Lilith ein noch zu erweckendes oder zu entwickelndes Prinzip darstellt, sind nur die wesentlichen Aspekte, wie Konjunktion, Quadrat und Opposition, deutlich sichtbar. Das Trigon zeigt sich relativ schwach, das Sextil erscheint noch schwächer.

Konjunktion: Die reine Lilith-Pluto-Konjunktion ohne die Beteiligung anderer Planeten scheint sehr selten zu sein. Als eine der wenigen Persönlichkeiten, bei der wir sie bisher gefunden haben, sei hier Isaac Newton erwähnt. In seinem Horoskop bildet Lilith eine Konjunktion mit dem rückläufigen Pluto im Zwilling im 8. Haus. Der Mathematiker, Physiker und Astronom Newton, der als Begründer der klassischen theoretischen Physik gilt und dessen Axiome der Mechanik erst von Einstein relativiert wurden, scheint über nahezu unbegrenzte Energie verfügt zu haben; die Liste seiner Entdeckungen und öffentlichen Ämter ist jedenfalls beachtlich. Gleichzeitig zeigte er sich, ganz besonders in seinem berühmten Streit mit Leibniz, als außerordentlich machtbesessen, streitsüchtig und manipulativ. Lilith verstärkt hier offenbar den Einfluss und die Macht des rückläufigen Pluto ganz extrem.

Noch in einem weiteren Horoskop finden wir die reine Lilith-Pluto-Konjunktion: im Horoskop von Jesus Christus.* Mag dieses Horoskop auch spekulativ sein – das Zusammentreffen der kosmischen Urenergie (Pluto) mit der göttlichen Autonomie und Weisheit (Lilith) scheint uns doch höchst bemerkenswert. Gibt es ein passenderes Bild für die Pluto-Lilith-hafte Wandlungsenergie des »Stirb und werde« als die Kreuzigung und Auferstehung Jesu? Wahrhaftig die

---

* Jesus Christus (nach Tschudin): 1. 12. 7 v. Chr., Betlehem, 18. 20 GT (veröffentlicht in *Astrologie heute*, Nr. 52). Zu diesem Zeitpunkt stand Lilith auf 13° Jungfrau.

Vernichtung des Menschen und die Auferstehung des Gottes – das Durchschreiten und Überwinden des kabbalistischen Abgrunds Daath.

Die Lilith-Pluto-Konjunktion steht in diesem Horoskop in der Jungfrau, Spitze 3. Haus, in Opposition zur Jupiter-Saturn-Konjunktion, im Quadrat zur Sonne und in Quincunx zum Mond. Erinnern wir uns an Liliths Themen und bedenken gleichzeitig, dass Pluto und Lilith sich gegenseitig ganz gewaltig intensivieren. Liliths Themen:

- in der Jungfrau: Krisenlösung, Heilung
- im 3. Haus: Weisheit der Lehre und Kommunikation (»im Alltag«)
- im Quadrat zur Sonne: Charisma, geheimnisvolle Ausstrahlung, aber auch Selbstzerstörung
- im Quincunx zum Mond: zwanghafter Konflikt zwischen Autonomie und Volk. Hier vielleicht: Die göttliche Autonomie »zwingt das Volk« zu aggressivem Verhalten (Mond im Widder).

Und die Lilith-Pluto-Konjunktion in Opposition zu Jupiter-Saturn in den Fischen (im 9. Haus) könnte allein eine ganze astrologisch-philosophische Abhandlung füllen – oder den Anlass für eine entsprechende Meditation bilden!
Als Denkanstöße mögen genügen:

- göttliche Autonomie versus erstarrtes Glaubenssystem

- Verführung zur Macht versus Ideal der väterlichen Sinngebung der Hingabe
- »Ich bin der Weg, die Wahrheit und das Leben« versus »Mein Reich ist nicht von dieser Welt« und schließlich
- »Du hättest keine Macht über mich, wäre sie dir nicht von meinem Vater gegeben!«

In der Verbindung mit anderen Planeten kommt die Lilith-Pluto-Konjunktion häufiger vor: beispielsweise bei *Franz Kafka* (mit Saturn), *Henry Miller* (mit Neptun), *Alfred Adler* (mit Jupiter), *Steffi Graf* (mit Jupiter, Uranus, absteigendem Mondknoten).

Das *Sextil* kommt, wie schon erwähnt, nicht deutlich zum Vorschein. Es könnte die Möglichkeit andeuten, sich mit einer gewissen Anstrengung Energiequellen bewusst zu erschließen, die der Autonomie förderlich sind. Gelegentlich scheint der Aspekt die Neigung zu Unfällen anzuzeigen.

Beim *Quadrat* stehen die Weisheit und Autonomie Liliths und die Energie und Macht Plutos im Konflikt miteinander, was außerordentlich schwierig zu sein scheint. Lilith wirkt häufig als blinder Fleck und deckt sich selbst und auch die Macht Plutos zu. Die Königin der Nacht und der Herrscher der Unterwelt ziehen sich streitend in die Dunkelheit zurück.

Ein wichtiges Thema dieser Menschen ist sehr oft die Manipulation. Allerdings scheint sich beim Lilith-Pluto-Quadrat die eigene Macht aufzulösen, und wir finden hier eher Menschen, die manipuliert werden, als dass sie selbst andere manipulieren könnten. Das Quadrat erhöht die eigene Macht offenbar nicht, sondern verringert sie statt dessen. So erhalten andere Menschen oder gewisse Umstände die Macht über die Betroffenen zugesprochen.

Noch schwieriger wird es, wenn Saturn dazukommt und in Konjunktion mit Pluto steht. Dann fühlen sich die Horoskopeigner ständig verfolgt und entwickeln Verfolgungs- oder Verschwörungsängste. Offenbar wird zuviel Macht und Verantwortung nach draußen abgegeben, und die »Eigenmacht« kann nicht wahrgenommen werden. Manchmal äußert sich das Problem in der Form, dass eine andere Person zunächst »vergöttert« und mit sehr viel Macht ausgestattet wird, dann aber von diesem Sockel gestoßen und von da an als Bedrohung erlebt wird. Im Grunde hat sich dann gar nicht soviel verändert: Die Macht wird nach wie vor bei jemand anderem gesehen.

Das *Trigon* ist nicht übermäßig stark wirksam. Es erhöht allerdings deutlich die Ausstrahlung der Person sowie ihre Fähigkeit, andere zu beherrschen oder zu manipulieren. So scheint das Pluto-Lilith-Trigon auf Führungspersönlichkeiten hinzuweisen, wenn der Rest des Horoskops dies bestätigt.

Der *Quincunx* zeigt zwei gegensätzliche Arten, mit dem Thema der Macht umzugehen. Die eine entspricht der Maxime: »Auf jeden Fall und um jeden

Preis die Macht behalten.« Es ist wichtig, die Macht selbst in der Hand zu halten und sie keinesfalls nach außen abzutreten. Meist zeigt sich dies am deutlichsten in der Ablehnung von Autoritäten nach dem Motto: »Ihr seid nicht mein Gesetz!« (Es scheint sich übrigens um einen typischen Hausbesetzer-Aspekt zu handeln!) Auch im Verhältnis zum Elternhaus zeigt sich die deutliche Ablehnung von Autoritäten, meistens als heftige Ablehnung des Vaters.

Dieser Personenkreis verletzt sich auffallend oft körperlich, beispielsweise durch Autounfälle. Im Allgemeinen geht es nicht wirklich schlimm aus, aber zumindest vorübergehende Einschränkungen durch Krankenhausaufenthalte sind durchaus üblich. Anscheinend finden wir hier die sogenannten »Unfäller« (deutlicher als bei Lilith-Mars-Verbindungen) mit teilweise absurden, ungewöhnlichen Unfalltendenzen. Ob auch diese Erscheinung auf die Ablehnung von Autoritäten (z. B. das Nichteinhalten von Verkehrsregeln) zurückzuführen ist?

Der zweiten Erscheinungsform des Lilith-Pluto-Quincunx entspricht die Maxime: »Auf jeden Fall und um jeden Preis keine Macht haben!« Natürlich handelt es sich nur um die andere Seite der Medaille. Von diesen Menschen wird Macht und Autorität auch, und vor allem, für sich selbst abgelehnt. Die Differenzierung, dass Macht nicht nur »Macht über« andere, sondern schlicht Lebenskraft bedeuten kann, wird geleugnet. Hier finden wir manch sanften Esoteriker, ohnmächtig aus eigenen Gnaden.

Für die *Opposition* gilt das gleiche, was über das Quadrat gesagt wurde: Die Macht besitzen die anderen. Allerdings zeigt sich bei der Opposition die Machtlosigkeit der Betroffenen noch deutlicher. Die Lilith-Pluto-Opposition scheint wirklich ein klassischer Ohnmachtaspekt zu sein. Menschen mit diesem Aspekt können große Angst davor haben, die Kontrolle oder die Macht vollkommen aufgeben zu müssen oder zu verlieren. So können sie beispielsweise panikartige Ängste vor einem Krankenhausaufenthalt oder speziell vor einer Operation entwickeln. Ihre Angst bezieht sich dann vor allem darauf, die Geschehnisse nicht mehr selbst kontrollieren zu können, ausgeliefert und eben »ohnmächtig« zu sein.

In anderen Fällen wird die Kontrolle vordergründig aufgegeben und unter »Ohnmacht« versteckt. Im Bereich der Beziehungen werden beispielsweise notwendige Entscheidungen so lange weggeschoben und verzögert, bis der oder die andere entscheidet – und dann natürlich »gegen« den Horoskopeigner, der als »Opfer« auf diese Weise frei von Schuldgefühlen bleiben kann. Eine sehr indirekte Manipulation!

Mona Lisa,
Leonardo da Vinci, um 1503

20. Bilder aus einer anderen Welt

Lilith im beweglichen Wasser:
Fische, 12. Haus, Neptun-Aspekte

Binah, die große Mutter,
manchmal auch Marah, das große Meer genannt,
ist natürlich die Mutter alles Lebenden;
sie ist der archetypische Mutterschoß,
durch den das Leben sich manifestiert.
Was immer dem Leben eine Form gibt,
in die es schlüpfen kann, kommt von ihr. Wir
sollten daran denken, dass in Formen gefangenes
Leben zwar durch diese Form die Möglichkeit hat,
sich zu organisieren und zu entwickeln,
dass es aber andererseits viel weniger frei ist
als im uneingeschränkten, wenn auch ebenfalls
unorganisierten Zustand
auf der ihm eigenen Ebene.
Entwicklung in einer Form ist deshalb
der Anfang eines Prozesses, bei dem das Leben
stirbt.
Es ist ein beschränkender und begrenzender,
ein bindender und einengender Prozess.
Die Form kontrolliert das Leben, sie zwängt es
ein und ermöglicht ihm doch rechtzeitig,
sich zu organisieren. Vom Standpunkt
der frei beweglichen Kraft aus gesehen,
ist diese Einkerkerung eine Art der Auslöschung.

n den Fischen und im 12. Haus bietet Lilith die Möglichkeit, sich mit allem, selbst den tiefsten Strömen der eigenen und der kosmischen Seele, verbunden zu fühlen. Sie liebt die Musik, die Poesie und die Träume. Als Seherin blickt sie in andere Zeiten und Welten und sieht Vergangenes ebenso wie Zukünftiges. Ihr erschließt sich die Welt der Traumbilder, sie spürt die geheimen Zusammenhänge, und sie fühlt, wie alles mit allem verbunden ist. Dies kommt in dem Buch *Die Seepriesterin* der Mystikerin, Magierin und Schriftstellerin *Dion Fortune* (Lilith in den Fischen) wunderbar zum Ausdruck.

Oft begegnet uns Lilith in den Fischen als Weise Frau, die mit den Grenzbereichen vertraut ist, mit den Übergängen zwischen den Welten. Sie ist als Mittlerin zwischen den Welten tätig, als Geburtshelferin nämlich, die den Menschen aus seiner ozeanischen Verbundenheit innerhalb der Gebärmutter auf dem Weg ins Leben hinein begleitet. In vielen Horoskopen von Hebammen finden wir Lilith in den Fischen im 1. oder im 12. Haus. Auch bei *Elisabeth Kübler-Ross*, die Menschen begleitete, wenn sie die Grenzen in die andere Richtung überschritten, aus diesem Leben wieder hinausgingen und zurückkehren in die andere Welt, steht Lilith in den Fischen im 1. Haus; dicht am Aszendenten übrigens, eine Position, die außergewöhnlich selten ist.

Da sich Lilith in den Fischen mit allem verbunden fühlt, kann ihre Fähigkeit zum Mitgefühl und zur Hingabe nahezu unbegrenzt sein. Und so beschäftigen sich Menschen mit dieser Lilith-Stellung normalerweise nicht aus Machtgründen, sondern aufgrund ihres Mitgefühls mit gesellschaftlichen Problemen und versuchen, den Benachteiligten zu helfen. Der Sänger *Harry Belafonte* hat eine Sonne-Jupiter-Lilith-Konjunktion in den Fischen im 10. Haus, und er setzt seine Popularität ebenso wie große Teile seines Vermögens für humanitäre Ziele ein. Bei *Bert Brecht* bildet Lilith in den Fischen (im 2. Haus) die Spitze eines T-Quadrats auf Saturn (im Schützen) und Pluto (im Zwilling). Seine Themen kreisen immer wieder um den Konflikt zwischen menschlicher Freiheit und sozialer Gerechtigkeit, zwischen dem Glücksstreben des einzelnen und der Notwendigkeit des Opfers für das Kollektiv.

Die starke Verbundenheit der Lilith im beweglichen Wasser mit allem, was sie umgibt, und das Mitgefühl mit allem Lebendigen haben auch eine dunkle Seite. Lilith neigt hier dazu, sich auf eine geradezu unglaublich unkritische Weise durch mystische Systeme anziehen und verführen zu lassen. Sei es, dass sie glaubt, hierdurch selbst Heilung zu erlangen, oder dass sie von eigenen mystischen Heilungsfähigkeiten überzeugt ist. Lilith kann hier auch blind machen für die eigene Neigung, sich ausnützen zu lassen, und dazu führen, dass man sich von Hilfewünschen anderer bestimmen lässt, und dabei schließlich sich selbst und die eigene Autonomie aufgibt. Hier finden wir das Helfersyndrom, die »hilflosen Helfer« und die »heimliche Sucht, gebraucht zu werden«, die ja bekanntlich für beide Seiten verheerende Auswirkungen haben kann.*

Bei unseren Untersuchungen fanden wir Lilith in den Fischen oder im 12. Haus häufig im Zusammenhang mit Wissenschaft und Forschung in Bereichen, wo gefährliche Entdeckungen oder tödliche Erfindungen gemacht werden, beispielsweise im Bereich der Kernspaltung. Das Überpersönliche und Grenzauflösende der Lilith in den Fischen führt offenbar dazu, dass die Forscher sich nicht durch persönliche Gefühle, Ängste oder Verantwortungen in ihrer Forschung behindern lassen. So gehen sie über die »moralische« Forschung hinaus und können in sehr gefährliche Gebiete geraten, wenn der Rest des Horoskops ihre Genialität unterstützt. (*Otto Hahn*, *Lise Meitner*, Lilith in den Fischen, *Wernher von Braun*, Lilith im 12. Haus.)

Das grenzauflösende Element kann sich aber auch auf der persönlichen Ebene auswirken und zeigt sich dann in der Form der Selbstauflösung, insbesondere bei Lilith im 12. Haus. Lilith ist hier sehr häufig ein Anzeichen für Lebensgefahr, die oft schon bei der Geburt auftritt: Wir haben eine Häufung von Geburtskomplikationen gefunden, wie Erstickungs-

---

* Vergl. Robin Norwood: *Wenn Frauen zu sehr lieben.*

gefahr durch die Nabelschnur, die sich um den Hals gelegt hatte; später dann Depressionen, Nervenkrankheiten und auch Drogenmissbrauch. Eine besondere Art der Selbstauflösung, verbunden mit sozialem Engagement, demonstriert *Günter Wallraff*, wenn er seine eigene Identität gegen eine andere vertauscht, um unerkannt zu recherchieren und soziale Missstände aufzudecken. Sein Horoskop weist eine starke Schützebetonung auf, zusätzlich steht Lilith im Schützen im 12. Haus und in Opposition zu Saturn und Uranus.

Eine auffallende Neigung zu Suiziden gibt es offenbar in der Kombination des auflösend-neptunischen Prinzips (Neptun, Fische, 12. Haus) mit dem sich selbst darstellenden Sonnenprinzip (Sonne, Löwe, 5. Haus) – *Heinrich v. Kleist* und *Ernest Hemingway* (beide mit Lilith im Löwen im 12. Haus), *Adolf Hitler* (mit Lilith in den Fischen im 5. Haus).

Unserer Ansicht nach kommen in *Adolf Hitlers* Horoskop die schöpferische Potenz und sein Charisma nicht zum Vorschein, die es ihm ermöglichten, Tod und Verderben über Millionen von Menschen zu bringen, wenn wir Lilith unberücksichtigt lassen. Wo ist die karmische Rolle, die er für die ganze Welt gespielt hat? Wo zeigt sich das kreative Potential? Denn auch eine furchtbare Schöpfung ist eine Schöpfung!

Lilith in den Fischen zeigt Menschen, die weniger analytisch, verstandesmäßig und rational agieren, sondern die sich auf einer ganz ozeanischen Meeresebene feinfühlig einschwingen in Atmosphäre und Schwingung des Kollektivs. Bei Hitler waren es kollektive faschistische Schwingungen, die er übernehmen konnte. Das Kollektiv kommt in seinem konventionellen Horoskop höchstens in der Pluto-Neptun-Konjunktion zum Vorschein, die aber nichts Konkretes hat und im 8. Haus auch weit entrückt ist. Wir können Hitlers Schöpfung des 3. Reiches jedoch nicht als weit entrückt an den Pforten zum Jenseits sehen, sondern er hatte seine Macht im Diesseits. Seine Bilder, seine Sprache, seine Suggestion haben direkt gewirkt. Er hat einen furchtbaren »schöpferischen Prozess« in Gang gebracht, der wohl nur über die Fische-Lilith im 5. Haus erklärbar ist: Er hat kollektiv-vorhandene Bilder aufgenommen (Fische), sie sehr eindeutig mit seinen eigenen Vorstellungsinhalten besetzt und als egozentrierte Kreativität (5. Haus) nach außen gegeben: »*Mein* « *Kampf*. Sein grenzenlos blinder Fleck war die fanatische Fixierung auf ganz bestimmte Vorstellungen und das Ausblenden und Unterdrücken aller anderen kollektiven Bilder und Wertvorstellungen.

In *Sigmund Freuds* Horoskop finden wir Lilith in den Fischen, zwischen Jupiter und Neptun stehend und so eine große Konjunktion bildend, an der Spitze des 5. Hauses und im Quadrat zu Saturn. Sigmund Freud beschäftigte sich mit Hysterie (Jupiter in den Fischen), dem Unbewussten (Fische, Neptun), Libido (5. Haus), mit Verdrängung und Todestrieb (Saturn-Quadrat). All dies sind auch Lilith-Themen. So scheint sie in seinem Fall die Wirkung der Konjunktion und insgesamt sein kreatives Potential zu verstärken.

Die Weisheit der Lilith im beweglichen Wasser kann durch Gedichte, Musik, Meditation oder Trance entstehen. In einem besonderen, intuitiven Augenblick kann sich das Herz durch die tiefe Begegnung mit einem Gedicht oder durch die Hingabe an Musik öffnen, das innere Wissen kann einströmen, und die Reise der Seele in den Kosmos kann stattfinden. Solche Augenblicke der erwachenden Weisheit können überall entstehen, wo meditative oder mystische Elemente enthalten sind, beispielsweise in einer Teezeremonie, im autogenen Training, beim Tai-chi, bei meditativem Tanz, in Augenblicken der Stille und der Meditation.

Lilith in den Fischen weiß um das Karma und um die Verbundenheit aller Dinge. Ihre Weisheit taucht auf aus dem Meer der Gefühle. Und so sollte sie sich möglichst viel am Meer aufhalten und sich von der unendlichen inneren Bewegung des Wassers tragen lassen.

Lilith in den Fischen:
Dion Fortune, Edgar Cayce, Karlfried von Dürckheim, Elisabeth Kübler-Ross, Harry Belafonte, Bert Brecht, Otto Hahn, Lise Meitner, Adolf Hitler, Charlie Chaplin, Sigmund Freud, Rainer Maria Rilke, Anne Frank, Cathérine Deneuve, Tina Turner, Helen Keller

Lilith im 12. Haus:
Helena Blavatsky, Heinrich v. Kleist, Ernest Hemingway, Rainer W. Fassbinder, Günter Wallraff, Hein-

rich Kündig, John C. Lilly, Thomas Mann, Che Guevara, Jimmy Carter, Wernher v. Braun, Patty Smith

Lilith in den Fischen und im 12. Haus:
Franz Grillparzer

Aspekte zu Neptun

Lilith-Verbindungen mit Neptun können eine Beziehung zwischen Liliths Weisheit und Autonomie
und Neptuns All-Liebe und dem Gefühl, mit allem
verbunden zu sein, darstellen. Auf der dunklen Seite
stehen aber auch Liliths Verführung und Blindheit
in Beziehung zu Neptuns Opferverhalten, Drogen-
gefährdung und Verschwommenheit.

Der äußere Planet Neptun erscheint (ebenso wie
Pluto) nicht so konkret wie die persönlichen Planeten, und auch Lilith stellt ein Prinzip dar, das erst erwachen oder entwickelt werden muss. Deshalb sind
hier nur die wesentlichen Aspekte, wie Konjunktion,
Quadrat und Opposition, deutlich sichtbar. Das Trigon zeigt eine relativ schwache Wirkung, das Sextil
ist noch schwächer.

Konjunktion: Wenn wir ein wenig mit den Bedeutun-
gen der beiden unterschiedlichen Energien spielen,
dann entstehen Begriffe wie: verschleierte Weisheit,
Weisheit der Liebe, Autonomie und Hingabe, blinde Liebe, mystische Verführung, Verführung durch
Drogen usw. Der Fantasie sind kaum Grenzen ge-

setzt (auch dies übrigens eine mögliche Umschreibung für Lilith-Neptun!). Es können sehr verschiedene Themen auftauchen, aber die Ebenen der Mystik, der Fantasie oder des Traumes scheinen immer dazuzugehören.

Oft haben Menschen mit Lilith-Neptun-Konjunktion die Fähigkeit, anderen Menschen die Welt der Vorstellungsbilder zu erschließen. Manchmal geschieht dies durch den Bilderreichtum ihrer Sprache, häufiger aber dadurch, dass sie ihren Zuhörern die Möglichkeit bieten, die eigenen Bilder in das Angebotene hineinzugeben. So bieten sie gewissermaßen einen Rahmen oder einen Raum, der mit den Vorstellungen der Zuhörer oder Leserinnen gefüllt wird. Am deutlichsten zeigt sich dies am Beispiel von Fantasiereisen, wo ein bestimmtes Szenario vorgegeben wird, das von den Teilnehmern jedoch individuell erlebt und ausgestaltet wird.

Thorwald Dethlefsen hat eine Lilith-Neptun-Konjunktion in der Waage an der Spitze des 9. Hauses. Zeitweise trat er als Zauberkünstler (»Illusionskünstler«) auf, berühmt wurde er jedoch hauptsächlich als Autor esoterischer Bücher. Auch der Autor des unvergesslichen *Kleinen Prinzen*, *Antoine de Saint-Exupéry*, hat in seinem Horoskop eine Lilith-Neptun-Konjunktion, zusammen mit Pluto (Zwillinge, 10. Haus). Er schreibt, dass die »großen Leute« sein Bild von der Riesenschlange, die einen Elefanten verdaut, nicht verstanden und ihm den Rat gaben, »mit den Zeichnungen von offenen oder geschlossenen Riesenschlangen aufzuhören«. Und so sprach er auch später mit ihnen »weder über Boas noch über Urwälder, noch über die Sterne«. Bis er eines Tages, mitten in der Wüste, den kleinen Prinzen traf: »Bitte... zeichne mir ein Schaf!« Für unzählige kleine und große Menschen hat Saint-Exupéry mit diesem Buch die Welt der Bilder, der Träume, der Fantasie und der Liebe geöffnet.

Menschen mit Lilith-Neptun-Konjunktion haben es nicht leicht, wirklich autonom zu werden, weil sie sich ja immer mit allem verbunden und damit von allem abhängig fühlen. Wenn sie jedoch diese Verbindung als Integration des Kosmos in sich selbst begreifen und stärker das Gefühl haben, dass die Welt ihrerseits mit ihnen verbunden ist, gewinnen sie ein hohes Maß an Autonomie.

Sehr oft zeigt Lilith, die Verführerin, in Verbindung mit Neptun, dem Herrscher über alle Rauschmittel, Probleme mit Drogen an. Wir finden alle Arten von Suchtverhalten. Aber auch im medizinischen Bereich können sich diese Schwierigkeiten in Form von Medikamentenunverträglichkeiten oder Narkoseproblemen zeigen.

Lilith-Neptun kann auch zur unbewussten Annahme einer Opferrolle verleiten. Lilith verbirgt als blinder Fleck die Opferbereitschaft des Neptun, die an sich schon nebelhaft versteckt sein kann, sodass sich der Horoskopeigner seiner Märtyrerrolle lange Zeit gar nicht bewusst wird. Im Unterschied zu Sonne-Neptun-Verbindungen, wo das Opfer bewusst gewählt wird: »Ich muss mich opfern«, wird bei

Lilith-Neptun-Verbindungen das Opfer unbewusst (und oft lange Zeit unbemerkt) gebracht.

Das *Sextil* kommt, wie schon erwähnt, nicht deutlich zum Vorschein.

Beim *Lilith-Neptun-Quadrat* fließen zwei Energieströme disharmonisch gegeneinander, die sich zwar in vieler Hinsicht ähneln, die aber auch deutliche Unterschiede aufweisen. Die intuitive Ebene des Neptun, dieses feinfühlige Spüren und sich Einschwingen, gerät in Konflikt mit der intuitiven Ebene der Lilith, welche ihre Weisheit auf unerklärliche Weise in sich selbst findet. Diese beiden Energieströme wirken wie Störsender aufeinander. Sie haben ähnliche Schwingungen, lenken sich jedoch aus ihrer jeweiligen Richtung ab und stören die Frequenz des andern.

Die normalerweise sehr feinen Sensoren des Neptun können diese Schwingungsstörungen, diesen »Wellensalat«, anscheinend nicht als solchen erkennen. Sie bleiben auf Empfang eingestellt und merken zunächst gar nicht, dass sie Funk- bzw. Empfangsstörung haben. So glauben sie, Gefühle oder Gedanken einer anderen Person aufzufangen und wahrzunehmen – und in Wirklichkeit sind es die eigenen Gefühle und Gedanken, die mit der anderen Person überhaupt nichts zu tun haben. So entsteht schließlich eine völlige Desorientierung und Verwirrung. Und da alle diese Vorgänge ziemlich unbewusst ablaufen, wird das Spiel für die Beteiligten in den meisten Fällen sehr schwer durchschaubar.

Wie nicht anders zu erwarten bei den energetischen Kämpfen zwischen Neptun, dem Herrn der Drogen, und Lilith, der Verführerin, weist das Lilith-Neptun-Quadrat sehr oft auf Suchttendenzen aller Art hin. Und manchmal findet man allerlei merkwürdige Verhaltensweisen, die für Außenstehende überhaupt nicht nachvollziehbar sind und für sie immer unverständlich bleiben müssen.

Beim *Trigon* scheinen sich die unterschiedlichen Schwingungen von Lilith und Neptun harmonisch aufeinander einzuschwingen. Feinfühligkeit und Intuition werden sehr deutlich erhöht. Neptuns »Empfang« gibt ein klares Bild und den richtigen Ton. Dieser Aspekt unterstützt die Hellsichtigkeit, bis hin zur Wahrsageebene. Und vor allem fördert er die Musikalität. Viele Musiker und Musikprofessoren erfreuen sich dieser harmonischen Schwingung!

Auch der *Quincunx* weist grundsätzlich auf Suchttendenzen hin. Zum Beispiel sind die Menschen mit Neptun in der Jungfrau und einem Quincunx von Lilith aus dem Wassermann oder dem Widder sehr oft sogenannte »Workaholics«, Arbeitssüchtige. Sie versuchen, ihre Autonomie durch Arbeit zu erreichen, können ihr Verhalten aber normalerweise nicht als süchtig erkennen.

Oft bremst oder behindert Lilith die Qualitäten des Neptun: die Fähigkeit zur Hingabe; die Fähigkeit, sich in eine Trance oder auf eine Fantasiereise wirklich einzulassen; die Fähigkeit, innere Bilder zu sehen. Andererseits finden wir manchmal eine fast zwanghafte Neigung zur Musik. Sei es nun ständige Musikberieselung oder die hartnäckige Überzeugung, die Kinder müssten (unabhängig von ihrer Begabung und Lust) unbedingt musikalisch gefördert werden!

Die *Opposition* ähnelt dem Quadrat. Auch hier tappt Neptun gewissermaßen im Nebel oder verirrt sich im »Wellensalat«. Aber in der Opposition wird das neptunische Element intensiv verstärkt, während Lilith zurückweicht. Neptun zieht anscheinend Energie von Lilith ab, die kein Gegengewicht gegen ihn bilden kann. Die Autonomie und Eigenmächtigkeit Liliths verschwinden fast vollkommen, und es bleibt nur die Empfangsbereitschaft des Neptun: »Was wollen die anderen, was denken sie, was fühlen sie, worauf legen sie Wert?« Und dieser Außenbezogenheit steht dann kein inneres Wertgefühl als Ausgleich gegenüber.

Die Opposition bringt nach unserer Erfahrung immer irgendeine Sucht mit sich, wobei aber die Möglichkeit besteht, sie im Lauf des Lebens zu überwinden. Die Opposition kommt in der Beratungspraxis erstaunlich häufig vor. Vielleicht ist es ein Aspekt, der die Menschen dazu veranlasst, Rat beim Astrologen zu suchen.

Teil III

Lilith-Begegnungen

21. Lust oder Frust?

Lilith im Horoskopvergleich

Nach allem, was wir bisher über Lilith und ihren Einfluss wissen, kann uns ihre außerordentlich starke Wirkung in zwischenmenschlichen Beziehungen nicht überraschen. Erinnern wir uns:

- Lilith steht für Anziehung und Verführung schlechthin. Sie kann die aktiv verführende Energie ebenso sein wie die passiv verführte.
- Lilith kann der blinde Fleck sein (denken wir nur an das Wort »Liebe macht blind«!), und andererseits kann sie doch eine tiefe, intuitive Weisheit über die andere Person besitzen.
- Lilith verkörpert die umfassende kreative Schöpfungskraft, hat aber auch eine eindeutig erotische und sexuelle Ausstrahlung.
- Lilith ist die archetypische weibliche Kraft, die »Anima«, die »Große Mutter« oder die »Königin der Hexen«.
- Und was schließlich vielleicht das Allererschreckendste oder das Allerverführerischste sein kann: Sie ist autonom!

So ist es wahrlich kein Wunder, dass es fast unmöglich scheint, Liliths starker Anziehungskraft zu widerstehen, wenn wir von ihr an einer empfindlichen Stelle unseres Horoskops angerührt werden. Und auch wenn unsere eigene Lilith auf einen sensiblen Punkt bei einer anderen Person trifft, wird diese gleiche Faszination entstehen. Oft bleibt den beteiligten Personen die Ursache für die gegenseitige Faszination völlig unklar, und sie wissen gar nicht, was sie eigentlich am anderen anzieht. Lilith ist »die Kraft, die im verborgenen wirkt«.

Es scheint, dass eine Lilith-Berührung mit dem Horoskop eines anderen Menschen bedeutet, an diesem Punkt eine tiefe Weisheit über das Wesen des anderen zu besitzen. Das ist jedoch kein bewusstes Wissen, sondern ein Verstehen unter der Oberfläche. Meine Lilith, beispielsweise, auf der Sonne eines anderen Menschen kann bedeuten: Ich weiß intuitiv alles über den Kern dieses Menschen. Das Wissen ist aber nicht mit Worten oder Gedanken greifbar, sondern liegt auf einer tieferen Ebene. Dieses vorbewusste Verstehen macht eine Beziehung zwar intensiv, aber natürlich auch schwierig, weil ich nicht »weiß«, was eigentlich los ist. Ich bin fasziniert, ich bin »gefesselt«, und ich weiß eigentlich nicht, warum.

Andererseits kann ein Mensch mit, beispielsweise, dem Mars auf meiner Lilith, diese durch seine Art zu handeln wachrütteln. Ich kann also durch den anderen immer näher an meine Autonomie kommen. Das kann schön sein, es kann aber auch ein sehr schmerzhafter Prozess sein. Aufgrund der Unbewusstheit können ganz schreckliche Beziehungen entstehen, die vielleicht nichts anderes »bezwecken« als ein Wecken der Lilith oder ein Begreifen der Energie des anderen.

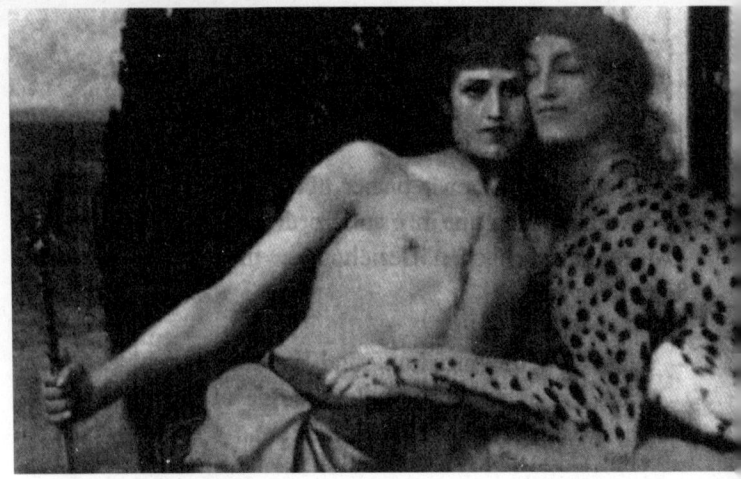

Vielleicht kann ein Beispiel aus der Praxis Liliths Wirkung in Partnerschaften beleuchten:

Eine Frau, nennen wir sie Frau S., kam in die Beratungspraxis und suchte astrologischen Rat. Nach über dreißigjähriger Ehe schienen zumindest die letzten zwanzig Ehejahre ein Martyrium gewesen zu sein: Der Ehemann alkoholkrank, jähzornig und gewalttätig, die Frau hingegen spirituell interessiert und intensiv mit Esoterik beschäftigt. Seit Jahren versuchte sie immer wieder, die Beziehung zu lösen und sich von ihrem Mann zu trennen – es gelang ihr jedoch nicht. Immer wieder kehrte sie »freiwillig« zu ihm zurück, ohne eigentlich begreifen zu können, warum. Im Horoskopvergleich der beiden Ehepartner war keine der »normalen« oder »üblichen« Konstellationen zu finden, die erklären konnten, warum diese traumatische und problematische Verbindung

Die Sphinx,
Ferdinand Khnopff, 1896

so dauerhaft und so schwer aufzulösen war. Der einzige Hinweis, der die Opferrolle der Frau S. wenigstens teilweise erklären konnte, war die Stellung ihres Neptun in ihrem 7. Haus, aber die wichtigsten Fragen blieben dennoch offen: Wieso konnte sie die Beziehung trotz mehrmaliger Versuche in dieser langen Zeit nicht beenden? Welcher astrologische Aspekt band diese beiden Menschen so intensiv und so schmerzhaft aneinander?

Erst die Einbeziehung Liliths in den Horoskopvergleich beantwortete die Fragen: Die beiden Horoskope wiesen eine wechselseitige Lilith-Neptun-Konjunktion auf! Die Lilith von Frau S. stand exakt auf dem Neptun ihres Mannes, während seine Lilith auf ihrem Neptun stand! Es handelte sich also eindeutig um eine beiderseitige neptunische Suchtbeziehung, die durch Liliths Einfluss »hervorgerufen« wurde. Und wenn wir die Bedeutung Neptuns als Planet der Sucht, des Alkohols, der Spiritualität, der Liebe, des Opfers und der Unklarheit nun in doppelter Verbindung sehen mit all den Verführungskünsten und -anfälligkeiten Liliths, dann wird diese »unverständliche« Bindung sehr viel verständlicher.

Dies war (vor mehreren Jahren) einer der ersten Hinweise auf Liliths Wirksamkeit und ein wichtiger Anstoß für unsere weitere Forschung. In den folgenden Jahren astrologischer Arbeit wurde unter vorsichtiger Einbeziehung Liliths in die Horoskopbesprechungen ihre außerordentliche Bedeutung in Beziehungshoroskopen immer deutlicher. Oft ist sie es, die den verborgenen Schlüssel zum Verständnis besonders unklarer oder geheimnisvoller Beziehungsmuster darstellt. Und auch in Beziehungen, in denen das restliche Horoskop die Verbindung zwischen den Partnern eigentlich nicht zeigt oder sogar als schwierig oder unwahrscheinlich darstellt, finden wir häufig eine Lilith-Verbindung als Erklärung.

Aber nicht nur in schwierigen oder schwerverständlichen Verbindungen zeigt sich ihr Einfluss: Nach unserer Erfahrung weisen *alle* Beziehungen mit wirklich starken und intensiven Verknüpfungen zwischen den Partnern eine deutliche Lilith-Verbindung zwischen den Horoskopen auf. Dies können Verbindungen von Lilith zu Lilith sein oder auch von der Lilith des einen Horoskops zu Planeten oder

Achsen des anderen. Und je nachdem, wie und wo die Lilith-Verbindungen und -Berührungspunkte zwischen den Horoskopen sind, lassen sich verschiedene Wirkungen feststellen.

Lilith-Aspekte des einen Horoskops zur Lilith des anderen Horoskops

Überraschend häufig finden wir in harmonischen, festen und langanhaltenden Liebes- und Ehebeziehungen eine *Lilith-Konjunktion-Lilith* zwischen den beiden Partnern. Dieser Aspekt scheint für eine Beziehung ausgesprochen günstig und förderlich zu sein. – Nun könnte man sagen, wenn beide den gleichen blinden Fleck haben, ist es vielleicht nicht ganz so schwierig, miteinander umzugehen. Aber drücken wir es positiver aus: Offenbar haben beide die gleiche tiefe innere Weisheit sowie Übereinstimmungen oder Verwandtschaften im kreativen, im erotischen und sexuellen Bereich.

Jedenfalls scheinen Beziehungen mit Lilith-Konjunktion-Lilith ausgesprochen leicht zu funktionieren, mit feinen und leichten Abläufen zwischen den Beteiligten und ohne gravierende äußere Störungen. Normalerweise ist es in solchen Beziehungen ganz deutlich, dass zwei Individuen mit klar distanzierten Persönlichkeiten sich miteinander verbinden. Und trotz der Verbindung gehen die beiden ihren jeweils eigenen Weg – unterstützt durch die wohlwollende Akzeptanz des oder der anderen. Die

Konjunktion ermöglicht eine autonome Beziehung ohne symbiotische Klammerungstendenzen.

Ähnliches finden wir bei *Lilith im gleichen Zeichen* und vor allem beim *Lilith-Trigon-Lilith*. Hier gibt es (insbesondere in den Luftzeichen) einen leichten und reibungslosen Ablauf, sowohl in freundschaftlichen wie auch in Geschäfts- oder Liebesbeziehungen. Und auch hier kommen die Unterschiede der Persönlichkeiten gut zum Tragen, und es treten keine symbiotischen Abhängigkeitsbeziehungen auf. Lilith im gleichen Zeichen kommt in festen und langanhaltenden Beziehungen relativ häufig vor. So eine Beziehung ist oft sehr stark, aber häufig ist für Außenstehende nicht klar, warum sie so stark ist Die Verbindungspunkte sind von außen schwer zu erkennen, und oft gibt es große Unterschiede zwischen den beiden Partnern.

Sogar *Lilith im gleichen Element* (ohne direktes Trigon) scheint durchaus noch wirksam zu sein und Beziehungen zu stabilisieren, obgleich ihre Wirkung schwächer ist Sie deutet einen allgemeinen Zusammenklang der genannten Bereiche an.

Das »Fehlen« von Abhängigkeit bei den genannten Aspekten zwischen Lilith und Lilith ist wirklich sehr auffallend. Trotz teilweise sehr enger und intensiver Beziehungen bleibt die Unabhängigkeit und Freiheit der beteiligten Person erhalten, ja wird sogar noch unterstützt. Ganz im Gegensatz dazu führen starke Verbindungen zwischen Lilith und anderen Planeten nämlich oft zu extremer Abhängigkeit!

Das Quadrat und der Quincunx zwischen Lilith und Lilith kommen in Liebesbeziehungen anscheinend nur sehr selten vor. Es scheint schwierig zu sein, mit diesen Aspekten eine Beziehung, gleichgültig welcher Art, über längere Zeit aufrechtzuerhalten. In den wenigen Fällen, wo diese Winkel auftauchen, handelt es sich eigentlich um Beziehungen, »die keine sind«. So haben wir einige Beispiele, wo die Verbindung ganz offen von den beiden Partnern als Notlösung beschlossen wurde, weil im Moment niemand anderes zu haben war. Oder es gibt starke Probleme in Bezug auf die Unabhängigkeit der Partner. Beispielsweise »verpflichtet« ein Pflegefall in der Familie des Mannes die Frau zur Pflegeleistung innerhalb des Hauses und verhindert dadurch ihre Eigenständigkeit.

Allerdings kann eine Beziehung, zumindest beim Quincunx, auch zwanghaften Charakter annehmen, wie sich die Teilnehmerin eines Workshops unverblümt äußerte: »Meine Lilith hat einen Quincunx zur Lilith meines Partners, und trotz aller Mühe komme ich nicht los, obwohl mir die Beziehung lästig ist und ich seit Jahren von ihm weg will!«

Die *Opposition zwischen Lilith und Lilith* gibt es sehr selten in Liebesbeziehungen und nur, wenn sie durch andere wichtige harmonische Horoskopeinflüsse gemildert wird. Wir haben sie in Beziehungen gefunden, die spektakulär begonnen haben. Zum Beispiel treffen sich zwei jeweils verheiratete Partner, erleben heftige Liebe auf den ersten Blick, lassen sich beide prompt scheiden und heiraten einander kurz darauf.

Oder: Nach dem Tod des Partners geht die Über-
lebende sehr schnell eine neue Beziehung ein, die
jedoch mit starken Schuldgefühlen verbunden ist,
weil alles so schnell ging (zusätzlicher Jupiter/Sa-
turn-Einfluss). Im Allgemeinen weist die Opposition
jedoch auf Unverträglichkeit der Beteiligten hin.

Aspekte zwischen Lilith
des einen Horoskops und Planeten
des anderen Horoskops

Im Horoskopvergleich zeigt sich auffallenderweise,
dass es in fast jeder intensiven Liebesbeziehung (wenigstens) eine Lilith-Konjunktion oder einen anderen
wichtigen Lilith-Aspekt mit einem Planeten des Partnerhoroskops gibt. Anscheinend ist das eine günstige Voraussetzung für eine stimmige Beziehung, wobei nur das Trigon und das Quintil für Leichtigkeit
und eigene Wege der beiden Partner sprechen, alle
anderen Aspekte (Konjunktion, Sextil, Quadrat, Opposition) deuten auf Abhängigkeiten hin.

Offenbar sind vor allem die *Konjunktionen* wirksam, während die anderen Aspekte, vielleicht mit
Ausnahme der Opposition, nur in zweiter Linie eine
Rolle spielen. Die *Opposition* scheint, quasi als andere Seite der Medaille, etwas mit dem Konjunkti-
onsphänomen zu tun zu haben. Allerdings sprechen
wir hier nicht von der Lilith-Lilith-Opposition, die,
wie schon erwähnt, deutlich zu einer gegenseitigen
Abstoßung zu führen scheint, sondern nur von der

Lilith-Opposition zu einem Planeten, wobei sich der Planet offenbar eher integrieren lässt.

Oft lösen Transite über den Konjunktionspunkt mit der Lilith eine Beziehungskrise aus. Diese Krise muss nicht direkt zwischen den Partnern stattfinden, sondern sie kann auch die Krise eines der beiden Partner sein, aber der andere erlebt sie mit. Viele Klienten kommen genau zu diesem Zeitpunkt in die Praxis.

Lilith – Sonne:
Die Lilith-Sonne-Verbindung spielt eine ganz wesentliche Rolle und ist sehr oft in Beziehungen zu finden. Am häufigsten gibt es die *Konjunktion* und oft auch das *Trigon*. (Es kommen etwa zwei Konjunktionen auf ein Trigon.)

Interessanterweise betont die Lilith-Sonne-Verbindung anscheinend sehr stark die Autonomiebestrebungen sowie den Lern- und Entwicklungsaspekt in einer Beziehung. So haben wir hier durchaus schwierige Ehen, die jahrelang ständig eine Krise nach der anderen durchlaufen – und die es dabei doch fertigbringen, dass beide Persönlichkeiten und auch ihre Beziehung an diesen Krisen wachsen. Im Lauf der Zeit sind sie dann nicht nur krisengeschüttelt, sondern auch wirklich krisenerprobt und -erfahren! Das sind oft Paare, für die es absolut klar ist, dass sie zusammenbleiben wollen, trotz aller möglichen Probleme. Es gibt hier nicht die schnelle Trennung bei den ersten auftauchenden Schwierigkeiten, sondern es wird versucht, an und mit der Beziehung zu arbeiten.

Zwar sind auch hier Trennungen nicht ganz ausge-
schlossen, aber sie werden nicht aus »leichtfertigen«
Gründen oder aus einer Laune heraus vollzogen,
sondern weil die Beziehung zu einem Abschluss ge-
kommen ist und die Zeit »reif« ist für die Trennung.
Und dies ist dann auch beiden Partnern bewusst.

Merkwürdigerweise scheint der Bereich der Sexualität durch die Lilith-Sonne-Verbindung nicht
besonders betont zu werden. Hier ein Beispiel dafür,
wie sich ein Transit über die Lilith-Sonne-Verbindung auswirken kann:

Die Lilith des Mannes steht in Konjunktion mit
der Sonne der Frau, und dieser Punkt wird von Mars
transitiert. Er ist Inhaber eines Handwerksbetriebes,
und zunächst zeigt sich die Krise bei ihm: Er bricht
sich ein Bein, muss ins Krankenhaus, und das Ge-
schäft leidet unter anderem deshalb, weil er nicht
wie gewohnt die Kundengespräche führen kann.
Jetzt soll (natürlich?) die Frau diese Aufgabe übernehmen, was sie äußerst ungern tut. Nun erlebt sie
eine Krise, was schließlich zu einer gemeinsamen Beziehungskrise führt, deretwegen beide zur Beratung
kommen. Für ihn war und ist es selbstverständlich,
dass sie für ihn einspringt, ohne sich zu »zieren«, das
sei in einer Ehe selbstverständlich. Für sie sieht es offenbar ganz anders aus, sie fühlt sich benutzt und in
ihrer Selbstständigkeit eingeschränkt.

In einem anderen, ähnlichen Fall steht die Lilith
der Frau in Konjunktion mit der Sonne des Mannes.
Sie erledigt die Buchhaltung »seines« Betriebes nach
anfänglichem Sträuben inzwischen zwar gerne, aber

sie strapaziert seine Nerven durch ihre Art, wie sie es tut. Anfangs knirschte sie mit den Zähnen, weil sie diese Arbeit tun »musste«, jetzt knirscht er! Denn sie ruft ihn ständig an und fragt ihn wegen jeder Kleinigkeit um Rat oder Auskunft – und macht ihm damit ihre »Abhängigkeit« klar.

Vielleicht geht es bei Lilith-Sonne-Verbindungen um Grenzprobleme, um Unklarheiten, wo man selbst aufhört und wo der andere anfängt. Wenn die Lilith-Sonne-Verbindung durch andere günstige Aspekte ausgeglichen wird, kann die Beziehung sehr gut laufen, wenn nicht, dann gibt es immer Abhängigkeiten. Die Lilith-Person scheint zunächst einmal die Unterlegene zu sein, wenigstens vordergründig. Wobei sie wahrscheinlich eigentlich die stärkere Persönlichkeit ist, sich diese Stärke zunächst nicht zu leben traut und dann oft eine »Inszenierung« startet, damit das Thema bearbeitet werden muss. Die Lilith scheint zu versuchen, die Sonne zu provozieren, sie »anzukratzen«, was manchmal auf eine sehr verque-re Art geschieht Das Zeichen scheint dabei keine Rolle zu spielen. In unserem ersten Beispiel deutet einiges darauf hin, dass der Ehemann sich die Mithilfe seiner Frau insgeheim schon lange gewünscht hatte und der »Transit-Unfall« ihm im Grunde ganz gelegen kam.

Lilith-Sonne-Quadrat und -Quincunx haben wir in Beziehungshoroskopen fast nie gefunden.

Lilith – Mond:
Wenn der Mond des Mannes in Konjunktion mit

der Lilith der Frau steht, sind Mutterübertragungen üblich. Die Frau ist für den Mann der »Mutterersatz«. Beim Mond der Frau in Konjunktion mit der Lilith des Mannes scheint es ähnlich zu sein, allerdings scheint die Frau sich hier tatsächlich mütterlich zu verhalten, obwohl er das vielleicht gar nicht will. Häufig finden wir die Protektion eines wesentlich jüngeren Partners durch die Frau, inklusive wirtschaftlicher Unterstützung und eventueller Starthilfe zur Existenzgründung. Oft sind Alltag und Geschäftsebene miteinander verknüpft.

Ein typisches Beispiel für eine außergewöhnliche Alltagssituation, in der die Mondpartnerin die Mutterrolle oder Schutzrolle übernimmt bzw. Heimat bietet: Frau B. unterhielt eine Liebesbeziehung zu einem etwa 20 Jahre jüngeren Mann (seine Lilith auf ihrem Mond). Inzwischen hat er zwar mit einer Frau seines Alters eine Familie gegründet, wohnt aber mit seiner jungen Frau und den beiden gemeinsamen Kindern bei Frau B., seiner ehemaligen Geliebten. Alle Beteiligten wissen über die Zusammenhänge Bescheid, und bisher klappt das gemeinsame Leben erstaunlich problemlos.

Lilith – Merkur:
Lilith-Merkur-Verbindungen haben selten mit wirklichen Liebesbeziehungen zu tun, häufiger handelt es sich hier um Schwärmereien auf der Kopfebene und um rein geistige Beziehungen. In Lehrer-Schüler-Beziehungen, bei Seminarleiterin und -teilnehmer, bei Guru und Schülerin, finden wir oft Lilith-Merkur-Konjunktionen, auch Sextile und Trigone, jedoch kei-

ne Quadrate. Mit Lilith-Merkur-Quadrat scheint die Lehrer-Schüler-Beziehung nicht zu funktionieren.

Lilith-Mars- und *Lilith-Venus-*Verbindungen gibt es in sehr vielen Beziehungshoroskopen. Zwar finden sich alle Winkel, auch Quadrate und Oppositionen, wir werden uns jedoch auf die Beschreibung der Konjunktionen beschränken, weil sie am stärksten wirken und am deutlichsten zu beobachten sind.

Lilith – Venus:
*Die Lilith-Venus-*Konjunktion weist oft auf schwierige Beziehungen hin. Überraschenderweise sind das nicht die leichten Beziehungen, wie man sie bei Venus-Verbindungen erwarten könnte. Die problematische Verbindung von Lilith mit Venus lässt sich vielleicht archetypisch erklären: Es handelt sich um den alten Kampf zwischen der freiheitsliebenden und unabhängigen Göttin Lilith gegen ihre liebevolle, unterworfene und demütige Nachfolgerin Eva. So spielen sich in diesen Beziehungen eigentlich *Lilith-Eva-Kämpfe* ab, in denen die Lilith-Partnerin dauernd versucht, die »abhängige« Eva-Rolle zu vermeiden oder auch anzugreifen.

Diese ständige Reibung zwischen Evas liebevoller Hingabe und Liliths Erotik und Autonomie kann quasi zu einer »Entzündung« führen, einer ambivalenten Abhängigkeit der beiden voneinander, sodass sie weder zueinander kommen noch voneinander lassen können. Dies kann sich auf verschiedene Weise auswirken. Wir finden Paare, die sich auch nach dem »offiziellen« Ende der Beziehung nicht wirklich trennen.

Oder wir finden die Vermischung von alter und neuer Beziehung. Vor der Beendigung einer alten wird bereits eine neue Beziehung eingegangen – oft verbunden mit romantischer, als absolut empfundener Liebe, die nicht verdrängt und auf die anscheinend keinesfalls verzichtet werden kann. Dabei scheint das Gefühl eine Rolle zu spielen, dass die Venus-Partnerin frei wird. Sie versucht offenbar, sich von der »übermächtigen« Lilith zu befreien.

Oft wird auch von der Lilith-Partnerin eine vorhergehende Partnerschaft benutzt, um Druck auf die neue Beziehung auszuüben. »Mein erster Mann hat aber…« – und der Venus-Partner muss die (für ihn gewöhnlich ungünstigen) Vergleiche anhören. So wird dieser Kampf (der sich eigentlich zwischen zwei weiblichen Archetypen abspielt!) nicht offen ausgetragen, sondern auf dem Umweg über die früheren Partnerschaften. Die beiden Kampf-»Hähne« gehen nicht direkt miteinander um, sondern sie versuchen, über diesen Umweg ihre Abhängigkeit voreinander zu verbergen. Und bei diesen Vergleichen schneidet immer der Venus-Partner schlechter ab! Lilith scheint die Venus zu provozieren. Sie fordert die Liebesfähigkeit der Venus bis aufs äußerste heraus.

Übrigens ist dieses Phänomen nicht geschlechtsgebunden. Wir finden die gleichen Abläufe auch beim männlichen Lilith-Partner im Umgang mit seiner weiblichen Venus-Partnerin.

Das Thema der *Sexualität* läuft eher unterschwellig mit. Sie scheint äußerlich kein besonderer Problempunkt zu sein, übt aber in Wirklichkeit eine besonders starke Faszination aus, weil sie zwar immer in der Luft liegt, aber nicht wirklich gelebt wird.

Lilith – Mars:
Die *Lilith-Mars*-Konjunktion ist hochexplosiv! Solche Verbindungen weisen immer ein sehr hohes Energiepotential auf, das sich nicht nur als erotische Anziehung erweist, sondern auch in Geschäfts- und anderen Beziehungen wirksam sein kann. Im günstigen Fall ergibt sich eine äußerst kreative und lebendige Partnerschaft. In den Fällen, wo die Konjunktion sich überwiegend auf der erotischen Ebene auswirkt, ist die sexuelle Spannung entsprechend hoch. Aus der enormen erotisch-sexuellen Anziehungskraft ergeben sich dann allerdings oft sehr problematische Verbindungen mit sexuellen Abhängigkeiten oder Hörigkeiten.

Das hohe Energiepotential der Lilith-Mars-Verbindung kann sich außer in intensiver sexueller Aktivität auch in extrem starken Spannungen und Kämpfen zwischen den Beteiligten entladen. Bei Trennungen können dann gnadenlose Sorgerechts-, Finanz- oder Rachekämpfe stattfinden. Offenbar führt das hohe Maß an Energie, das in diesen Beziehungen vorhanden ist, entweder zu sehr aktiven sexuellen Verbindungen oder im Streitfall zu ebenso aktiven »gemeinsamen« Kämpfen. Für die Verteilung der Rollen scheint es keine Rolle zu spielen, wessen Lilith auf wessen Mars steht.

Häufig führt die sexuelle Attraktion der Lilith-Mars-Verbindung zu »illegalen« Beziehungen, gelegentlich wird sie auch (insbesondere von Frauen) sehr bewusst und funktional eingesetzt, um gewisse Vorteile zu erreichen.

Beim *Lilith-Mars-Quadrat* kann es vorkommen, dass die sexuelle Anziehungskraft »versagt« oder einseitig bleibt. In manchen Fällen, besonders wenn die Frau die Lilith-Partnerin ist (und besonders wenn sie die Lilith in ihrem 5. Haus stehen hat), verweigert sie die sexuelle Verbindung vollkommen, trotz aller Bemühungen und Aktivitäten ihres Mars-Partners.

Lilith – Jupiter:
Hier wird normalerweise die Lilith dazu verführt, die Großartigkeit des Jupiter zu bewundern. Der Jupiter-Partner (oder die -Partnerin) steht auf einem Sockel wie ein erhabenes Reiterstandbild und wird vom Lilith-Partner angestaunt. Die Frage ist nur, wie lange! Es wäre nicht Lilith, würde sie es nicht schaffen, die Richtung der Projektionen gelegentlich umzudrehen und ihre eigene Attraktivität ins Spiel zu bringen.

Im therapeutischen Umfeld, und hier finden wir die Lilith-JupiterVerbindung gar nicht selten, kann dies allerdings sehr problematisch werden. Die Grenzen zwischen therapeutischer und persönlicher Beziehung können verschwimmen, und es kann zu gegenseitiger Verführung und Abhängigkeit kommen.

Die Lilith-Jupiter-Verbindung scheint insgesamt eine gewisse Jupiterfärbung anzunehmen. Oft finden wir Verbindungen mit gemeinsamem spirituellem Hintergrund, beispielsweise die Verbindung von zwei Sanyasins, oder beide sind im traditionellen kirchlichen Bereich eingebunden, oder sie verehren gemeinsam irgendeinen Guru. Die Sexualität wird in diesen Verbindungen kaum erwähnt. Sie scheint (im wahrsten Sinne des Wortes) in den jeweiligen spirituellen Kontext »eingebettet« zu sein.

Lilith – Saturn:
Die Verbindung *Lilith-Saturn* konnten wir fast gar nicht finden. Sie taucht wohl in Liebesbeziehungen selten auf, was nicht verwunderlich ist. Wenn die Autonomie des einen mit den Strukturen der anderen zusammenprallt, kann es eigentlich nicht lange gut gehen. Überall da, wo die Saturn-Persönlichkeit ihre Strukturen, Ordnungen und Systeme einbaut, würde der Lilith-Partner konstant widersprechen. Denn sogar, wenn wir Lilith als blinden Fleck interpretieren, würde der eine einen blinden Fleck genau da haben, wo die andere ihre Ordnung hat. Eine andere Ebene, die vielleicht erwähnt werden sollte, ist die karmische. Mit Lilith und Saturn kommen zwei alte Prinzipien zusammen. Das könnte das Gefühl sein: »Wir kennen uns schon lange.« Aber auch in diesen Fällen scheint die karmische Aufgabe nicht die einer Liebesbeziehung zu sein. Nach unserer Beobachtung findet man diese Ver-

bindung au-ßerordentlich selten bei Liebesbeziehungen, relativ oft jedoch zwischen Eltern und
Kind.

Lilith-Aspekte des einen Horoskops zu den äußeren Planeten Uranus, Neptun und Pluto des anderen Horoskops

Die Lilith-Uranus-Verbindung finden wir häufig,
und sie scheint recht angenehm zu sein. Die Lilith-
Verbindungen mit den beiden anderen äußeren
Planeten Neptun und Pluto führen jedoch oft in
besonders schwierige Bereiche. Lilith-Pluto-Verbindungen haben wir bisher nur selten gefunden, aber
Lilith-Neptun recht häufig, sowohl Konjunktionen
wie auch Trigone.

Lilith – Uranus:
Die Lilith-Uranus-Verbindung kommt, wie gesagt,
häufig vor. Diese Beziehungen scheinen leicht und
angenehm zu laufen. Die Partner fühlen sich unterstützt und angeregt, sie haben das Gefühl, sich frei
entwickeln zu können und in ihrer Selbständigkeit
gefördert zu werden – und sie verhalten sich ihrerseits der Partnerin gegenüber entsprechend. Hier
finden wenig oder gar keine Projektionen statt, die
beiden sind zu einem grundsätzlichen Verstehen der
anderen bereit und verhalten sich wie gute Freunde.
Die Atmosphäre ist ähnlich wie bei Lilith in der Luft
oder wie bei Lilith-Sonne-Verbindungen.

Sexualität ist überhaupt kein Thema und wird überhaupt nicht erwähnt. Eher tauchen hier die Fragen von Außenstehenden auf: Haben die beiden überhaupt eine körperliche Beziehung, die Sexualität mit einschließt? Es handelt sich offenbar eher um platonisch-geistige Beziehungen.

Lilith – Neptun:
Die Verbindung von Lilith mit Neptun ist offenbar sehr problematisch und weist auf eine Verlockung zum Helfen und oft auf eine damit verbundene Abhängigkeit hin. Leider müssen wir gestehen, dass wir bisher noch keine einzige glückliche Beziehung mit Lilith-Neptun-Konjunktion gesehen haben. Wobei merkwürdigerweise in den uns bekannten Liebesbeziehungen immer die Lilith der Frau auf dem Neptun des Mannes steht und als »Opfer« in Abhängigkeit, häufig in sogenannte Co-Abhängigkeit gerät. Noch stärker wird die gegenseitige Abhängigkeit beim sogenannten Doppelklick, wenn Lilith und Neptun wechselseitig die Konjunktion bilden. In dem eingangs bereits erwähnten Fall von Frau S. werden ihre Opferbereitschaft und ihr Masochismus an den Alkoholismus des Mannes geknüpft und machen trotz einer furchtbaren Ehe eine Trennung unmöglich. In einem anderen Fall stand die Frau schon mehrmals mit den Koffern vor der Tür, um ihren Mann endgültig zu verlassen. Sie kam aber nie weiter als zum Bahnhof, wo sie spätestens wieder von ihm zurückgeholt wurde. Auch in diesem Fall ist die gegenseitige Abhängigkeit offenkundig.

Die Lilith-Neptun-Konjunktion bedeutet anscheinend die völlige Unfähigkeit, sich zu lösen. Als »rationale« Erklärung oder Rechtfertigung, die oft dazu dienen soll, die offenkundige und anscheinend unüberwindbare Abhängigkeit auch vor sich selbst zu verschleiern, werden dann oft mystische, spirituelle oder karmische Gründe angeführt, die gegen eine Trennung stünden.

Lilith – Pluto:
Die *Lilith-Pluto-Konjunktion* scheint auf allgemeine und sexuelle Hörigkeit und Abhängigkeit mit psychischer und/oder physischer Gewaltanwendung hinzuweisen. Es handelt sich fast immer, ähnlich wie bei Lilith-Neptun, um ein Festhalten aneinander um jeden Preis.

In zwei Fällen aus der Beratungspraxis* mit Lilith-Pluto-Konjunktion finden sich (zufälligerweise?) folgende Übereinstimmungen: Beide Male haben die Frauen ihre Lilith am Pluto des Partners, jeweils in ihrem 7. Haus. In beiden Fällen besteht ein sehr intensiver Bezug. Beide Frauen hatten deutliche Minderwertigkeitsprobleme schon vor und zu Beginn der Beziehung und gaben die »Macht« an die Ehemänner ab, was zu extrem negativen Einflussnahmen der Männer auf die Frauen führte. Die Männer durften alles, die Frauen durften gar nichts. Beide Frauen

---

* Es ist uns klar, dass dies noch zu wenige Fälle sind, um definitive Aussagen machen zu können, aber auffallend sind die Übereinstimmungen doch.

sind geschlagen worden, beide haben versucht, sich zu trennen, und haben es lange Zeit nicht geschafft. Beide sind jetzt aber dabei, sich freizukämpfen bzw. ihre Macht zurückzuerobern – und beide scheinen damit ihre Männer vor nahezu unlösbare Probleme zu stellen. Die erwachende Lilith ist für den Pluto offenbar ein sehr großes Problem.

Auffallend ist bei Lilith-Pluto-Verbindungen: Die Machtkämpfe fehlen am Anfang vollkommen. Zwischen Pluto-Venus und Pluto-Mars in Partnerhoroskopen findet man praktisch immer einen Machtkampf und die Frage: »Wer ist stärker?« Bei Pluto-Lilith, wo man es eigentlich ebenfalls erwarten würde, scheint es darum zunächst einmal gar nicht zu gehen. Und zwar aus einem sehr einfachen Grund: Die Hierarchieverhältnisse sind von vornherein klar, und zwar in den uns bekannten Fällen immer zugunsten des (männlichen) Pluto-Partners. Die (weiblichen) Lilith-Partnerinnen werden von Pluto buchstäblich im »Hades« gehalten und bewacht.

Die psychische oder gar physische Gewalterfahrung wird von der Lilith-Partnerin zunächst als etwas »Normales« angesehen, das einfach dazugehört. Anders als bei Lilith-Neptun, wo die Opferebene den Frauen von Anfang an deutlich ist. Erst wenn der Schmerz zu groß wird und das Verzweiflungstief und -chaos nicht mehr zu ertragen ist, wird der Frau klar, dass das *nicht* »normal« ist. Dieses Aufwachen der Lilith bzw. der Lilith-Partnerin und ihr Erkennen, wo sie sich eigentlich befindet, wird allerdings nur möglich, wenn sie aus irgendeinem Grund für einige

Zeit aus dem »Unterweltgefängnis« entlassen wird. Dies kann ein Kur- oder Krankenhausaufenthalt sein oder sonst eine Gelegenheit, die ihr die Chance bietet, in Kontakt und mit Hilfe von anderen Menschen ihre Situation »von außen« zu betrachten. Und dann verweigert sie sich der Gewalt. Die erwachende oder wache Lilith beginnt, dem Pluto-Partner die Energie zu entziehen, die sich vorher gegen sie gerichtet hatte, und wandelt sie in ihre eigene Stärke um. Und wenn sie genügend Kraft angesammelt hat, dann trennt sie sich von ihm – endgültig und unwiderruflich.

Interessanterweise ist in all diesen Fällen das »Opfer« immer die Lilith und nicht der Neptun (oder gar der Pluto). Und auffallenderweise steht immer die *Lilith der Frau* in Konjunktion mit dem Neptun oder Pluto des Mannes! Während beispielsweise bei Lilith-Sonne-Konjunktion (und auch bei Lilith-Uranus) ein Austausch der Geschlechter immer möglich ist, haben wir bei Lilith-Neptun – ebenso wie bei Lilith-Pluto-Verbindungen – also immer dort, wo es um »Opfer« geht – die Lilith der Frau auf dem Neptun bzw. Pluto des Mannes gefunden. Dieses Phänomen scheint uns recht beachtenswert und sollte sicher noch genauer untersucht werden. Wo liegen die Ursachen? Haben wir es mit gesellschaftlichen Konditionierungen zu tun?

Lilith-Aspekte des einen
Horoskops zu den Mondknoten
des anderen Horoskops

Lilith in Konjunktion mit dem absteigenden Mond-knoten des Partners deutet auf karmische Verbin-dungen hin. Anscheinend hatten die Partner schon früher miteinander zu tun und haben jetzt gemein-same karmische Aufgaben zu lösen. Anders als bei eventuell ebenfalls karmischen Aufgaben bei Liliths Verbindung mit Saturn finden wir die Lilith-Ver-bindung mit dem absteigenden Mondknoten in ver-schiedenen Beziehungen, darunter auch in Liebes-beziehungen, recht häufig. Die Verbindung mit dem aufsteigenden Mondknoten erscheint dagegen sehr selten. Das Verhältnis ist in etwa eins zu zehn. Die Spekulationen darüber überlassen wir den Leserin-nen und Lesern!

Lilith-Aspekte des einen Horoskops
zur Aszendent-Deszendent-Achse
des anderen Horoskops

Die Verbindung Liliths mit der Aszendent-Deszen-dent-Achse scheint die Beziehung angenehm und leicht zu machen. Es gibt eine Mischung aus »den andern klar sehen« und »blind für ihn sein«. Es ist beides da und wird beides akzeptiert. Es geht nicht darum, den andern zu verändern, sondern ihn zu akzeptieren. Und das wird nicht als Arbeit empfunden, sondern läuft fast von selbst. Man braucht auch sich selbst nicht in die Richtung zu verändern, wie der/die andere ist. Die Faszination liegt genau darin, dass sie eben so ist, wie sie ist. Sie erscheint nicht fremd, sondern verständlich. (Beim Quincunx wäre es ja diese Fremdheit, die fasziniert.) Bei der Lilith-Konjunktion mit dem Aszendenten oder dem Deszendenten ist das vorherrschende Gefühl einfach: »Es ist gut, dass du so bist, wie du bist!«

In der Konjunktion mit dem Aszendenten ist die Lilith fasziniert davon, wie der Partner den Weg ins Leben geht. Sie spürt, dass sie dadurch eine Menge über sich selbst erfahren kann. Und so entsteht eine sehr starke Verbindung. Gleichzeitig wird aber auch der Aszendent immer klarer durch diese Beziehung.

Ein Beispiel für eine gegenseitige *Lilith-Asz.-Konjunktion:* Die Frau hat den Aszendenten in den Fischen, der Mann hat die Lilith in den Fischen. Er hat den Aszendenten im Steinbock und sie die Lilith im Steinbock. Das Paar lässt sich gegenseitig sehr viel Freiheit, aber sie gebrauchen diese Freiheit kaum. Sie lernen aneinander und voneinander. Sein Steinbock-Aszendent lernt durch die intuitive Weisheit ihrer Steinbock-Lilith, sein Misstrauen loszulassen, und ihr Fische-Aszendent lernt von seiner Fische-Lilith, sich in die Gefühle hineinzuwagen. Diese wechselseitige Lilith-Asz.-Konjunktion bietet den beiden Partnern die große Chance, bewusst mit den Aszendenten wie auch mit der Lilith umzugehen, und sie hat dabei etwas Fröhliches und Optimistisches.

Lilith in den Häusern
des Partners/ der Partnerin

Es gibt einige typische Beziehungsformen, die immer wieder zu beobachten sind, wenn Lilith in bestimmte Häuser des Partnerhoroskops fällt. Im folgenden sollen als Anregung für eigene Beobachtungen die auffallendsten Erscheinungen kurz skizziert werden.

Bei Lilith im 5. Haus des/der anderen ist ein Seitensprung ganz normal, gehört eigentlich mit dazu und wird akzeptiert. Die eine macht sich tatsächlich blind für den anderen. »Ich weiß ja, dass mein Mann eine Freundin hat, aber das stört mich nicht weiter. Ich weiß, dass er wieder zurückkommt.«

Bei Lilith im 6. Haus des/der anderen spielt die Körperebene immer eine wesentliche, aber immer krisenhafte Rolle. Da hat jemand Schwierigkeiten im Umgang mit dem Körper, kann sich zum Beispiel nicht »fallen lassen«, was aber dem Partner schließlich auffällt Und dann wird es zum Krisenthema und zum Vorwurf: »Du gibst dich nicht ganz hin!« Das gilt für beide Geschlechter. Beispiel: Er wirft es ihr vor. Ihre Lilith steht im Skorpion in seinem 6. Haus. Er ist absolut fasziniert von ihrer erotisch-sexuellen Energie, ist aber gleichzeitig der Meinung, sie gebe ihm davon zu wenig.

Bei Lilith im 8. Haus des/der anderen zeigt die Beziehung oft keine besonders intensive Energie. Die Lilith im 8. Haus deutet aber trotzdem ein ganz starkes »Zueinandergehören« an. Offenbar macht eine unterschwellige emotionale Energie diese enge Bindung aus, die aber nicht klar gefasst werden kann.

Lilith im 11. Haus des/der anderen ist oft ein Hinweis auf eine platonische Beziehung, in der die körperlich-sinnliche Ebene nur eine untergeordnete Rolle spielt.

Das Leitmotiv, das sich durch dieses Kapitel zieht, könnte lauten: »Im Spannungsfeld zwischen Liebe und Autonomie.« Bei allen Schwierigkeiten, die Lilith in Beziehungen hervorrufen kann, liegt die besondere Chance, die uns die Beschäftigung mit ihr bietet, wohl darin, zu begreifen, dass der Widerspruch zwischen Liebe und Autonomie nur ein scheinbarer ist. Eine erwachte und autonome Lilith sollte es möglich machen, die häufigen Beziehungsfallen und Abhängigkeitsmuster zu erkennen – und daraufhin zu verändern. Autonomie macht uns ja eigentlich erst fähig zur Liebe! So liegt die Herausforderung darin, uns den oft unbequemen und leidvollen Erfahrungen Liliths zu stellen und uns selbst weiterzuentwickeln.

Vielleicht gelingt es uns dann, der »Königin der Hexen« zu folgen:

vom Abhängigkeitsfrust zu autonomer Lust!

22. Hexenbesuch!
Lilith-Transite

Wie wir gesehen haben, kann Lilith im persönlichen Radixhoroskop zwar durchaus negative und schwierige Persönlichkeitsanteile verkörpern, gleichzeitig weist sie aber auch auf positive und befreiende Züge hin, indem sie die Möglichkeiten und Potentiale andeutet, die wir durch unsere persönliche Entwicklung schließlich nutzen und konstruktiv einsetzen können. So steht sie für »Entwicklung und Lernen« in einem sehr tiefen, esoterisch-okkulten Sinne: »Ich bin auf dieser Welt, um mich lernend zu verwandeln«, wie es André Heller (in anderem Zusammenhang) ausdrückt. Noch deutlicher als beim Horoskopvergleich überwiegen jedoch in den aktuellen Transitauslösungen die problematischen und schwierigen Manifestationen gegenüber den leichten und angenehmen.

Die Lilith-Prognose, also die Voraussage von möglichen Ereignissen, die durch Lilith-Transite, -Direktionen oder -Berührungen des Lebenspunkts ausgelöst werden, ist außerordentlich schwierig – viel schwieriger als bei anderen Planeten. Lilith bringt oft sehr seltsame Erscheinungen mit sich, die meist erst nachträglich, dann allerdings häufig sehr »erhellend« gedeutet werden können.

Wir wollen versuchen, das Verständnis und das Bewusstsein dafür zu wecken, was Lilith-Auslösungen bedeuten können. Denn wenn wir sie bewusst wahrnehmen, wird es uns vielleicht eines Tages gelingen, sie konstruktiv zu gestalten, anstatt sie nur passiv zu erleben oder zu erleiden. Wie schon gesagt, besteht ein wesentlicher Unterschied zwischen den Transiten von Lilith und denen anderer Planeten darin, dass Liliths Art der Einwirkung (vorläufig?) nicht vorhersagbar ist. Nachträglich sind die Vorgänge meist recht deutlich auf bestimmte Entwicklungen zu beziehen, wobei im Allgemeinen das Freiheitsthema deutlich zum Vorschein kommt. Vor allem aber scheint es sich immer darum zu handeln, dass das Bewusstsein geweckt wird oder die Bewusstheit auf eine höhere Ebene gehoben wird.

Normalerweise handelt es sich um kurze, schnelle Ereignisse mehr oder weniger heftiger Art, die aus irgendeinem Grund das Bewusstsein besonders beschäftigen. Zunächst scheinen diese Ereignisse in keinem Verhältnis zum eigentlichen »Hauptthema« der Betroffenen zu stehen, aber oft wirken sie wie ein Auslöser, der bewirkt, dass »der Groschen fällt«. Plötzlich fügt sich ein entscheidendes Puzzleteil an die richtige Stelle, und das Bild wird klar.

Wegen der Eigenart und Vielschichtigkeit der zu beobachtenden Phänomene, vor allem aber, weil die Deutung dieser Phänomene sehr individuell auf die jeweilige Persönlichkeit und Situation bezogen werden muss, braucht eine umfassende Untersuchung von Lillth-Auslösungen noch weitere intensive Forschung und Beobachtung.

Lilith-Transite bringen oft recht markante Ereignisse. Da sie durch die relativ kurze Umlaufzeit von vier Monaten aber recht häufig sind, ist die Intensität natürlich sehr unterschiedlich. Unterstützung durch die äußeren Planeten Jupiter, Saturn, Uranus, Neptun oder Pluto verstärkt die Transite und hebt sie auf eine eher unpersönliche oder überpersönliche Ebene, während die Verstärkung durch die inneren Planeten offenbar direkter und persönlicher ist.

Was bedeutet es nun eigentlich, wenn Lilith sich einem Planeten annähert? Betrachten wir zum Vergleich die Annäherung Merkurs, des Götterboten, so wissen wir, dass die »Sprache«, die Ideen, die Kommunikation sich nähern und den transitierten Planeten anregen. Was jedoch nähert sich bei Lilith? Wenn wir im mythologischen Bild bleiben, so nähert sich ein Wesen ohne Arme und Beine, ein weiblicher Torso mit wallenden Haaren, ein Succubus der Verführung und Blindheit! So könnte das Thema ihres Transits die Blindheit des Planeten sein. Deutlicher scheint sich aber eine andere Ebene zu zeigen, insbesondere bei Menschen mit einer gewissen Bewusstheit oder Sinnsuche. Anscheinend kommt hier »die Hexe mit dem Hexenbesen« geflogen. Sie kann Unklares oder Störendes wegfegen, sie kann dem Betreffenden auch ein paar kräftige Hiebe mit ihrem Besen versetzen, oder aber sie kann ihm ihr magisches Fluggerät zum Flug in die Freiheit anbieten: »Du kannst fliegen, wohin du willst, wenn du das Losungswort kennst!« Und das Losungswort ist nichts anderes als ihre Forderung nach Bewusstheit. Den Anstoß, dieses Losungswort zu finden, nämlich die Selbst-Bewusstheit zu entwickeln, liefert sie gleich mit.

Zusammenfassend lässt sich sagen, dass Lilith-Transite sich zwar sehr problematisch äußern können, indem sie die Blindheit betonen, dass sie andererseits aber auch (durchaus unbequeme oder unerwünschte) Möglichkeiten mit sich bringen können, die dem »Flug«, nämlich dem Flug der Befreiung, dienen.

Lilith-Transit über Lilith

Der Transit von Lilith über Lilith (wie auch das Quadrat zu ihr) bringt oft sehr eigenartige, ja magische Phänomene zum Vorschein. Vor allem in Verbindung mit anderen Planeten löst die transitierende Lilith oft schwerverständliche Dinge aus. In vielen Fällen sind das Vorgänge auf schwierigen, destruktiven Ebenen. Durch ihren Transit intensiviert Lilith die gesamte Energie, die im Radixhoroskop dargestellt wird. So werden schwierige Lilith-Verbindungen im Radixhoroskop durch jeden Lilith-Transit (übrigens manchmal auch bei Trigonen!) energetisch aufgeladen. Andererseits werden aber auch die Chancen, die durch Lilith angezeigt werden, aktiviert, wobei die Hausstellung Liliths von großer Bedeutung ist. So ist es, beispielsweise durch die Transit-Auslösung einer Radix-Lilith im 3. Haus, möglich, bisher verschlossene Wege der Kommunikation bis hin zu »magischen« Gesprächen mit Tieren und Pflanzen zu öffnen und zu benutzen. Überhaupt haben Lilith-Auslösungen auffallend oft mit Tieren zu tun. Aus einer Fülle von Beispielen wollen wir einige herausgreifen:

Beispiele:
Einer Frau, deren Tierliebe das normale Maß bei weitem übersteigt, die furchtbar unter der Gewalt leidet, die Tieren täglich angetan wird, und die von ihrer ganz besonderen Affinität zu Katzen geradezu besessen ist – ausgerechnet dieser Frau passiert es beim Lilith-Transit, dass sie zu ihrem Entsetzen selbst eine Katze überfährt.

Eine andere Frau (Lilith im Zwilling im 10. Haus) bemerkt plötzlich, wie eine Fledermaus bei offenem Fenster im Zimmer herumschwirrt und offenbar nicht mehr ins Freie hinausfindet. Erst als das Licht gelöscht wird, findet sie den Weg nach draußen; vorher war sie ratlos, irritiert, gefangen. Und beim nächsten Lilith-Transit dieser Frau fliegt ein Rotkehlchen zum Fenster herein. Bei seinen Fluchtversuchen stößt es immer wieder mit dem Kopf gegen die Decke, bis es blutet. Es versucht verzweifelt zu entkommen – aber nicht zum offenen Fenster hinaus, wo der Weg frei wäre, sondern dort, wo es keinen Ausweg gibt. Nachträglich werden der Bezug zum aktuellen Thema der betroffenen Frau und die Interpretation deutlich. Die Frau befand sich zu dem Zeitpunkt, als die Fledermaus kam, im Widerstreit mit sich selbst, ob sie sich wieder ihrer wissenschaftlichen Arbeit widmen oder sich im »Gefängnis« der Haus- und Familienfrau einrichten solle. Sie fühlte sich wie die Fledermaus: ratlos, irritiert, gefangen. Als sie beim nächsten Transit noch immer im gleichen ungelösten Dilemma feststeckte, wurde ihr durch das Rotkehlchen wiederum ein deutlicher Spiegel, vielleicht ein Vergrößerungsspiegel, vorgehalten, quasi als Aufforderung: Werde dir deiner Bedürfnisse bewusst! Achte auf deine Instinkte und auf deine innere Stimme! Achte darauf, wohin du fliegst!

Aber voraussagbar sind solche Ereignisse nicht. Lilith stellt offenbar symbolische Bezüge her und schafft so Entwicklungsreize oder Bewusstwerdungs-Möglichkeiten.

Frau K. (mit Lilith im 11. Haus im Krebs und Mond im Schützen im 4. Haus) beteiligt sich alleine an einer Gruppenreise. Lilith wandert während der Reise durch den Krebs und über ihre Lilith. Direkt nach der Abreise stellt sich zu Frau Ks Schrecken heraus, dass die gesamte übrige Reisegruppe einer strenggläubigen Religionsgemeinschaft angehört, die eng verwandt ist mit einer, von deren einengender Erziehung sich Frau K. im Laufe ihres Lebens mühsam befreit hat (Mond im Schützen in 4). Sie sieht sich jetzt mit dem Problem konfrontiert, diese Reise gewissermaßen »alleine« (Lilith) und ohne Heimat (Krebs) innerhalb der Gruppe (11. Haus) machen zu müssen. So wird dies ihre erste Reise, die sie »alleine« macht.

Frau W. fügt endlich, nach zwanzigjähriger Unzufriedenheit über den Verlust »ihres« Namens bei der Heirat, offiziell ihren Geburtsnamen dem angeheirateten Ehenamen bei – und sie empfindet diese offizielle Namensänderung eindeutig als befreiende Maßnahme.

Eine besonders typische Manifestation des Lilith-Transits sind intensive Träume. Häufig haben sie mit der Auseinandersetzung und der Integration des Göttlichen zu tun. So träumte eine leidenschaftliche Skifahrerin von »ihrer« Göttin, der kretischen Schlangengöttin, wie sie auf Skiern einen Steilhang heruntertanzte, statt ihrer Schlangen die Skistöcke in den Händen, und ein anderes Mal träumte sie die Heilige Hochzeit von Schlangengöttin und Stiergott.

Von einer Klientin wurden (später überprüfte!) Umstände und Daten einer »früheren Inkarnation« geträumt.

Nach diesen vielen Beispielen, die bezeichnenderweise alle von Frauen stammen, wollen wir auch ein, zugegebenermaßen makabres, Beispiel für einen Lilith-Transit bei einem Mann nicht verschweigen. Der Schriftsteller *Otto Weininger*, ein fanatischer Frauenhasser (*Geschlecht und Charakter*) mit einer Lilith-Mars-Konjunktion im Zwilling im 10. Haus, beging am 4. 10. 1903, beim Lilith-Transit über Lilith-Mars, Suizid.

Lilith im Quadrat zu Lilith

Diese Transit-Auslösungen scheinen problematischer zu sein als die Konjunktionen und fast immer destruktiv. Auffallend häufig finden sich bei Frauen mit der Radix-Lilith im 5. Haus Abtreibungen, Fehlgeburten oder Totgeburten, wenn die transitierende Lilith aus dem 8. Haus ein Quadrat auf die Radix-Lilith bildet. Die Auslösung von Lilith-Quadraten auf Lilith im 2. Haus hat oft mit Geldverlusten zu tun. Eine andere typische Erscheinung des Transits scheint die »Befreiung von einem Partner« durch das Ende einer Beziehung zu sein.

Beispiele:

Ein Mann mit Lilith-Saturn-Konjunktion im Radixhoroskop verunglückt nachts unter ungeklärten Umständen tödlich mit dem Auto. Zum Zeitpunkt des Unfalls bildet die transitierende Lilith ein Quadrat auf diese Konjunktion.

Einer jungen Frau wurde innerhalb weniger Jahre zweimal beim Lilith-Quadrat aus dem Skorpion auf die Wassermann-Lilith von anderen Personen (ohne dass sie selbst dabei war) ihr Auto zu Schrott gefahren. Interessanterweise war sie beide Male ihres Wagens insgeheim bereits überdrüssig und empfand – nach dem ersten Schrecken – den Verlust des (versicherten) Autos eigentlich als Befreiung.

Lilith-Transite über die Planeten

Die transitierende Lilith wirkt wie ein Brennglas auf die Planeten, zu denen sie eine Konjunktion oder ein Quadrat bildet: Was sie im Horoskop berührt, kommt in den Brennpunkt und erhält, dem Thema des Radixhoroskops entsprechend, ein Vielfaches der normalen Wirksamkeit.

Auch wenn sie einen Planeten als »blinden Fleck« verschlingt, taucht das Prinzip dieses Planeten verstärkt – aber eben nur negativ verstärkt – auf. Und irgendwie hat es immer mit Befreiung zu tun. Die Planeten werden mit dem Thema Freiheit – oft in verquerer Weise – in Verbindung gebracht. Manchmal tauchen sehr seltsame alte und längst vergessene Erfahrungen von Freiheit wieder auf. Oder während des Lilith-Transits löst man sich aus alten Strukturen oder Bindungen und stellt eine gewisse Abgrenzung und Distanz her.

Oft deuten Lilith-Transite über die Planeten auch eine Möglichkeit an, etwas zu tun, was man normalerweise nicht tun würde. Es ist, als würde eine bestimmte Grenze oder Schwelle aufgehoben, und man »schlittert« einfach in ein bestimmtes Thema hinein. Manchmal werden innerhalb von Sekunden die altvertrauten Meinungen, Haltungen oder Einstellungen umgestoßen und in ihr Gegenteil verkehrt.

Lilith über Sonne:
Dieser Transit scheint immer auf eine Beschäftigung mit den eigenen Bedürfnissen und auf ein Nachdenken über sich selbst hinzuweisen. Die eigene Persönlichkeit wird reflektiert Dies kann durch äußere Anlässe oder durch das unvermittelte Auftauchen der Fragen angeregt werden: »Wer bin ich eigentlich? Wo bin ich? Was bedeutet das für mein Gebundensein, mein Freisein, meine Selbstverwirklichung?«

Sehr oft treten körperliche, berufliche oder familiäre Störungen auf und werfen die Betroffenen auf die eigene Person zurück. Diese Störungen bieten aber eigentlich nur den Anlass, um sich mit sich selbst zu beschäftigen. So führt ein Ärgernis an meinem Arbeitsplatz unter diesem Transit nur in zweiter Linie zu einer Auseinandersetzung direkt am Arbeitsplatz, in erster Linie jedoch zu einer Auseinandersetzung mit mir selbst (»Wer bin ich eigentlich, und was tue ich hier?«).

Ein kleines Ereignis dient so unter Umständen als Auslöser für die Beschäftigung mit den großen Zusammenhängen, für Fragen der Individualität und der Individuation. Diese Prozesse laufen meistens für die Außenwelt verborgen im Inneren der Betroffenen ab. Äußerlich zeigt sich oft nur, dass die Betroffenen ihre Freiheit in einem plötzlichen und unerwarteten Ausbruch verteidigen!

Beispiele:
Eine Klientin fühlte sich seit längerer Zeit durch die Verpflichtung zu Überstunden überfordert und ausgenützt. Beim Transit von Lilith über ihre Stiersonne beschloss sie, der Missachtung ihrer Bedürfnisse ein Ende zu setzen. Die bisher Geduldige machte plötzlich einen großen Krach im Betrieb und befreite sich damit von ihren Überstunden: Lilith über Sonne im Stier sorgte für die »Freiheit des Feierabends!«.

Eine andere Frau mit der Sonne im Skorpion im 1. Haus, focht einen großen und befreienden Ehekrach durch, als Lilith in Opposition zur Sonne (aus dem 7. Haus) stand.

Lilith über Mond:
Wenn Lilith, der Archetyp der weisen Alten, über die beiden anderen weiblichen Planeten *Mond oder Venus* zieht, so weist dies auf eine Berührung des Weiblichen durch die Themen von Freiheit und Befreiung hin, beispielsweise die Auseinandersetzung mit den Problemen von Freiheit und Gebundenheit als Frau und als Mutter. Andererseits bringt Lilith aber auch das uralte, ganzheitliche weibliche Wissen zum Vorschein, wie es sich in der Intuition und in Träumen manifestiert. Häufig entstehen dadurch bei Lilith-Mond-Transiten Bewusstwerdungsprozesse, die in Zusammenhang mit Familie, mit Liebe und/oder Abhängigkeit oder ganz allgemein mit Beziehungen oder Beziehungsmustern stehen. Plötzlich wird das Erfassen eines Gesamtzusammenhanges möglich. Anscheinend handelt es sich oft um ein Erkalten der familiären Bande. Die Familie wird passiv als »nicht vorhanden« erlebt, oder sie wird aktiv weggeschoben. Sehr häufig scheint ein »Sich-Lösen«, eine Ent-Täuschung von Familie – sei sie nun angenehm oder unangenehm, erwünscht oder unerwünscht – eine Rolle zu spielen.

Beispiele:
Der Bruder einer Klientin sagt ihr beim Lilith-Transit über ihren Mond überraschend eine gemeinsam geplante Reise ab. Alleine zu fahren, traut sich die

Klientin nicht zu. Vier Grad weiter im Radixhoroskop steht ihr Jupiter, und prompt ruft am nächsten Abend, also bei Lilith fast am Jupiter, eine Freundin bei ihr an und bietet sich an, mitzufahren.

Lilith-Transite über den Mond scheinen immer wieder Enttäuschungen im Zusammenhang mit der Familie zu bringen, die nicht so leicht als »Freiheit« zu erkennen sind. Lilith liefert wohl die Herausforderung zur Freiheit: »Traue ich mir die Fahrt alleine wirklich nicht zu?« »Wie abhängig bin ich eigentlich von Familienangehörigen?« Bei Lilith über Jupiter ruft dann oft die Freundin an und bringt für diesmal eine überraschende Lösung ins Spiel.

Eine junge Frau sollte im Anschluss an einen Workshop von ihrem Vater zu einer sehr wichtigen Familienfeier abgeholt werden – und nach langem Warten musste sie feststellen, dass sie keineswegs abgeholt, sondern schlicht und einfach vergessen wurde! Interessanterweise waren in diesen beiden Fällen, ebenso wie in weiteren uns bekannten Beispielen, die Auslöser der Enttäuschung männliche Verwandte!

Beim Lilith-Transit über den Mond verließ das jüngste und letzte Kind den mütterlichen Herd, um fortan selbstständig als Studentin zu leben, was in diesem Fall von der Mutter (trotz einer gewissen Wehmut) ganz klar als Befreiung von Mutterpflichten wahrgenommen wurde.

Bei Männern äußert sich der Transit oft als das unerwartete Erscheinen von weiblichen Verwandten oder auch als Bekannt werden von Anforderungen, die von weiblichen Verwandten oder engen Bezugspersonen an sie gestellt werden. Und häufig wird über Missverständnisse oder Konflikte das internalisierte Frauenbild des Mannes in Frage gestellt.

Lilith über Venus:

Wie war das damals im Paradies? Die wissende Schlange, die Verführerin Lilith, besuchte ihre gefügige Nachfolgerin Eva (Venus) und wies sie in ihre Künste ein ...

Es scheint auch heute noch zu wirken: Liliths Besuch bei Venus erhöht die anziehende, erotische Ausstrahlung und Verführungskraft und unterstützt den spielerischen und befriedigenden Umgang mit Erotik, Genuss, Schönheit und Kunst. Freude und Genuss an erotischen Begegnungen kommen, je nach Haus- und Zeichenstellung, mehr oder weniger unverblümt zum Vorschein. Unter diesem Transit liebt Frau oder Mann es, auf den Tonleitern der Verführung zu spielen und sich selbst in den Mittelpunkt des Begehrens zu rücken. Frau und man fühlt sich schön, wichtig, wertvoll und begehrenswert – und das keineswegs »nur« auf der Körperebene, sondern häufig auf einer sehr fein venusischen Ebene. Auch Männer »schmücken« sich unter dem Einfluss dieses Transits mehr als sonst, sie machen sich schön und versuchen ihre Attraktivität zu erhöhen. Natürlich wird Mann/Frau unter diesem Transit von Schönheit und Luxus besonders berührt, was sich oft als reichliches Geldausgeben bemerkbar macht.

Lilith über Merkur:
Hier haben wir es mit der Freiheit, der Weisheit oder der Blindheit der Gedanken und der Kommunikation zu tun. Manchmal spricht man ganz unvermutet über außergewöhnliche Themen; oder man wird durch Sprache verführt, durch Versprechungen oder Vorschläge verlockt oder überredet, Dinge zu tun, die man eigentlich gar nicht vorhatte.

Die Ideen, die während dieses Transits entstehen, haben normalerweise mit Freiheit zu tun, sind aber sehr schwer in die Realität umzusetzen. Häufig läuft dieser Transit »im Kopf« ab und zeigt sich äußerlich fast gar nicht. Wenn er aber nach außen dringt, dann häufig in Form von so radikalen Ausdrucksweisen, dass das soziale Umfeld überhaupt nicht versteht, was eigentlich gemeint ist. Die Mitteilungen sind oft völlig unverständlich oder verquer. Die anderen werden brüsk vor den Kopf gestoßen oder überfallartig »auf Distanz geredet«. Manchmal äußert sich der Transit als Verführung zum Vielreden. Man redet Unsinn oder kommt vom Hundertsten ins Tausendste. Vermutlich hatte Seneca Erfahrungen dieses Transits im Sinn, als er seinen berühmten Spruch »Sic tacuisses, philosophus mansisses« (Wenn du geschwiegen hättest, wärest du ein Philosoph geblieben) formulierte!

Lilith scheint den Merkur von seinen üblichen Grenzen und Konventionen zu befreien, sodass er sich völlig ungehemmt und unkontrolliert produzieren kann, bis hin zu Provokationen und Tabuverletzungen, die dem Betroffenen hinterher oft leid tun. Oder harmloser und ebenfalls häufig: Frau kann sich nicht von einem spannenden Buch trennen, und anstatt zu schlafen, liest sie die ganze Nacht.

Beispiele:
Lilith über Merkur und Halbsextil zu Uranus: Eine Frau bestellte einen Neuwagen; sie wurde ein halbes Jahr lang auf baldige Lieferung vertröstet und wartete geduldig. Bei dem exakten Transit explodierte sie völlig unerwartet, brüllte und tobte und schrie die ganze Autowerkstatt zusammen.

Eine andere Frau (mit Lilith-Transit über Merkur im 7. Haus) erhielt nach zehn Jahren völlig unvermittelt und unerwartet den Anruf eines ehemaligen Freundes, der die Beziehung wieder beginnen wollte.

Eine Therapeutin, die gerade dabei war, sehr selbstkritisch die Wirksamkeit ihrer Arbeit zu überprüfen, bekam bei diesem Transit ein unerwartetes und positives Feedback, ausgerechnet von einer sehr problematischen Klientin.

Lilith über Mars:
Wenn Lilith, die schwarze Schönheit, sich dem Mars nähert, erhöht sich sein Blutdruck, der Adrenalinspiegel steigt an, und er ist bereit zur Aktion. Zunächst regt Lilith ganz allgemein die Handlungsbereitschaft des Mars an, weiterhin aber auch die sexuellen Bedürfnisse und ihre Ausdrucksformen sowie schließlich die Auseinandersetzung mit Frei-

heit oder Gebundenheit im sexuellen Kontext. Fast immer weist dieser Transit auf die Intensivierung sexueller Themen hin und begünstigt gelegentlich eine geradezu hektische Ausprägung der Sexualität, bis hin zu nicht oder kaum mehr steuerbaren Aktivitäten. So kann sie eventuell auf Gewalttätigkeit oder Gewalteinwirkung hinweisen – sowohl in aktiver als auch in passiver Form.

Beispiele:
Eine Klientin mit Mars im Zwilling im 11. Haus, dem Haus der Freundschaften, führte ein mehrstündiges Telefongespräch (Zwilling) mit einem Freund und potentiellen Liebespartner, in dem es darum ging, vorab die Freiheiten innerhalb einer eventuellen sexuellen Partnerschaft abzuklären.

In einer Ehe litt der Mann nach eigenem Bekunden unter der sexuellen Zurückhaltung und Passivität seiner Frau. Beim Lilith-Transit über ihren Mars überfiel sie ihn plötzlich mit einer heftigen und für ihn völlig unerwarteten sexuellen Aktivität – die ihn zunächst völlig verunsicherte. Es stellte sich heraus, dass die sexuellen Wünsche und Bedürfnisse der Frau zwar stets latent vorhanden gewesen waren, sie aber bisher nie imstande oder bereit gewesen war, sie auszuleben. So führte dieser Transit (nach dem ersten Schock) wirklich zu einer Befreiung der Sexualität.

Lilith über Jupiter:
Unter diesem Transit werden Jupiterthemen wie

Glaube, Ideologie, Wirtschaft und Wachstum angesprochen. Oft entstehen Wünsche nach Wachstum
und Expansion auf den genannten Gebieten. Es
kann dabei passieren, dass der Überblick verloren
geht und die Grenzen des Wachstums, die eigentlich
klar sein müssten, nicht mehr gesehen werden. Der
Transit verführt einerseits zu Leichtsinn und andererseits zu Dogmatismus. So können spirituelle oder
wirtschaftliche Dinge – sehenden Auges – über das
stimmige Maß hinauswachsen, und man neigt zu
Übertreibungen, deren Korrekturen dann leider oft
auf eine ziemlich saturnische, einschränkende Art
erfolgen. Die überzogene Expansion kann also nicht
einfach zurückgenommen werden, sondern sie wird
schmerzhaft zurückgestutzt: eine deutliche Reaktion
auf übermäßiges Lilith-Jupiter-Wachstum.

So sollten wirtschaftliche Expansionsideen, die
unter diesem Transit entstehen, sehr kritisch überprüft werden. Unter Umständen eignet sich die Zeit
aber auch recht gut zur Expansion, denn Schulden
können ebenfalls expandieren, und es ist wahrscheinlich, dass man die angestrebten Kredite tatsächlich
eingeräumt bekommt!

Im Zusammenhang mit Ideologien und Glaubensvorstellungen sind jetzt vielfältige Begegnungen und
auch umfassende Erkenntnisse möglich. Häufig er-
folgt ein »Ideologieschub«, der einen veranlasst, sich
intensiv auf bestimmte religiöse, ideologische oder
politische Zusammenhänge einzulassen bzw. sich
aus einem veralteten Kontext herauszulösen. Oft erklärt jemand unter diesem Transit (auch beim Qua-

drat) seinen oder ihren Austritt aus der Kirche. Oder
Frau tritt in eine idealisierte politische Partei ein.

Beispiele:
Eine Klientin mit Jupiter im Skorpion im 9. Haus erlebt
schon zum wiederholten Mal den Zusammenbruch
bestimmter Glaubensvorstellungen, wenn Lilith über
ihren Jupiter zieht. Schon mehrmals hat sie sich während dieses Transits enttäuscht von ihrem jeweiligen
Guru oder Lehrer gelöst und befreit. Hier wirkt sich
der Transit offenbar als das Erkennen einer Täuschung
oder eines Irrglaubens mit dazugehörender Befreiung
aus.

In einem anderen Fall beschloss jemand unter diesem Transit die aktive und intensive Beteiligung an
einer großen Esoterikmesse – mit ziemlich verhee-
renden wirtschaftlichen Folgen.

Lilith über Saturn:
Saturn, der »weise Alte«, scheint über den Transitbe-
such von Lilith, der »weisen Alten«, überhaupt nicht
erfreut zu sein. Nicht eine Verdoppelung an Weisheit
finden wir hier, sondern eine Menge Schwierigkeiten
und Probleme. Nörglerisch und griesgrämig scheinen
die beiden »Alten« an ihrem Eigenbrötlerstatus festzu-
halten.

Der Transit äußert sich sehr oft in Form von körperlichen Beschwerden und Schwierigkeiten saturnischer
Art: Rückenschmerzen, Knochenleiden, rheumatischen
Beschwerden und natürlich dem typischen Leiden,
wenn Lilith auf Saturn trifft, dem »Hexenschuss«.

Aber auch die geistigen und psychischen Ebenen bleiben nicht verschont: Mann oder Frau fühlt sich niedergeschlagen und deprimiert: Nichts will mehr funktionieren! Die Energie sackt nach unten weg, die Betroffenen erleben einen Zusammenbruch, einen Einbruch in sich selber und in unerwartete Tiefen. Eifersüchte, Ängste und Phobien, die für lange Zeit verschwunden waren, sind plötzlich wieder da; sie tauchen scheinbar aus dem Nichts wieder auf. Auch bei der Auslösung von Psychosen scheint dieser Transit häufig eine Rolle zu spielen.

Oft führt der Transit zur Überprüfung, manchmal sogar zur Verschärfung der gewohnten Strukturen, sei es von der betroffenen Person selbst angeregt oder von außen aufgezwungen.

Beispiel:
Ein Klient muss wegen innerbetrieblicher Veränderungen unter diesem Transit unfreiwillig die Umstrukturierung seines Arbeitsplatzes dulden, was für ihn offenbar mit großen Schwierigkeiten verbunden ist. Obwohl er schon lange an Kündigung denkt und auch durchaus berufliche Alternativen möglich wären, kann er diese Veränderungen keineswegs als Chance zu seiner Befreiung erkennen. Er bringt den Mut nicht auf, die eigentlich nötigen Konsequenzen zu ziehen, sondern fühlt sich noch härter und enger in Strukturen gepresst.

Lilith über Uranus:
Wenn der geheimnisvoll leichte Flügelschlag der

Nachteule Lilith über Uranus hinwegstreicht, so mag es sich anfühlen wie das unruhige Flackern der Lampe bei einem Gewitter. Ein überraschter Blick, eine plötzliche, unerwartete Dunkelheit: Wird das Licht ganz verlöschen, oder kann es standhalten? Wird gleich ein Blitz alles mit gleißend gnadenlosem Licht erhellen? Wird er bei uns einschlagen? Oft gibt es Irritationen im Zusammenhang mit unserer Freiheit und Unabhängigkeit, ein kurzes Aufflackern der Frage: Wie (un)frei bin ich?

Im Alltag sieht das zum Beispiel folgendermaßen aus: Ein junges Mädchen muss ausgerechnet an dem Abend die kleinen Geschwister hüten, an dem sie selbst ausgehen will. Ihre Gefühle irrlichtern irgendwo zwischen Verständnis und Auflehnung. Oder Uranus bringt seine Themen der Astrologie, des Fortschritts und der Technik ins Spiel, wenn er von Lilith berührt wird: Die eine kauft sich einen Computer (»Befreiung *durch* die Technik«) – beim anderen stürzt das Computerprogramm ab (»Befreiung *von* der Technik«).

Besuche bei Astrologen und Computerfachleuten bieten sich während dieses Transits geradezu an. Ein typisches Beispiel: Eine Frau kommt zum Astrologen mit dem Problem, wie sie sich um ihrer Freiheit willen von ihrem Partner lösen kann, ohne ihn zu verletzen. Auch für Astrologen selbst öffnet sich manchmal ein ganz neuer Teilbereich der Astrologie. Gewissermaßen fällt plötzlich Licht auf einen bisher nicht genügend beachteten Bereich und lässt ihn »in ganz neuem Licht erscheinen«. Vermutlich eignet sich der Transit hervorragend für Geistesblitze und Erfindungen!

Relativ oft führt eine Information oder eine »Erleuchtung« zum Erkennen einer neuen Wahrheit. Diese kann sehr befreiend, manchmal auch sehr erschreckend sein. Das bisherige Weltbild kann innerhalb von Sekunden umgestürzt werden. So verwundert es nicht, dass es gelegentlich zu Trennungen von bisherigen Lehrerinnen oder Gurus kommt.

Im Bereich des Verkehrs kommt es teilweise zu abenteuerlichem Fahrverhalten von ansonsten »normalen« Autofahrern, auch Unfälle mit Totalschaden (allerdings ohne Personenschaden) sind nichts allzu Ungewöhnliches.

Lilith über Neptun:
Ein Eintauchen Liliths in Neptuns Nebelschwaden kann diese noch intensivieren und verdichten. Sollte es sich bei den Nebeln um Geister des Alkohols handeln, so können sie, wie uns mehrfach berichtet wurde, in dieser Zeit so massiv auftreten, dass sie bis hin zum besinnungslosen Vollrausch führen. Auch intensiver Ge- oder Missbrauch von Medikamenten und Drogen ist während dieses Transits nicht ungewöhnlich. Dies braucht keineswegs immer negativ interpretiert zu werden: Es wurde uns auch von recht erfolgreichen (und manchmal erstmaligen) Erfahrungen mit homöopathischen Mitteln erzählt.

Häufig erlebt Frau oder man während dieses Transits ein intensives Auftreten von Bildern, Visionen oder Träumen, einen intuitiven Umgang mit

Tarotkarten oder auch ein harmonisches Mitschwingen mit Musik. So legte der Verfasser unbewusst den Beginn eines Workshops, der sich mit Träumen und Tarot beschäftigte, auf diesen Transit. Und eine Klientin berichtete, dass sie »zufällig« während dieses Transits nach Monaten zum ersten Mal wieder meditiert hatte: Zu den Planetenklängen einer CD von J. -E. Berendt hatte sie eine wunderbare und intensive Meditationserfahrung.

Auch die Opferbereitschaft des Neptun kann angeregt werden, aber auch das Hinterfragen derselben: Mann/Frau ertappt sich plötzlich dabei, ganz unbewusst Dinge für andere zu tun – ohne sich darüber vorher klargeworden zu sein.

Lilith über Pluto:
Die dunkle Göttin fordert den Herrn der Unterwelt zum gemeinsamen Tanz auf, und ihrer beider Energien der Verführung, der Macht und der Manipulation verbinden sich miteinander. So ist dieser Transit oft sehr deutlich sexuell geprägt und bietet die Chancen und Gefahren zum Verführen ebenso wie zum Verführtwerden. Auch Gewalteinflüsse plutonischer Natur sind nicht auszuschließen. Vielleicht erlebt Mann/Frau sehr energiereiche Momente, vielleicht einen dunklen, sehr drängenden Wunsch nach Befreiung.

Die Themen Macht, Wirkung, Manipulation werden fast immer in irgendeiner Form angesprochen: So erhält man beispielsweise ein Angebot mit der Möglichkeit, sich öffentlich darstellen zu können und verstärkt Einfluss auf andere nehmen zu können. Oder Frau gelangt durch einen »Zufall« an eine Insider-Geschäftsinformation, mit deren Hilfe sie andere manipulieren bzw. ihre eigene Macht verstärkt ausüben kann. Und unter diesem Transit ist die Verführung sehr groß, und damit steigt die Wahrscheinlichkeit, dass die angebotene Chance, das eigene Macht- und Manipulationspotential zu vergrößern, auch bedenkenlos genutzt wird.

Anhang

Geburtsdaten und Lilith-Positionen
der genannten Personen

Alle Zeiten in GMT (wenn nicht anders vermerkt).

Quellen:
Michael Röscher: *Das Buch der Horoskope*, München 1990 (wenn nichts anderes vermerkt)
(Tae) = Hans-Hinrich Taeger (Hrsg.): *Internationales Horoskope Lexikon*, Freiburg 1991
(Astro H) = *Astrologie Heute*, Zeitschrift für Astrologie, Psychologie und Esoterik, Zürich
(MTL) = *Meyers Großes Taschenlexikon*, Mannheim 1987
(Ger) = Ute Gerhard: *Unerhört, Die Geschichte der deutschen Frauenbewegung*, Hamburg 1990

Adenauer, Konrad, 05.01.1876, Köln, 10.02, 24° Zwillinge
Adler, Alfred, 07.02.1870, Wien/Ö 23.09, 17° Stier
»Akron«, (Frey, Carl F.), 01.05.1948, St. Gallen/CH, 20.07, (Tae), 15° Steinbock
Albrecht, Ernst, 29.06.1930, Heidelberg, 09.00, 17° Stier
Ali, Muhammad (Cassius Clay), 17.01.1942, Louisville/Kty., USA, 00.35 GMT, 10° Waage
Astaire, Fred, 10.05.1899, Omaha/Nebr., USA, 03.16, 0° Steinbock

Atkins, Susan, 07.05.1948, San Gabriel/Cal., USA, 08.03, (TAE), 1° Wassermann

Aurobindo, Shri, 15.08.1872, Kalkutta/Ind., 22.37, (Tae), 5° Wassermann

Baader, Andreas, 06.03.1943, München, 22.05, (Tae), 4° Waage

Bachmann, Ingeborg, 25.06.1926, Klagenfurt/Ö., 19.23, (Tae), 5° Wassermann

Baez, Joan, 09.01.1941, New York/USA, 16.45, 25° Löwe

Bailey, Alice, 16.06.1880, Manchester/GB, 07.32, (Tae), 5° Wassermann

Baker, Josephine, 03.06.1906, St. Louis/Mo., USA, 17.00, (Tae), 21° Löwe

Bardot, Brigitte, 28.09.1934, Paris/F, 12.15, 24° Stier

Barschel, Uwe, 13.05.1944, Berlin, 09.55, 18° Skorpon

Baudelaire, Charles, 09.04.1821, Paris/F, 14.50, 12° Waage

Beauvoir, Simone de, 09.01.1908, Paris/F, 03.50, 15° Krebs

Bebel, August, 22.02.1840, Köln, 20.02, 4° Löwe

Beckenbauer, Franz, 11.09.1945, München, 21.45, 18° Schütze

Becker, Boris, 22.11.1967, Leimen, 07.45, 11° Schütze

Belafonte, Harry, 01.03.1927, New York, USA, 15.30, 8° Fische

Bergman, Ingrid, 29.08.1915, Stockholm/S, 02.30, (Tae), 8° Schütze

Bernadette, Sainte, 07.01.1844, Lourdes/F, 14.00, (Tae), 18° Zwillinge

Bernstein, Leonard, 25.08.1918, Lawrence/Mass., USA, 10.06, 5° Wassermann

Blavatsky, Helena, 12.08.1831, heute Dnipropetrowsk/SU, 23.57, 20° Zwillinge

Blixen, Tanja, 17.04.1885, Rungstedt/DK, 15.10, (Tae), 1° Schütze

Blüm, Norbert, 21.07.1935, Rüsselsheim, 12.30, 18° Skorpion

Böhm, Karlheinz, 16.03.1928, Darmstadt, 17.45, 18° Stier

Booth, Evangeline, 25.12.1856, London/GB, 15.00, (Tae), 2° Waage

Brando, Marlon, 03.04.1924, Omaha/Nebr., USA, 05.00, 11° Widder

Braun, Eva, 06.02.1912, München, 21.25, (Tae), 15° Steinbock

Braun, Wernher von, 23.03.1912, Wirsitz, 08.15, 3° Zwillinge

Brecht, Bertolt, 10.02.1898, Augsburg, 03.30, 10° Fische

Breschnew, Leonid, 01.01.1907, Dneprodserschinsk/SU, 10.17, 0° Zwillinge

Brontë, Charlotte, 21.04.1816, Thornton/GB, 14.44, (Tae), 25° Krebs

Brontë, Emily, 30.07.1818, Thornton/GB, 14.53, (Tae), 13° Krebs

Brown, Rita Mae, 28.11.1944, Hanover/USA, 8.40, (Tae), 18° Krebs

Browning, Elizabeth, 06.03.1806, Durham/GB, 19.06, (Tae), 19° Krebs

Brühne, Vera, 06.02.1910, Seidl, 01.25, (Tae), 28° Skorpion

Buck, Pearl S., 26.06.1892, Hillsboro/W. Va., USA, 05.30, (Tae), 10° Schütze

Bukowski, Charles, 16.08.1920, Andernach, 09.00, 25° Wassermann

Busch, Wilhelm, 15.04.1832, Wiedensahl, 05.23, 13° Krebs

Bush, George, 12.06.1924, Milton/Mass., USA, 15.38, 11° Skorpion

Camus, Albert, 07.11.1913, Mondovi/Alg., 02.00, 24° Stier

Capra, Fritjof, 01.02.1939, Wien/Ö, 09.50, (Tae), 16° Jungfrau

Carrell, Rudi, 19.12.1934, Alkmaar/NL, 03.11, 29° Steinbock

Carter, James E., 01.10.1924, Plains/Ga., USA, 12.42, 14° Waage

Casanova, Giacomo, 02.04.1725, Venedig/I 03.21, (Tae), 15° Löwe

Castaneda, Carlos, 25.12.1925, Cajamarca/PE, 18.59, (Tae), 27° Krebs

Castro, Fidel, 13.08.1926, Mayari/Kuba, 18.00, 2° Krebs

Cayce, Edgar, 18.03.1877, Hopkinsville/Ky., USA, 21.20, (Tae), 0° Fische

Celentano, Adriano, 06.01.1938, Mailand/I, 06.00, 4° Zwillinge

Chanel, Coco, 19.08.1883, Samur/F, 16.00, (Tae), 28° Waage

Chaplin, Charlie, 16.04.1889, London/GB, 20.00, 2°
Fische

Christie, Agatha, 15.09.1890, Torquay/GB, 04.00, 1°
Krebs

Colette, Sidonie, 28.01.1873, St. Sauveur-en-Pusaye/
F, 21.47, (Tae), 26° Zwillinge

Connery, Sean, 25.08.1930, Edinburgh/GB, 17.05,
11° Skorpion

Crowley, Aleister, 12.10.1875, Leamington/GB,
23.43, 9° Waage

Curie, Marie, 07.11.1867, Warschau/PL, 10.36, (Tae),
24° Zwillinge

Dali, Salvador, 11.05.1904, Figueras/E, 08.45, 27°
Widder

Däniken, Erich v., 14.04.1935, Zofingen/CH, 10.30,
23° Steinbock

Davis, Angela, 26.01.1944, Birmingham/Al., USA,
17.30, (Tae), 23° Schütze

Dean, James, 08.02.1931, Marian/N.D., USA, 03.09,
7° Widder

Debussy, Claude, 22.08.1862, St. Germain-en-Laye/
F, 04.21, 5° Krebs

Deneuve, Cathérine, 22.10.1943, Paris/F, 12.35, 2°
Fische

Dethlefsen, Thorwald, 11.12.1946, Herrsching, 08.45,
12° Waage

Dietrich, Marlene, 27.12.1901, Berlin, 21.08, 22°
Steinbock

Disney, Walt, 05.12.1901, Chicago/Ill., USA, 06.30,
14° Skorpion

Doyle, Arthur Conan, 22.05.1859, Edinburgh/GB, 05.07, 20° Krebs

Dubarry, Marie, 19.08.1743, Vaucouleurs/F, 07.07, (Tae), 5° Schütze

Dubczek, Alexander, 27.11.1921, Uhrovec/CZ, 17.00, 28° Steinbock

Duras, Marguerite, 04.04.1914, Gia Dinh/Vietnam, 20.00, (Tae), 23° Löwe

Dürckheim, Karlfried von, 24.10.1896, München, 11.00, (Tae), 14° Fische

Duse, Eleonora, 03.10.1858, Vigevano/I, 01.25, (Tae), 10° Löwe

Dylan, Bob, 24.05.1941, Duluth/Minn., USA, 03.05, 15° Waage

Eco, Umberto, 05.01.1932, Alessandria/I, 17.30, (Tae), 14° Steinbock

Edison, Thomas Alva, 11.02.1847, Milan/Ohio, USA, 08.30, 13° Schütze

Einstein, Albert, 14.03.1879, Ulm, 10.50, 2° Widder

Ende, Michael, 12.11.1929, Garmisch-Partenkirchen, 16.15, 17° Zwillinge

Ensslin, Gudrun, 15.08.1940, Bartholomä, 16.00, (Tae), 29° Stier

Fallaci, Oriana, 29.06.1929, Florenz/I, 22.00, (Tae), 27° Widder

Fassbinder, Rainer W., 31.05.1945, Bad Wörishofen, 23.55, 6° Wassermann

Fellini, Federico, 20.01.1920, Rimini/I, 20.00, (Tae), 25° Stier

Fischer, Robert (»Bobby«), 09.03.1943, Chicago/Ill., USA, 19.39, 14° Widder

Fonda, Jane, 21.12.1937, New York/USA, 00.57, 15° Widder

Fonda, Peter, 23.02.1940, New York/USA, 16.33, 17° Schütze

Fortune, Dion, 06.12.1890, Bryn-y-Bia/Wales, GB, (Biogr. A. Richardson), 8° Fische

Franco, Francisco, 04.12.1892, El Ferrol/E, 01.02, 15° Widder

Frank, Anne, 12.06.1929, Frankfurt, 6.30, 3° Fische

Franklin, Aretha, 25.03.1942, Memphis/Tenn., USA, 03.30, (Tae), 3° Stier

Freud, Anna, 03.12.1895, Wien/Ö, 14.15, (Tae), 23° Zwillinge

Freud, Sigmund, 06.05.1856, Freiberg/CZ, 17.17, 24° Fische

Friedan, Betty, 04.02.1921, Peoria/Ill., USA, 10.00, (Tae), 5° Löwe

Garbo, Greta, 18.09.1905, Stockholm/S, 18.30, (Tae), 21° Zwillinge

Gauguin, Paul, 07.06.1848, Paris/Ö, 09.50, 26° Schütze

Giscard d'Estaing, Valérie, 02.02.1926, Koblenz, 25° Skorpion

Goebbels, Joseph, 29.10.1897, Rheydt, 22.30, 28° Widder

Goethe, Johann W. von, 28.08.1749, Frankfurt, 11.25, 25° Stier

Gorbatschow, Michail, 02.03.1931, Priwolnoje/SU, 09.50, 11° Zwillinge

Graf, Steffi, 14.05.1969, Mannheim, 03.40, 24° Jungfrau

Grass, Günter, 16.10.1927, Danzig, 06.00, 6° Wassermann

Greene, Liz, 04.09.1946, Englewood/N. J., USA, 17.00, (Tae), 17° Schütze

Grillparzer, Franz, 15.01.1791, Wien/Ö, 9.14, 3° Fische

Grof, Stanislav, 01.07.1931, Prag/CZ, 17.50, (Tae), 17° Zwillinge

Gründgens, Gustaf, 22.12.1899, Düsseldorf, 09.00, (Tae), 22° Skorpion

Guevara, Ernesto Che, 14.06.1928, Rosario/Arg., 01.30, 16° Wassermann

Gurdjieff, G. I., 13.01.1877, Alexandropol/SU, 21.50, (Tae), 12° Löwe

Hackethal, Julius, 06.11.1921, Reinholterode, 05.00, 23° Skorpion

Hahn, Otto, 08.03.1879, Frankfurt, 23.10, 16° Fische

Hamaker-Zondag, Karen, 02.12.1952, Schiedam/NL, 12.30, (Tae), 3° Wassermann

Hearst, Patty, 20.02.1954, Hillsborough/Cal., USA, 02.01, (Tae), 27° Waage

Hefner, Hugh, 09.04.1926, Chicago/Ill., USA, 21.20, 14° Zwillinge

Heisenberg, Werner, 05.12.1901, Würzburg, 15.45, 15° Skorpion

Hemingway, Ernest, 21.07.1899, Oak Park/Ill., USA, 14.00, 7° Löwe

Hendrix, Jimi, 27.11.1942, Seattle/Wash., USA, 17.15, 29° Stier

Hesse, Hermann, 02.07.1877, Calw, 17.55, 18° Steinbock

Heuss, Theodor, 31.01.1884, Brackenheim, 12.54, 17°
Fische

Hildebrandt, Dieter, 23.05.1927, Bunzlau/Schlesien,
05.00, 16° Skorpion

Hill, Terence, 29.03.1940, Venedig/I, 14.50, 3° Wider

Hitler, Adolf, 20.04.1889, Braunau/Ö., 17.38, (Tae),
13° Fische

Hoffman, Dustin, 08.08.1937, Los Angeles/Cal.,
USA, 01.07, (Tae), 28° Wassermann

Honecker, Erich, 25.08.1912, Neunkirchen/Saar,
17.00, 19° Jungfrau

Houston, Jean, 10.05.1939, Brooklyn/N.Y., USA,
18.15, (Tae), 14° Krebs

Jagger, Mick, 26.07.1943, Dartford/GB, 04.30, 4°
Zwillinge

Jesus Christus, 01.12.07 v. Chr., Bethlehem, 18.19,
(Astro H), 13° Jungfrau

Johannes XXIII., 25.11.1881, Bergamo/I., 09.36, 11°
Krebs

Jones, Jim, 13.05.1931, Lynn/USA, 04.00, 17° Steinbock

Jung, C. G., 26.07.1875, Kesswil/Thurgau, CH,
18.52, 15° Wassermann

Kafka, Franz, 03.07.1883, Prag/CZ, 06.02, 7° Zwillinge

Karajan, Herbert von, 05.04.1908, Salzburg/Ö.,
21.30, 12° Widder

Keller, Helen, 27.06.1880, Tuscumbia/Al., USA
21.51, (Tae), 9° Fische

Kelly, Grace, 12.11.1929, Philadelphia/Pa., USA,
10.31, (Tae), 16° Zwillinge

Kennedy, John F., 29.05.1917, Brookline/Mass., USA, 20.00, 19° Widder

King, Martin-Luther, 15.01.1929, Atlanta/Ga., USA, 18.35, (Tae), 9° Schütze

Kissinger, Henry, 27.05.1923, Fürth, 04.30, 27° Löwe

Klar, Christian, 20.05.1952, Freiburg, 18.03, 14° Zwillinge

Kleist, Heinrich von, 18.10.1777, Frankfurt/Oder, 00.02, 2° Löwe

Knievel, Evel, 17.10.1938, Butte/Mont., USA, 21.40, 24° Waage

Kohl, Helmut, 03.04.1930, Ludwigshafen, 05.30, 24° Löwe

Kollwitz, Käthe, 08.07.1867, Königsberg, 08.09, 14° Zwillinge

Kopernikus, Nicolaus, 19.02.1473, Thorn/PL, 15.34, (Tae), 10° Widder

Krishnamurti, Jiddu, 12.05.1895, Madanapalle/Indien, 19.04, 6° Waage

Kübler-Ross, Elisabeth, 08.07.1926, Zürich/CH, 21.45 (Astro H, 31), 14° Fische

Kündig, Heinrich, 23.04.1909, Thalwil, 08.45, 26° Zwillinge

Lafontaine, Oskar, 16.09.1943, Dillingen, 03.45, 11° Skorpion

Laing, Ronald, 07.10.1927, Glasgow/GB, 17.15, (Tae), 11° Steinbock

Lambsdorff, Otto Graf, 20.12.1926, Aachen, 07.00, 2° Löwe

Lange, Helene, 09.04.1848, Oldenburg, o. Z. (Ger) ca. 29° Zwillinge

Lasker-Schüler, Else, 11.02.1869, Wuppertal-Elber-
feld, 01.31, (Tae), 3° Stier

Leary, Timothy, 22.10.1920, Springfield/Mass.,
USA, 14.45, 17° Jungfrau

LeGuin, Ursula, 21.10.1929, Berkeley/Cal., USA,
01.31, (Tae), 9° Widder

Lenin, Wladimir I., 22.04.1870, Ulyanowsk/SU,
18.28, 4° Steinbock

Lennon, John, 09.10.1940, Liverpool/GB, 17.30, 15°
Skorpion

Lilly, John C, 06.01.1915, St. Paul/Minn., USA,
13.30, 19° Schütze

London, Jack, 12.01.1876, San Francisco/Cal., USA,
22.09, 17° Krebs

Madonna, 16.08.1958, Bay Cita/Mich., USA, 12.05,
23° Krebs

Mann, Thomas, 06.06.1875, Lübeck, 11.32, 14° Jungfrau

Manson, Charles, 12.11.1934, Cincinnati/Ohio, USA,
21.40, 10° Waage

Marx, Karl, 05.05.1818, Trier, 01.33, 22° Waage

Mata Hari, 07.08.1876, Leeuwarden/NL, 12.12,
(Tae), 10° Widder

Mauss, Werner, 11.02.1940, Essen, 05.45, 9° Skorpion

Meinhof, Ulrike, 07.10.1934, Oldenburg, 04.30 (Tae),
20° Zwillinge

Meitner, Lise, 07.11.1878, Wien, (MTL), 5° Fische

Mercouri, Melina, 18.10.1925, Athen/GR, 06.00,
(Tae), 28° Schütze

Messner, Reinhold, 17.09.1944, Brixen/I, 23.00, 14°
Schütze

Meyrink, Gustav, 19.01.1868, Wien/Ö, 12.24, 4°
Wassermann

Mickymaus, 18.11.1926, Chicago/Ill., USA, 13.48,
(Tae), 25° Widder

Miller, Henry, 26.12.1891, Brooklyn/N.Y., USA,
17.30, 2° Zwillinge

Millett, Kate, 14.09.1934, St. Paul/Minn., USA, 01.40,
(Tae), 11° Widder

Mitterrand, Francois, 26.10.1916, Jarnac/F, 04.00, 27°
Zwillinge

Monroe, Marilyn, 01.06.1926, Los Angeles/Cal.,
USA, 17.30, 23° Skorpion

Montessori, Maria, 31.08.1870, Ancona/I, 02.40,
(Tae), 6° Wassermann

Mozart, Wolfgang Amadeus, 27.01.1756, Salzburg/
Ö, 19.07, 22° Steinbock

Mussolini, Benito, 29.07.1883, Doria di Predappio/I,
13.11, 24° Löwe

Nannen, Henri, 25.12.1913, Emden, 12.45, 21° Wage

Neill, Alex Sutherland, 17.10.1883, Forfar/GB, 23.12,
(Tae), 28° Widder

Newman, Paul, 26.01.1925, Cleveland/Ohio, USA,
11.30, 10° Waage

Newton, Isaac, 14.01.1543, Woolsthorpe/GB, 01.03,
1° Zwillinge

Nietzsche, Friedrich, 15.10.1844, Röcken, 09.11, 25°
Waage

Nightingale, Florence, 12.05.1820, Florenz/I, 13.15,
(Tae), 29° Schütze

Nin, Anaïs, 21.02.1903, Neuilly/F, 20.21, (Tae), 4°
Löwe

Nixon, Richard, 09.01.1913, Yorba Linda/Cal., USA, 05.44, 13° Skorpion

Onassis, Jacqueline, 28.07.1929, Southampton/N.Y., USA, 18.30, 24° Krebs

Ono, Yoko, 18.02.1933, Tokio/J, 11.30, (Tae), 22° Zwillinge

Oswald, Lee Harvey, 18.10.1939, New Orleans/La., USA, 03.55, (Tae), 16° Skorpion

Otto, Louise, 26.03.1819, Meißen, o. Z., (Ger), ca. 15° Krebs

Pasolini, Pier Paolo, 05.03.1922, Bologna/I, 05.30, 24° Skorpion

Peron, Eva Maria Duarte de, 07.05.1919, Los Toldos/Arg., 09.17, (Tae), 26° Fische

Picasso, Pablo, 25.10.1881, Malaga/E, 23.32, 9° Widder

Plissetzkaja, Maja M., 19.11.1925, Moskau/SU, 21.39, (Tae), 6° Widder

Poe, Edgar Allan, 19.01.1809, Boston/Mass., USA, 05.44, 4° Stier

Praunheim, Rosa von, 25.11.1945, Riga/SU, 23.00, (Tae), 3° Löwe

Presley, Elvis, 08.01.1935, Tupelo/Mo., USA, 10.35, 2° Widder

Proksch, Udo, 29.05.1934, Rostock, 11.30, 18° Stier

Raspe, Jan Carl, 24.07.1944, Seefeld/O., 22.30, (Tae), 26° Zwillinge

Rasputin, Grigorij, 29.07.1871, Pokrovskoje/SU, 17.18, (Tae), 21° Skorpion

Reagan, Ronald, 06.02.1911, Tampico/Ill., USA, 09.46, 21° Schütze

Redgrave, Vanessa, 30.01.1937, London/GB, 18.00, (Tae), 26° Krebs

Rilke, Rainer Maria, 04.12.1875, Prag/CS, 23.03, (Tae), 19° Fische

Rinser, Luise, 30.04.1911, Pitzling/Landsberg, 00.30, (Tae), 0° Jungfrau

Roberts, Jane, 08.05.1929, Albany/N. Y., USA, 03.27, (Tae), 18° Skorpion

Rolf, Ida, 19.05.1896, New York, 16.30, 19° Skorpion

Rosendahl, Heidemarie, 14.02.1947, Hückeswagen, 17.00, (Tae), 29° Widder

Ross, Diana, 26.03.1944, Detroit/Mich., USA, 03.46, 22° Zwillinge

Rühmann, Heinz, 07.03.1902, Essen, 01.30, 21° Löwe

Russell, Bertrand, 18.05.1872, Trelleck/GB, 17.55, 7° Stier

Sade, Marquis de, 02.06.1740, Paris/F, 01.51, (Tae), 3° Wassermann

Sagan, Françoise, 21.06.1935, Cajare/F, 10.00, (Tae), 18° Löwe

Saint-Exupéry, Antoine de, 29.06.1900, Lyon/F, 08.41, 22° Zwillinge

Saint-Phalle, Niki de, 29.10.1930, St. Germain-en-Laye/F, 06.42, (Tae), 26° Stier

Sand, George, 01.07.1804, Paris/F, 22.07, 25° Stier

Sanger, Margaret (geb. Higgins), 14.09.1883, Corning/N. Y., USA, 07.38, (Tae), 16° Steinbock

Sartre, Jean-Paul, 21.06.1905, Paris/F, 18.35, 24° Jungfrau

Scheel, Walter, 08.07.1919, Solingen, 10.29, 3° Waage

Schiller, Friedrich, 10.11.1759, Marbach, 22.26, (Tae), 27° Löwe

Schmeling, Max, 28.09.1905, Klein Luckow/Uckermark, 09.50, 20° Krebs

Schmidt, Auguste, 03.08.1833, Breslau, o. Z., (Ger), ca. 6° Krebs

Schmidt, Helmut, 23.12.1918, Hamburg, 21.15, 8° Wassermann

Schneider, Romy, 23.09.1938, Wien, 20.45, 11° Löwe

Schumann, Clara, 13.09.1819, Leipzig, 22.40, (Tae), 22° Schütze

Schumann, Robert, 08.06.1910, Zwickau, 20.30, 6° Löwe

Schwarzer, Alice, 03.12.1942, Wuppertal, ca 16° Zwillinge

Schweitzer, Albert, 14.01.1875, Kaysersberg/F, 23.21, (Tae), 3° Krebs

Seles, Monica, 12.12.1973, Novi Sad/YU, 11.00, (Tae), 1° Krebs

»Sepharial«, 20.03.1864, Handsworth/GB, 02.06, (Tae), 4° Stier

Shields, Brooke, 31.05.1965, New York/USA, 17.45, (Tae), 10° Stier

Simpson, Nicole Brown, 19.05.1959, Frankfurt, 1.00, (Astro H), 16° Skorpion

Smith, Patty, 30.12.1946, Chicago/Ill., USA, 12.01, 10° Schütze

Staller, Ilona (»Cicciolina«), 26.11.1951, Budapest, 04.00, (Tae), 19° Schütze

Steiner, Rudolf, 27.02.1861, Karljeweck/HR, 22.18, 28° Schütze

Strauß, Franz Josef, 06.09.1915, München, 21.00, 3° Steinbock

Strauss, Richard, 11.06.1864, München, 05.13, 13° Steinbock

Streep, Meryl, 22.06.1949, Summit/N. J., USA, 12.05, (Tae), 13° Krebs

Streisand, Barbra, 24.04.1942, Brooklyn/N. Y, USA, 09.08, (Tae), 4° Löwe

Strindberg, August, 22.01.1849, Stockholm/S, 06.44, 27° Skorpion

Tate, Sharon, 24.01.1943, Dallas/Tex., USA, 22.47, 27° Skorpion

Taylor, Elizabeth, 27.02.1932, London/GB, 02.00, (Tae), 23° Zwillinge

Tolstoi, Lew Nikolajewitsch, 09.09.1828, Jasnaja Poljana/SU, 20.04, 5° Krebs

Toulouse-Lautrec, Henri de, 24.11.1864, Albi/F, 05.51, 4° Zwillinge

Turner, Tina, 26.11.1939, Brownsville/Tenn., USA 04.10, (Tae), 15° Fische

Valentin, Karl, 04.06.1882, München, 20.08, 17° Wassermann

Ventura, Lino, 14.07.1919, Parma/I, 07.30, 20° Waage

Verne, Jules, 08.02.1828, Nantes/F, 12.06, 22° Jungfrau

Vogel, Hans-Jochen, 03.02.1926, Göttingen, 05.15, 25° Skorpion

Wagner, Richard, 22.05.1813, Leipzig, 03.10, 23° Löwe

Waldheim, Kurt, 21.12.1918, Sankt Andrä-Wördern/Ö., 23.25, 2° Wassermann

Walesa, Lech, 29.09.1943, Popowo/PL, 20.15, 28°
Schütze
Wallraff, Günter, 01.10.1942, Burscheid, 12.15, 5°
Schütze
Weininger, Otto, 03.04.1880, Wien/Ö, 13.54, (Tae),
23° Zwillinge
Welles, Orson, 06.05.1915, Kenosha/Wis., USA,
13.00, 22° Schütze
Wertmüller, Lina, 14.08.1928, Rom/I, 19.30, (Tae),
22° Löwe
Wilde, Oscar, 16.10.1854, Dublin/Irl., 03.25, 19°
Zwillinge
Wilson, Rob. A., 18.01.1932, Brooklyn/N.Y, USA
11.00, (Tae), 23° Wassermann
Woolf, Virginia, 25.01.1882, London/GB, 12.15,
(Tae), 15° Steinbock
Yeats, William Butler, 13.06.1865, Dublin/Irl., 23.05,
14° Wassermann
Zetkin, Clara, 05.07.1857, Wiederau/Rochlitz, 22.54,
(Tae), 18° Waage
Zola, Emile, 02.04.1840, Paris/F, 22.50, 6° Schütze

Literaturverzeichnis

Simone de Beauvoir: *Eine gebrochene Frau*, Hamburg 1972

Hans Biedermann: *Lexikon der magischen Künste*, München 1991

Barbara Black-Koltuv: *Das Geheimnis Lilith*, München 1988

Carlos Castaneda: *Eine andere Wirklichkeit*, Frankfurt 1975

–: *Der Ring der Kraft*, Frankfurt 1978

Aleister Crowley: *Das Buch des Gesetzes*, Basel 1981

Die Geheimnisse des Himmels, Köln 1991

Nevill Drury: *Lexikon Esoterischen Wissens*, München 1988

Riane Eisler: *Kelch und Schwert*, München 1993

Fester/König: *Weib und Macht*, Frankfurt 1979

Dion Fortune: *The Sea Priestess*, London 1972, dt. Die Seepriesterin, Köln 1989

–: *Die mystische Kabbala*, Freiburg 1990

Luisa Francia: *Mond – Tanz – Magie*, München 1988

Alfred Frankhauser: *Das wahre Gesicht der Astrologie*, Zürich 1980

Frauenmuseum Wiesbaden: *Sprache der Göttin*, Wiesbaden 1994

Demetra George: *Das Buch der Asteroiden*, Mössingen 1991

Ute Gerhard: *Unerhört, Die Geschichte der deutschen Frauenbewegung*, Hamburg 1990

Marija Gimbutas: *The Language of the Goddess*, New York, 1989

Ivy M. Goldstein-Jacobson: *The Dark Moon, Lilith in Astrology*, Alhambra 1961

Heide Göttner-Abendroth: *Das Matriarchat*, Bd. 1, Stuttgart 1988; Bd. 2, Stuttgart 1991

–: *Die Göttin und ihr Heros*, München 1988

Joelle de Gravelaine: *Lilith – Der Schwarze Mond*, Wettswil 1990

Z'ev ben Shimon Halevi: *Lebendige Kabbalah*, München 1989

Siegmund Hurwitz: *Lilith, die erste Eva*, Zürich 1983

Delphine Jay: *Lilith Ephemeris 1900–2000 AD*, Tempe, Arizona 1983

–: *Interpreting Lilith*, Tempe, Arizona 1988

Ronald Laing: *Phänomenologie der Erfahrung*, Frankfurt 1969

Timothy Leary: *Neuropolitik*, Basel 1981

Ursula LeGuin: *Die Erdsee-Trilogie*, München 1994

Lianella Livaldi-Laun: *Lilith, die Begegnung mit dem Schmerz*, Mössingen 1994

James Lovelock: *Gaia, die Erde ist ein Lebewesen*, München 1992

Tracy Marks: *Astrologie der Selbstentdeckung*, Hamburg 1990

Carola Meier-Seethaler: *Ursprünge und Befreiungen*, Zürich 1988

–: *Von der göttlichen Löwin zum Wahrzeichen männlicher Macht*, Zürich 1993

Christa Mulack: *Die Weiblichkeit Gottes*, Stuttgart 1983

Robin Norwood: *Wenn Frauen zu sehr lieben*, Hamburg 1986

Cillie Rentmeister: *Frauenwelten – Männerwelten*, Opladen 1985

Sepharial: *The Science of Foreknowledge*, London 1918

Rupert Sheldrake: *Das Gedächtnis der Natur*, München 1993

Roberto Sicuteri: *Astrologie und Mythos*, Freiburg 1983

Jutta Voss: *Das Schwarzmond-Tabu*, Stuttgart 1988

Barbara G. Walker: *Das geheime Wissen der Frauen*, Frankfurt 1993

Paul Watzlawick u. a.: *Lösungen*, Bern 1974

Gerda Weiler: *Der enteignete Mythos*, Frankfurt 1991

–: *Ich brauche die Göttin*, Basel 1990

–: *Das Matriarchat im Alten Israel*, Stuttgart 1989

–: *Eros ist stärker als Gewalt*, Frankfurt 1993

Robert Anton Wilson: *Cosmic Trigger*, Hamburg 1985

–: *Der neue Prometheus*, Basel 1985

Mae Wilson-Ludlum: *Lilith Insight: New Light on the Dark Moon*, Tempe 1979

Katja Wolff: *Der Kabbalistische Baum*, München 1989

Und zum Schmökern:

John Franklin Bardin: *Die Bärengrube*, München 1983

Hanna Green: *Ich hab dir nie einen Rosengarten versprochen*, Hamburg 1978

Lilith-Ephemeriden
Die Berechnung der Position Liliths

- Liliths Laufgeschwindigkeit beträgt durchschnittlich 3 Grad und 2 Minuten pro Tag, wobei geringe Abweichungen im Minutenbe-reich (jedoch keine Rückläufigkeit) möglich sind. So hat sie eine Umlaufzeit um die Erde von ungefähr 4 Monaten. Der genaue Zyklus beträgt jedoch 126 Jahre. Das heißt, nach genau 126 Jahren ist sie wieder an exakt derselben Stelle des Tierkreises. Bei-spiel: Am 1. Mai 1900 mittags um 12 Uhr und am 1. Mai 2026 um 12 Uhr steht sie in genau der gleichen Position.

Beispiel für die Berechnung:
Wo befindet sich Lilith am 18. Mai 1996, 12.00 GMT?

Am 1. Mai 12.00 GMT
steht sie laut Ephemeride bei   29° 33' Stein-
                                          bock
Vom 1. bis zum 18. sind es 17 Tage,
also 17x3° 02'   + 51° 34'

                                          21° 07' Fische

Am 18. Mai 1996 um 12.00 GMT befindet sie sich also etwa bei 21° 07' in den Fischen.

Bitte beachten Sie, dass die Lilith-Ephemeriden in Anlehnung an die Original-Ephemeriden von Delphine Jay (siehe Literaturverzeichnis) nicht den Mitternachts-, sondern den *Mittagsstand* Liliths angeben. Auf den folgenden Seiten finden Sie die Lilith-Ephemeriden von 1900 bis 2000. Angegeben ist jeweils die Position für den *ersten Tag jedes Monats*. Mit einer Ungenauigkeit von bis zu 3 Grad lassen sich die Ephemeriden auch über das Jahr 2000 hinaus fortführen, wenn man den halben 126-Jahre-Zyklus, also 63 Jahre, zugrunde legt. Das Jahr 2000 würde dann dem Jahr 1937 entsprechen etc.

Zeichenerklärung:

Widder ♈

Stier ♉

Zwillinge ♊

Krebs ♋

Löwe ♌

Jungfrau ♍

Waage ♎

Skorpion ♏

Schütze ♐

Steinbock ♑

Wassermann ♒

Fische ♓

Lilith-Ephemeriden 1900– 2000

Jahr	Januar			Februar			März			April			Mai			Juni		
1900	22°	♐	41'	26°	♓	13'	20°	♊	42'	24°	♍	14'	24°	♐	45'	28°	♓	16'
1901	14°	♑	25'	18°	♈	05'	12°	♋	42'	16°	♎	22'	17°	♑	01'	20°	♈	41'
1902	6°	♒	16'	10°	♉	03'	4°	♌	52'	8°	♏	39'	9°	♒	26'	13°	♉	13'
1903	28°	♒	13'	2°	♊	07'	27°	♌	03'	0°	♐	57'	1°	♓	51'	5°	♊	45'
1904	20°	♓	13'	24°	♊	14'	22°	♍	12'	26°	♐	14'	27°	♓	14'	0°	♋	59'
1905	15°	♈	24'	19°	♋	30'	14°	♎	34'	18°	♑	41'	19°	♈	46'	23°	♋	09'
1906	7°	♉	39'	11°	♌	50'	6°	♏	55'	11°	♒	06'	12°	♉	13'	15°	♌	12'
1907	29°	♉	55'	4°	♍	09'	29°	♏	17'	3°	♓	31'	4°	♊	15'	7°	♍	12'
1908	22°	♊	16'	26°	♍	32'	24°	♐	43'	28°	♓	59'	29°	♊	13'	2°	♎	09'
1909	17°	♋	40'	21°	♎	56'	17°	♑	05'	21°	♈	10'	21°	♋	07'	24°	♎	04'
1910	10°	♌	03'	14°	♏	18'	9°	♒	26'	13°	♉	01'	13°	♌	00'	15°	♏	58'
1911	2°	♍	21'	6°	♐	33'	1°	♓	39'	4°	♊	50'	4°	♍	52'	7°	♐	54'
1912	24°	♍	36'	28°	♐	44'	26°	♓	38'	29°	♊	45'	29°	♍	52'	2°	♑	58'
1913	19°	♎	50'	23°	♑	53'	18°	♈	20'	21°	♋	32'	21°	♎	44'	24°	♑	56'
1914	11°	♏	55'	15°	♒	49'	10°	♉	07'	13°	♌	26'	13°	♏	44'	17°	♒	03'
1915	3°	♐	56'	7°	♓	31'	1°	♊	55'	5°	♍	22'	5°	♐	48'	9°	♓	15'
1916	25°	♐	42'	29°	♓	20'	26°	♊	52'	0°	♎	27'	1°	♑	00'	4°	♈	35'
1917	20°	♑	33'	24°	♈	15'	18°	♋	54'	22°	♎	36'	23°	♑	17'	26°	♈	59'
1918	12°	♒	23'	16°	♉	13'	10°	♌	58'	14°	♏	48'	15°	♒	37'	19°	♉	27'
1919	4°	♓	23'	8°	♊	18'	3°	♍	14'	7°	♐	09'	8°	♓	04'	12°	♊	00'
1920	26°	♓	40'	0°	♋	31'	28°	♍	31'	2°	♑	34'	3°	♈	35'	7°	♋	16'
1921	21°	♈	52'	25°	♋	48'	20°	♎	50'	24°	♑	58'	26°	♈	04'	29°	♋	22'
1922	14°	♉	06'	18°	♌	06'	13°	♏	12'	17°	♒	24'	18°	♉	25'	21°	♌	23'
1923	6°	♊	16'	10°	♍	31'	5°	♐	40'	9°	♓	55'	10°	♊	25'	13°	♍	22'
1924	28°	♊	34'	2°	♎	51'	1°	♑	03'	5°	♈	19'	5°	♋	23'	8°	♎	19'
1925	23°	♋	57'	28°	♎	12'	23°	♑	23'	27°	♈	19'	27°	♋	16'	0°	♏	13'
1926	16°	♌	19'	20°	♏	34'	15°	♒	41'	19°	♉	09'	19°	♌	09'	22°	♏	09'
1927	8°	♍	38'	12°	♐	49'	7°	♓	52'	10°	♊	58'	11°	♍	01'	14°	♐	05'
1928	0°	♎	51'	4°	♑	57'	2°	♈	39'	5°	♋	47'	5°	♎	55'	9°	♑	04'
1929	26°	♎	02'	0°	♒	03'	24°	♈	25'	27°	♋	39'	27°	♎	53'	1°	♒	08'
1930	18°	♏	04'	21°	♒	53'	16°	♉	13'	19°	♌	35'	19°	♏	56'	23°	♒	17'
1931	10°	♐	02'	13°	♓	39'	8°	♊	05'	11°	♍	34'	12°	♐	02'	15°	♓	31'

Jahr	Juli			August			September			Oktober			November			Dezember		
1900	28°	♊	47'	2°	♎	26'	6°	♑	02'	6°	♈	37'	10°	♋	13'	10°	♎	48'
1901	21°	♋	18'	24°	♎	46'	28°	♑	14'	28°	♈	42'	2°	♌	11'	2°	♏	39'
1902	13°	♌	40'	17°	♏	00'	20°	♒	20'	20°	♉	42'	24°	♌	00'	24°	♏	21'
1903	5°	♍	57'	9°	♐	11'	12°	♓	35'	12°	♊	38'	15°	♍	51'	16°	♐	12'
1904	1°	♎	06'	4°	♑	14'	7°	♈	22'	7°	♋	29'	10°	♎	37'	11°	♑	17'
1905	23°	♎	12'	26°	♑	15'	29°	♈	18'	29°	♋	21'	2°	♏	24'	3°	♒	28'
1906	15°	♏	12'	18°	♒	11'	21°	♉	10'	21°	♌	10'	24°	♏	29'	25°	♒	41'
1907	7°	♐	09'	10°	♓	06'	13°	♊	03'	13°	♍	00'	16°	♐	46'	18°	♓	00'
1908	2°	♑	05'	5°	♈	01'	7°	♋	57'	7°	♎	54'	12°	♑	10'	13°	♈	24'
1909	24°	♑	01'	26°	♈	58'	29°	♋	55'	0°	♏	20'	4°	♒	35'	5°	♉	48'
1910	15°	♒	57'	18°	♉	56'	21°	♌	55'	22°	♏	47'	26°	♒	59'	28°	♉	09'
1911	7°	♓	56'	10°	♊	59'	14°	♍	08'	15°	♐	14'	19°	♓	22'	20°	♊	28'
1912	3°	♈	04'	6°	♋	10'	9°	♎	42'	10°	♑	43'	14°	♈	46'	15°	♋	47'
1913	25°	♈	08'	28°	♋	20'	2°	♏	11'	3°	♒	06'	7°	♉	03'	7°	♌	58'
1914	17°	♉	21'	20°	♌	48'	24°	♏	38'	25°	♒	26'	29°	♉	16'	0°	♍	06'
1915	9°	♊	41'	13°	♍	19'	17°	♐	00'	17°	♓	40'	21°	♊	21'	22°	♍	01'
1916	5°	♋	08'	8°	♎	43'	12°	♑	17'	12°	♈	50'	16°	♋	24'	16°	♎	57'
1917	27°	♋	36'	1°	♏	02'	4°	♒	28'	4°	♉	54'	8°	♌	20'	8°	♏	46'
1918	19°	♌	58'	23°	♏	16'	26°	♒	34'	26°	♉	52'	0°	♍	10'	0°	♐	28'
1919	12°	♍	12'	15°	♐	24'	18°	♓	36'	18°	♊	48'	22°	♍	00'	22°	♐	25'
1920	7°	♎	22'	10°	♑	28'	13°	♈	34'	13°	♋	40'	16°	♎	46'	17°	♑	32'
1921	29°	♎	24'	2°	♒	26'	5°	♉	28'	5°	♌	30'	8°	♏	32'	9°	♒	42'
1922	21°	♏	21'	24°	♒	20'	27°	♉	19'	27°	♌	18'	0°	♐	48'	2°	♓	01'
1923	13°	♐	19'	16°	♓	16'	19°	♊	13'	19°	♍	10'	23°	♐	04'	24°	♓	18'
1924	8°	♑	15'	11°	♈	11'	14°	♋	07'	14°	♎	12'	18°	♑	27'	19°	♈	41'
1925	0°	♒	11'	3°	♉	08'	6°	♌	06'	6°	♏	38'	10°	♒	52'	12°	♉	04'
1926	22°	♒	09'	25°	♉	08'	28°	♌	08'	29°	♏	05'	3°	♓	16'	4°	♊	27'
1927	14°	♓	08'	17°	♊	12'	20°	♍	29'	21°	♐	34'	25°	♓	40'	26°	♊	45'
1928	9°	♈	12'	12°	♋	21'	16°	♎	00'	17°	♑	01'	21°	♈	01'	22°	♋	01'
1929	1°	♉	22'	4°	♌	37'	8°	♏	29'	9°	♒	22'	13°	♉	16'	14°	♌	10'
1930	23°	♉	38'	27°	♌	07'	0°	♐	55'	1°	♓	45'	5°	♊	29'	6°	♍	15'
1931	16°	♊	00'	19°	♍	35'	23°	♐	15'	23°	♓	53'	27°	♊	33'	28°	♍	12'

Jahr	Januar			Februar			März			April			Mai			Juni		
1932	1°	♑	52'	5°	♈	29'	3°	♋	04'	6°	♎	41'	7°	♑	17'	10°	♈	53'
1933	26°	♑	42'	0°	♉	26'	25°	♋	06'	28°	♎	50'	29°	♑	33'	3°	♉	17'
1934	18°	♒	35'	22°	♉	27'	17°	♌	14'	21°	♏	06'	21°	♒	56'	25°	♉	48'
1935	10°	♓	36'	14°	♊	32'	9°	♍	26'	13°	♐	25'	14°	♓	22'	18°	♊	16'
1936	2°	♈	40'	6°	♋	46'	4°	♎	47'	8°	♑	52'	9°	♈	55'	13°	♋	28'
1937	27°	♈	54'	2°	♌	04'	27°	♎	07'	1°	♒	17'	2°	♉	25'	5°	♌	35'
1938	20°	♉	11'	24°	♌	24'	19°	♏	31'	23°	♒	44'	24°	♉	38'	27°	♌	36'
1939	12°	♊	30'	16°	♍	46'	11°	♐	55'	16°	♓	11'	16°	♊	38'	19°	♍	34'
1940	4°	♋	51'	9°	♎	08'	7°	♑	20'	11°	♈	37'	11°	♋	33'	14°	♎	29'
1941	0°	♌	15'	4°	♏	31'	29°	♑	40'	3°	♉	28'	3°	♌	26'	6°	♏	24'
1942	22°	♌	35'	26°	♏	49'	21°	♒	56'	25°	♉	18'	25°	♌	18'	28°	♏	19'
1943	14°	♍	52'	19°	♐	02'	14°	♓	02'	17°	♊	06'	17°	♍	11'	20°	♐	16'
1944	7°	♎	05'	11°	♑	10'	8°	♈	47'	11°	♋	57'	12°	♎	06'	15°	♑	16'
1945	2°	♏	14'	6°	♒	14'	0°	♉	32'	3°	♌	49'	4°	♏	05'	7°	♒	21'
1946	24°	♏	15'	28°	♒	01'	22°	♉	22'	25°	♌	46'	26°	♏	08'	29°	♒	32'
1947	16°	♐	11'	19°	♓	47'	14°	♊	15'	17°	♍	47'	18°	♐	17'	21°	♓	48'
1948	7°	♑	59'	11°	♈	38'	9°	♋	14'	12°	♎	53'	13°	♑	31'	17°	♈	09'
1949	2°	♒	50'	6°	♉	36'	1°	♌	19'	5°	♏	05'	5°	♒	50'	9°	♉	37'
1950	24°	♒	45'	28°	♉	39'	23°	♌	27'	27°	♏	21'	28°	♒	14'	2°	♊	07'
1951	16°	♓	46'	20°	♊	44'	15°	♍	42'	19°	♐	43'	20°	♓	41'	24°	♊	30'
1952	8°	♈	54'	13°	♋	01'	11°	♎	03'	15°	♑	09'	16°	♈	13'	19°	♋	42'
1953	4°	♉	09'	8°	♌	20'	3°	♏	24'	7°	♒	35'	8°	♉	44'	11°	♌	47'
1954	26°	♉	27'	0°	♍	41'	25°	♏	48'	0°	♓	03'	0°	♊	50'	3°	♍	47'
1955	18°	♊	47'	23°	♍	03'	18°	♐	12'	22°	♓	28'	22°	♊	48'	25°	♍	45'
1956	11°	♋	09'	15°	♎	26'	13°	♑	37'	17°	♈	46'	17°	♋	43'	20°	♎	39'
1957	6°	♌	32'	10°	♏	48'	5°	♒	56'	9°	♉	37'	9°	♌	35'	12°	♏	34'
1958	29°	♌	07'	3°	♐	20'	28°	♒	28'	1°	♊	42'	1°	♍	44'	4°	♐	45'
1959	21°	♍	24'	25°	♐	33'	20°	♓	26'	23°	♊	32'	23°	♍	37'	26°	♐	43'
1960	13°	♎	38'	17°	♑	43'	15°	♈	10'	18°	♋	21'	18°	♎	31'	21°	♑	42'
1961	8°	♏	44'	12°	♒	42'	6°	♉	59'	10°	♌	16'	10°	♏	33'	13°	♒	50'
1962	0°	♐	46'	4°	♓	26'	28°	♉	50'	2°	♍	14'	2°	♐	38'	6°	♓	02'
1963	22°	♐	41'	26°	♓	13'	20°	♊	42'	24°	♍	14'	24°	♐	43'	28°	♓	16'

Jahr	Juli			August			September			Oktober			November			Dezember		
1932	11°	♋	28'	15°	♎	00'	18°	♑	32'	19°	♈	03'	22°	♋	35'	23°	♎	06'
1933	3°	♌	53'	7°	♏	18'	10°	♒	43'	11°	♉	06'	14°	♌	31'	14°	♏	54'
1934	26°	♌	12'	29°	♏	29'	2°	♓	46'	3°	♊	03'	6°	♍	20'	6°	♐	37'
1935	18°	♍	26'	21°	♐	37'	24°	♓	27'	24°	♊	58'	28°	♍	09'	28°	♐	37'
1936	13°	♎	32'	16°	♑	38'	19°	♈	44'	19°	♋	48'	22°	♎	54'	23°	♑	45'
1937	5°	♏	35'	8°	♒	35'	11°	♉	35'	11°	♌	36'	14°	♏	46'	15°	♒	57'
1938	27°	♏	34'	0°	♓	32'	3°	♊	30'	3°	♍	28'	7°	♐	01'	8°	♓	15'
1939	19°	♐	30'	22°	♓	27'	25°	♊	33'	25°	♍	19'	29°	♐	21'	0°	♈	35'
1940	14°	♑	26'	17°	♈	22'	20°	♋	18'	20°	♎	30'	24°	♑	46'	25°	♈	59'
1941	6°	♒	21'	9°	♉	19'	12°	♌	17'	12°	♏	56'	17°	♒	10'	18°	♉	21'
1942	28°	♒	20'	1°	♊	20'	4°	♍	21'	5°	♐	24'	9°	♓	34'	10°	♊	42'
1943	20°	♓	21'	23°	♊	25'	26°	♍	48'	27°	♐	51'	1°	♈	56'	2°	♋	59'
1944	15°	♈	26'	18°	♋	36'	22°	♎	20'	23°	♑	18'	27°	♈	17'	28°	♋	15'
1945	7°	♉	37'	10°	♌	53'	14°	♏	48'	15°	♒	39'	19°	♉	31'	20°	♌	22'
1946	29°	♉	55'	3°	♍	27'	7°	♐	12'	7°	♓	56'	11°	♊	41'	12°	♍	25'
1947	22°	♊	18'	25°	♍	54'	29°	♐	31'	0°	♈	08'	3°	♋	45'	4°	♎	22'
1948	17°	♋	47'	21°	♎	16'	24°	♑	46'	25°	♈	16'	28°	♋	45'	29°	♎	14'
1949	10°	♌	10'	13°	♏	32'	16°	♒	55'	17°	♉	16'	20°	♌	39'	21°	♏	00'
1950	2°	♍	28'	5°	♐	43'	8°	♓	58'	9°	♊	13'	12°	♍	28'	12°	♐	46'
1951	24°	♍	39'	27°	♐	48'	0°	♈	57'	1°	♋	06'	4°	♎	15'	4°	♑	48'
1952	19°	♎	45'	22°	♑	49'	25°	♈	53'	25°	♋	57'	29°	♎	01'	29°	♑	58'
1953	11°	♏	47'	14°	♒	47'	17°	♉	47'	17°	♌	47'	21°	♏	01'	22°	♒	13'
1954	3°	♐	45'	6°	♓	42'	9°	♊	40'	9°	♍	37'	13°	♐	17'	14°	♓	31'
1955	25°	♐	41'	28°	♓	37'	1°	♋	33'	1°	♎	30'	5°	♑	38'	6°	♈	52'
1956	20°	♑	36'	23°	♈	32'	26°	♋	29'	26°	♎	49'	1°	♒	04'	2°	♉	17'
1957	12°	♒	32'	15°	♉	45'	18°	♌	44'	19°	♏	30'	23°	♒	43'	24°	♉	54'
1958	4°	♓	46'	7°	♊	47'	10°	♍	50'	11°	♐	57'	16°	♓	07'	17°	♊	13'
1959	26°	♓	48'	29°	♊	54'	3°	♎	24'	4°	♑	26'	8°	♈	31'	9°	♋	33'
1960	21°	♈	52'	25°	♋	03'	28°	♎	54'	29°	♑	50'	3°	♉	49'	4°	♌	45'
1961	14°	♉	07'	17°	♌	30'	21°	♏	23'	22°	♒	12'	26°	♉	04'	26°	♌	34'
1962	6°	♊	26'	10°	♍	00'	13°	♐	45'	14°	♓	28'	18°	♊	13'	18°	♍	56'
1963	28°	♊	47'	2°	♎	26'	6°	♑	02'	6°	♈	57'	10°	♋	13'	10°	♎	48'

Jahr	Januar			Februar			März			April			Mai			Juni		
1964	14°	♑	25'	17°	♈	47'	15°	♋	26'	19°	♎	07'	19°	♑	47'	23°	♈	41'
1965	8°	♒	59'	12°	♉	03'	5°	♌	52'	8°	♏	39'	9°	♒	26'	13°	♉	13'
1966	28°	♒	13'	2°	♊	07'	27°	♌	03'	0°	♐	57'	1°	♓	51'	5°	♊	45'
1967	21°	♓	29'	25°	♊	37'	20°	♍	45'	25°	♐	07'	26°	♓	14'	28°	♊	59'
1968	13°	♈	24'	17°	♋	31'	14°	♎	34'	18°	♑	41'	19°	♈	46'	23°	♋	09'
1969	7°	♉	38'	11°	♌	50'	6°	♏	55'	11°	♒	06'	12°	♉	13'	15°	♌	02'
1970	29°	♉	55'	4°	♍	09'	29°	♏	17'	3°	♓	31'	4°	♊	15'	7°	♍	12'
1971	22°	♊	16'	26°	♍	32'	21°	♐	43'	25°	♓	59'	26°	♊	13'	29°	♍	09'
1972	14°	♋	40'	18°	♎	56'	17°	♑	04'	21°	♈	10'	21°	♋	07'	24°	♎	05'
1973	10°	♌	05'	14°	♏	18'	9°	♒	26'	13°	♉	01'	13°	♌	00'	15°	♏	57'
1974	2°	♍	21'	6°	♐	37'	1°	♓	39'	4°	♊	50'	4°	♍	52'	7°	♐	54'
1975	24°	♍	36'	28°	♐	44'	23°	♓	38'	26°	♊	45'	26°	♍	53'	29°	♐	58'
1976	16°	♎	54'	20°	♑	57'	18°	♈	24'	21°	♋	36'	21°	♎	48'	25°	♑	00'
1977	11°	♏	55'	15°	♒	48'	10°	♉	08'	13°	♌	26'	13°	♏	44'	17°	♒	03'
1978	3°	♐	56'	7°	♓	31'	1°	♊	54'	5°	♍	23'	5°	♐	48'	9°	♓	15'
1979	25°	♐	42'	29°	♓	20'	23°	♊	53'	27°	♍	27'	28°	♐	00'	1°	♈	35'
1980	17°	♑	33'	21°	♈	15'	18°	♋	54'	22°	♎	36'	23°	♑	17'	26°	♈	59'
1981	12°	♒	35'	16°	♉	13'	10°	♌	58'	14°	♏	48'	15°	♒	37'	19°	♉	28'
1982	4°	♓	23'	8°	♊	18'	3°	♍	14'	7°	♐	09'	8°	♓	04'	12°	♊	00'
1983	26°	♓	28'	0°	♋	31'	25°	♍	31'	29°	♐	34'	0°	♈	35'	4°	♋	16'
1984	18°	♈	40'	22°	♋	48'	20°	♎	50'	24°	♑	58'	26°	♈	05'	29°	♋	22'
1985	13°	♉	54'	18°	♌	06'	13°	♏	12'	17°	♒	24'	18°	♉	28'	21°	♌	23'
1986	6°	♊	16'	10°	♍	31'	5°	♐	40'	9°	♓	55'	10°	♊	25'	13°	♍	22'
1987	28°	♊	34'	2°	♎	51'	28°	♐	03'	2°	♈	19'	2°	♋	23'	5°	♎	19'
1988	20°	♋	57'	25°	♎	12'	23°	♑	23'	27°	♈	19'	27°	♋	16'	0°	♏	13'
1989	16°	♌	19'	20°	♏	34'	15°	♒	41'	19°	♉	09'	19°	♌	10'	22°	♏	09'
1990	8°	♍	38'	12°	♐	49'	7°	♓	52'	10°	♊	58'	11°	♍	02'	14°	♐	05'
1991	0°	♎	51'	4°	♑	57'	29°	♓	39'	2°	♋	47'	2°	♎	55'	6°	♑	04'
1992	23°	♎	02'	27°	♑	03'	24°	♈	25'	27°	♋	39'	27°	♎	53'	1°	♒	08'
1993	18°	♏	04'	21°	♒	53'	16°	♉	13'	19°	♌	35'	19°	♏	56'	23°	♒	17'
1994	10°	♐	02'	13°	♓	39'	8°	♊	05'	11°	♍	34'	12°	♐	02'	15°	♓	32'
1995	1°	♑	52'	5°	♈	29'	0°	♋	04'	4°	♎	14'	4°	♑	17'	7°	♈	43'

Jahr	Juli		August		September		Oktober		November		Dezember	
1964	24° ♋	18'	27° ♎	46'	1° ♒	14'	1° ♉	14'	4° ♌	55'	5° ♏	39'
1965	13° ♌	40'	17° ♏	00'	20° ♒	20'	20° ♉	40'	24° ♌	00'	24° ♏	21'
1966	5° ♍	57'	9° ♐	11'	12° ♓	35'	12° ♊	38'	15° ♍	51'	17° ♐	12'
1967	29° ♍	06'	2° ♑	14'	5° ♈	19'	5° ♋	27'	8° ♎	57'	9° ♑	17'
1968	23° ♎	12'	26° ♑	15'	29° ♈	18'	29° ♋	21'	2° ♏	24'	3° ♒	28'
1969	15° ♏	12'	18° ♒	11'	21° ♉	10'	21° ♌	10'	24° ♏	29'	25° ♒	41'
1970	7° ♐	09'	10° ♓	05'	13° ♊	03'	13° ♍	00'	16° ♐	46'	18° ♓	00'
1971	29° ♐	05'	2° ♈	01'	4° ♋	57'	4° ♎	54'	9° ♑	10'	10° ♈	24'
1972	24° ♑	01'	26° ♈	58'	29° ♋	54'	0° ♏	20'	4° ♒	35'	5° ♉	48'
1973	15° ♒	57'	18° ♉	56'	21° ♌	55'	22° ♏	47'	26° ♒	58'	28° ♉	10'
1974	7° ♓	56'	10° ♊	59'	14° ♍	08'	15° ♐	14'	19° ♓	22'	20° ♊	28'
1975	0° ♈	04'	3° ♋	10'	6° ♎	41'	7° ♑	43'	11° ♈	47'	12° ♋	47'
1976	25° ♈	12'	28° ♋	24'	2° ♏	15'	3° ♒	10'	7° ♉	07'	8° ♌	02'
1977	17° ♉	21'	20° ♌	48'	24° ♏	38'	25° ♒	26'	29° ♉	16'	0° ♍	06'
1978	9° ♊	41'	13° ♍	19'	17° ♐	00'	17° ♓	40'	21° ♊	22'	22° ♍	00'
1979	2° ♋	08'	5° ♎	43'	9° ♑	17'	9° ♈	30'	13° ♋	24'	13° ♎	57'
1980	27° ♋	36'	1° ♏	03'	4° ♒	28'	4° ♉	54'	8° ♌	20'	8° ♏	46'
1981	19° ♌	58'	23° ♏	16'	26° ♒	34'	26° ♉	52'	0° ♍	10'	0° ♐	28'
1982	12° ♍	12'	15° ♐	24'	18° ♓	36'	18° ♊	48'	22° ♍	00'	22° ♐	25'
1983	4° ♎	22'	7° ♑	28'	10° ♈	34'	10° ♋	40'	13° ♎	46'	14° ♑	32'
1984	29° ♎	24'	2° ♒	26'	5° ♉	28'	5° ♌	30'	8° ♏	32'	9° ♒	42'
1985	21° ♏	21'	24° ♒	20'	27° ♉	19'	27° ♌	18'	0° ♐	48'	2° ♓	01'
1986	13° ♐	19'	16° ♓	16'	19° ♊	13'	19° ♍	10'	23° ♐	04'	24° ♓	18'
1987	5° ♑	15'	8° ♈	11'	11° ♋	07'	11° ♎	12'	15° ♑	27'	16° ♈	41'
1988	0° ♒	11'	3° ♉	08'	6° ♌	06'	6° ♏	39'	10° ♒	52'	12° ♉	04'
1989	22° ♒	09'	25° ♉	08'	28° ♌	08'	29° ♏	05'	3° ♓	16'	4° ♊	27'
1990	14° ♓	08'	17° ♊	12'	20° ♍	29'	21° ♐	34'	25° ♓	40'	26° ♊	45'
1991	6° ♈	12'	9° ♋	21'	13° ♎	00'	14° ♑	01'	18° ♈	01'	19° ♋	01'
1992	1° ♉	22'	4° ♌	37'	8° ♏	29'	9° ♒	22'	13° ♉	16'	14° ♌	10'
1993	23° ♉	38'	27° ♌	07'	0° ♐	55'	1° ♓	44'	5° ♊	30'	6° ♍	15'
1994	16° ♊	00'	19° ♍	35'	23° ♐	15'	23° ♓	53'	27° ♊	33'	28° ♍	12'
1995	8° ♋	28'	12° ♎	00'	15° ♑	32'	15° ♈	48'	19° ♋	35'	20° ♎	06'

317

Jahr	Januar			Februar			März			April			Mai			Juni		
1996	23°	♑	42'	27°	♈	25'	25°	♋	06'	28°	♎	50'	29°	♑	33'	3°	♉	17'
1997	18°	♒	35'	22°	♉	27'	17°	♌	14'	21°	♏	12'	21°	♒	56'	25°	♉	48'
1998	10°	♓	36'	14°	♊	32'	9°	♍	26'	13°	♐	22'	14°	♓	18'	18°	♊	11'
1999	2°	♈	40'	6°	♋	44'	1°	♎	45'	5°	♑	49'	6°	♈	50'	10°	♋	26'
2000	25°	♈	25'	29°	♋	51'	28°	♎	03'	2°	♒	13'	3°	♉	37'	7°	♌	48'

Jahr	Juli			August			September			Oktober			November			Dezember		
1996	3°	♌	53'	7°	♏	18'	10°	♒	43'	11°	♉	06'	14°	♌	31'	14°	♏	54'
1997	26°	♌	12'	29°	♏	29'	2°	♓	46'	3°	♊	05'	6°	♍	20'	6°	♐	37'
1998	18°	♍	22'	21°	♐	33'	24°	♓	44'	24°	♊	55'	28°	♍	16'	28°	♐	37'
1999	10°	♎	32'	13°	♑	38'	16°	♈	44'	16°	♋	50'	19°	♎	56'	20°	♑	57'
2000	7°	♏	57'	11°	♒	10'	14°	♉	23'	14°	♌	23'	17°	♏	32'	18°	♒	43'

Lilith-Ephemeriden 2001–2026

Jahr	Januar	Februar	März	April	Mai	Juni
2001	20° ♉ 25'	24° ♌ 38'	19° ♏ 45'	23° ♒ 58'	24° ♉ 53'	27° ♌ 51'
2002	12° ♊ 45'	17° ♍ 00'	15° ♐ 11'	19° ♓ 26'	19° ♊ 52'	22° ♍ 48'
2003	8° ♋ 10'	12° ♎ 26'	7° ♑ 36'	11° ♈ 52'	11° ♋ 48'	14° ♎ 44'
2004	0° ♌ 27'	4° ♏ 42'	29° ♑ 52'	3° ♉ 44'	3° ♌ 42'	6° ♏ 40'
2005	22° ♌ 49'	27° ♏ 02'	22° ♒ 10'	25° ♉ 35'	25° ♌ 35'	28° ♏ 35'
2006	15° ♍ 09'	19° ♐ 19'	17° ♓ 20'	20° ♊ 24'	20° ♍ 28'	23° ♐ 31'
2007	10° ♎ 24'	14° ♑ 30'	9° ♈ 04'	17° ♋ 13'	12° ♎ 22'	15° ♑ 31'
2008	2° ♏ 31'	5° ♒ 31'	0° ♉ 52'	4° ♌ 07'	4° ♏ 22'	7° ♒ 27'
2009	24° ♏ 29'	28° ♒ 18'	22° ♉ 30'	25° ♌ 52'	26° ♏ 14'	29° ♒ 36'
2010	16° ♐ 26'	19° ♓ 59'	17° ♊ 27'	20° ♍ 58'	21° ♐ 28'	24° ♓ 59'
2011	11° ♑ 19'	14° ♈ 57'	9° ♑ 32'	13° ♎ 10'	13° ♑ 46'	17° ♈ 24'
2012	3° ♒ 07'	6° ♉ 52'	1° ♌ 34'	5° ♏ 19'	6° ♒ 03'	9° ♉ 48'
2013	25° ♒ 15'	29° ♉ 05'	23° ♌ 48'	27° ♏ 38'	28° ♒ 28'	2° ♊ 30'
2014	17° ♓ 03'	21° ♊ 05'	19° ♍ 02'	23° ♐ 04'	24° ♓ 03'	27° ♊ 43'
2015	12° ♈ 12'	16° ♋ 18'	11° ♎ 17'	15° ♑ 22'	16° ♈ 25'	19° ♋ 56'
2016	4° ♉ 26'	8° ♌ 36'	3° ♏ 40'	7° ♒ 50'	8° ♉ 58'	12° ♌ 00'
2017	26° ♉ 41'	0° ♍ 55'	26° ♏ 03'	0° ♓ 16'	1° ♊ 04'	4° ♍ 02'
2018	19° ♊ 08'	22° ♍ 24'	21° ♐ 35'	25° ♓ 50'	26° ♊ 03'	28° ♍ 59'
2019	14° ♋ 26'	18° ♎ 42'	13° ♑ 52'	18° ♈ 02'	17° ♋ 59'	20° ♎ 55'
2020	6° ♌ 51'	11° ♏ 04'	6° ♒ , 11'	9° ♉ 52'	9° ♌ 50'	12° ♏ 48'
2021	29° ♌ 07'	3° ♐ 20'	28° ♒ 27'	1° ♊ 42'	1° ♍ 44'	4° ♐ 45'
2022	21° ♍ 24'	25° ♐ 33'	23° ♓ 26'	26° ♊ 32'	26° ♍ 37'	29° ♐ 43'
2023	16° ♎ 38'	20° ♑ 43'	15° ♈ 10'	18° ♋ 21'	18° ♎ 31'	21° ♑ 42'
2024	8° ♏ 44'	12° ♒ 42'	6° ♉ 59'	10° ♌ 16'	10° ♏ 33'	13° ♒ 50'
2025	0° ♐ 46'	4° ♓ 26'	28° ♉ 50'	2° ♍ 14'	2° ♐ 38'	6° ♓ 02'
2026	22° ♐ 41'	26° ♓ 13'	20° ♊ 42'	24° ♍ 14'	24° ♐ 45'	28° ♓ 16'

Jahr	Juli	August	September	Oktober	November	Dezember
2001	27° ♏ 49'	0° ♓ 42'	3° ♊ 45'	3° ♍ 43'	7° ♐ 17'	8° ♓ 30'
2002	22° ♐ 45'	25° ♓ 42'	28° ♊ 39'	28° ♍ 35'	2° ♑ 40'	3° ♈ 54'
2003	14° ♑ 40'	18° ♈ 36'	21° ♑ 32'	20° ♎ 43'	24° ♑ 58'	26° ♈ 11'
2004	6° ♒ 37'	9° ♉ 39'	11° ♌ 32'	13° ♏ 11'	17° ♒ 24'	18° ♉ 35'
2005	28° ♒ 20'	1° ♊ 20'	4° ♍ 35'	5° ♐ 24'	9° ♓ 34'	10° ♊ 42'
2006	23° ♓ 35'	26° ♊ 39'	0° ♎ 04'	1° ♑ 08'	5° ♈ 14'	6° ♋ 18'
2007	15° ♈ 40'	18° ♋ 49'	22° ♎ 35'	23° ♑ 33'	27° ♈ 33'	28° ♋ 31'
2008	7° ♉ 52'	11° ♌ 09'	15° ♏ 01'	15° ♒ 53'	19° ♉ 45'	20° ♌ 37'
2009	29° ♉ 58'	3° ♍ 41'	7° ♐ 26'	8° ♓ 11'	11° ♊ 56'	12° ♍ 41'
2010	25° ♊ 30'	29° ♍ 09'	2° ♑ 47'	3° ♈ 24'	7° ♋ 02'	7° ♎ 39'
2011	17° ♋ 58'	21° ♎ 29'	25° ♑ 00'	25° ♈ 30'	29° ♋ 01'	29° ♎ 31'
2012	10° ♌ 33'	13° ♏ 54'	17° ♒ 15'	17° ♉ 38'	20° ♌ 57'	21° ♏ 18'
2013	2° ♍ 42'	5° ♐ 57'	9° ♓ 13'	9° ♊ 28'	12° ♍ 43'	13° ♐ 03'
2014	27° ♍ 53'	1° ♑ 02'	4° ♈ 12'	4° ♋ 21'	7° ♎ 31'	4° ♑ 48'
2015	19° ♎ 59'	23° ♑ 04'	25° ♈ 08'	26° ♋ 12'	29° ♎ 7'	29° ♑ 58'
2016	12° ♏ 00'	12° ♒ 01'	18° ♉ 02'	18° ♌ 02'	21° ♏ 16'	22° ♒ 28'
2017	4° ♐ 00'	6° ♓ 58'	9° ♊ 55'	9° ♍ 53'	13° ♐ 39'	14° ♓ 52'
2018	28° ♐ 55'	1° ♈ 51'	4° ♋ 47'	4° ♎ 44'	8° ♑ 56'	10° ♈ 10'
2019	20° ♑ 58'	23° ♈ 49'	26° ♋ 45'	27° ♎ 12'	1° ♒ 26'	2° ♉ 38'
2020	12° ♒ 47'	15° ♉ 45'	18° ♌ 44'	19° ♏ 30'	23° ♒ 43'	24° ♉ 54'
2021	4° ♓ 46'	7° ♊ 47'	10° ♍ 50'	11° ♐ 57'	16° ♓ 07'	17° ♊ 14'
2022	29° ♓ 48'	2° ♋ 54'	6° ♎ 34'	7° ♑ 26'	11° ♈ 31'	12° ♋ 33'
2023	21° ♈ 58'	25° ♋ 03'	28° ♎ 54'	29° ♑ 50'	3° ♉ 49'	4° ♌ 54'
2024	14° ♉ 07'	17° ♌ 30'	21° ♏ 22'	22° ♒ 12'	20° ♉ 04'	26° ♌ 34'
2025	6° ♊ 26'	10° ♍ 00'	13° ♐ 45'	14° ♓ 28'	18° ♊ 13'	18° ♍ 56'
2026	28° ♊ 47'	2° ♎ 26'	6° ♑ 02'	6° ♈ 37'	10° ♋ 13'	10° ♎ 48'

Ebenso erschienen im  Stb

252 Seiten

mit zahlreichen s/w-Abbildungen

ISBN 978-3-89767-413-4

Peter Orban

Pluto

Über den Dämon
im Inneren der Seele

In der griechischen Mythologie ist Pluto der Gott der Unterwelt – in der Astrologie gehört der erst 1930 entdeckte Planet mit zu den geheimnisvollsten. Anhand der Horoskop-Analyse der geschichtlichen Epochen und Persönlichkeiten und der Untersuchung von Mythen und modernen Phänomenen weist der Autor nach, wie allgegenwärtig und mächtig der Einfluss Plutos ist.

384 Seiten

mit zahlreichen s/w-Abbildungen

ISBN 978-3-89767-522-3

Nicolaus Klein

Partnerschaft
im Horoskop

Beziehung –
Ein Spiegel zur Selbsterkenntnis

Wie nehme ich meinen Partner unbewusst wahr? Vor welche Aufgaben stellt mich meine Partnerschaft? – Psychologisch fundiert, praktisch und leicht verständlich erfahren Sie, wie Sie Ihre eigene Beziehung als Lernfeld begreifen können. Anhand des Horoskopes lernen Sie, Ihren Partner besser zu verstehen und Ihre Beziehung bewusster zu leben.

206 Seiten
mit zahlreichen s/w-Abbildungen
ISBN 978-3-89767-431-8

Nicolaus Klein

Die Systematik des astrologichen Häusersystems

Der wunderbare Kreis

Beinahe spielerisch werden Sie in dieser Arbeit mit den verschiedenen astrologischen Deutungen und Symbolen vertraut gemacht.

Das Anliegen des Autors gilt dem Versuch, das Häusersystem als ein philosophisches Denksytem darzustellen, was dabei helfen mag, tieferen Einlick in die Zusammenhänge unseres Lebens und der Existenz im allgemeinen zu gewinnen.

240 Seiten
mit zahlreichen s/w-Abbildungen
ISBN 978-3-89767-421-9

Peter Orban

Drehbuch Partnerschaft

Der Partner im Spiegel des Horoskops

In diesem Buch lernen Sie eine verblüffend einfache Methode kennen, mit der Sie schnell und präziese die Stärken und Schwächen einer Partnerschaft aufdecken. – Duch den Vergleich der Partner-Horoskope können die Ursachen immer wiederkehrender Krisen entschlüsselt, Konflikte schon im Vorfeld bewusst vermieden und Punkte aufgedeckt werden, an denen es zu arbeiten gilt.